명작
인생

2011년 3월 30일 · 제1판 1쇄 발행

지은이 | 박원규
펴낸이 | 안병창
펴낸데 | 요단출판사

주　　소 | 158-053 서울특별시 양천구 목3동 605-4
기　　획 | (02)2643-9155
영　　업 | (02)2643-7290~1　FAX (02)2643-1877
등　　록 | 1973. 8. 23. 제13-10호

ⓒ 박원규 2011

편 집 장 | 이종덕　　편집차장 | 이영림
교정교열 | 정연숙　　디 자 인 | 송현아
제　　작 | 박태훈 권아름
영　　업 | 김창윤 정준용 이영은 박종철

값 13,000원
ISBN 978-89-350-1336-4 03230

이 책의 저작권은 저자와 요단출판사가 소유하고 있습니다.
저자와 출판사의 사전 승인 없이 책의 내용이나 표지 등을 복제, 인용할 수 없습니다.

요단인터넷서점 www.jordanbook.com

박원규 지음

요단

차례

추천의 글 … 6
감사의 글 … 17
서문 … 18

1부 불행에서 행복을 향한 로드맵

1. 인생에 한계를 느낄 때 … 24
2. 바람을 본 적이 있는가 … 36
3. 왜 우리에게 불행이 반복되는가 … 46
4. 가장 축복된 고백 … 65
5. 예수님의 신실한 약속 … 78
6. 위로부터 입혀지는 능력 … 95
7. 하나님 아버지의 집 … 110
8. 기적을 창조하는 만남 … 119
9. 건강한 자화상의 회복 … 129
10. 신기한 연합 … 140
11. 하나님이 맡겨 주신 기업 … 154
12. 감사는 행복의 시작과 완성 … 166

2부 실패에서 성공을 향한 로드맵

13. 겸손은 성공의 주춧돌 … 182
14. 하나님이 주신 꿈 … 193
15. 믿음에 의한 긍정적 태도 … 204
16. 행복과 성공을 창조하는 관계 … 215
17. 하나님의 뜻에 순종을 선택 … 227
18. 위대한 인생을 만드는 말 … 242
19. 하나님을 감동시킨 욥의 인내 … 257

3부 순간에서 영원을 향한 로드맵

20. 풀은 마르고 꽃은 떨어지되 … 272
21. 하나님의 간절한 소원 … 281

추천의 글

사람들은 백화점에서 상품을 구입할 때 품질을 꼼꼼히 살펴보고 선택하는 사람도 있지만, 먼저 제품을 만든 회사의 브랜드부터 확인한 후에 상품을 결정하는 사람들도 있습니다. 또한 포장이 화려하면 내용도 당연히 좋은 줄로 착각하는 사람들도 있습니다. 분명한 것은 포장이 좋다고 내용이 반드시 좋은 것은 아닙니다.

책도 마찬가지입니다. 유명한 인사가 저술한 책은 불티나듯 팔리는 반면에 무명 인사가 책을 쓰면 거들떠보지도 않으려는 경향이 있습니다. 그렇지만 유명인의 책 내용은 다 좋고 무명인의 책 내용은 다 수준이 낮은 것은 아닙니다. 오히려 무명인이 쓴 책의 내용에 숨겨진 진실이 더 독특하고 값진 모습으로 드러날 수 있습니다.

저는 「명작 인생」이라는 책이 출간되기 전에 저자 박원규 목사로부터 원고를 제공받고 먼저 읽어 보았습니다. '투가리보다 장 맛'이라는 말처럼 이 책의 저자가 화려한 유명인사는 아니지만 책의 내용은 맛있는 된장국같이 시원하고 든든했습니다. 저자가 전달하려는 내용은 매우 확실하였으며 감동적이었습니다.

'불행에서 행복으로, 실패에서 성공으로, 순간에서 영생으로' 펼쳐지는 주제들을 보면, 이미 세상에서 많이 들어 보았던 평범한 주제들처럼 생각할 수도 있습니다. 하지만 하나님의 말씀인 성경을 쉽게 풀어 가면서 우리 인생의 현실에 접목시키는 저자의 지혜로운 기술은 독자들에게 신선한 도전을 주기에 충분할 것입니다. 그리고 간간히 소개되는 실화들을 읽어 보면 그 속에 해맑은 지혜와 지식이 들어 있음을 알게 될 것입니다.

특별히 이 책은 아직 신앙생활이나 교회생활에 익숙하지 않은 분들에게 신앙과 교회의 입문서(入門書)로도 큰 도움이 될 것입니다. 백문(百聞)이 불여일견(不如一見)이라는 옛말처럼 책을 열어서 읽어보면 선택을 잘 했다는 말을 스스로 하게 될 것입니다. 모쪼록 이 책을 읽는 모든 분들의 인생이 저자의 표현대로 「명작 인생」으로 바뀌기를 기대합니다.

고용남 목사
(신촌중앙침례교회)

박원규 선교사는 양천지방회 화목교회에서 25년 동안 목회를 하다가 하나님의 특별한 부르심을 받고 베트남 선교를 떠난 분입니다. 선교 사역에 헌신하면서 지금은 그곳 신학교에서 성령학을 가르치며 후진을 양성하는 일을 겸하고 있는 선교사입니다. 저자는 일찍이 침례신학대학교 목회대학원에서 박사학위를 취득하고 영적 · 지적 소양을 두루 갖춘 목회자였습니다.

「명작 인생」이란 이 책의 제목은 저자의 말처럼 문학 작품 중의 '명작' 처럼 우리 인생도 '명작'으로 설계하고 만들 수 있다는 의미의 제목입니다. 저자는 이 책에서 우리의 '명작 인생'을 만들기 위하여 크게 세 부분으로 나누어 설계하여 연속적으로 로드맵을 제시했습니다. 즉 스물 한 개의 수필 형식의 글을 '불행에서 행복을 향한 로드맵', '실패에서 성공을 향한 로드맵' 및 '순간에서 영원을 향한 로드맵'에 나누어 게재했습니다.

글의 내용은 경험담과 간증과 권면과 격려로 구성되었습니다. 책의 내용이 목회나 신학적 이론을 제시하는 것이 아니라 삶 속에서 경험한 일들과 깨달은 지혜를 지루하지 않게 서술하였으므로 누구나 쉽게 읽을 수 있을 것입니다.

이 책이 널리 보급 되어서 베트남뿐만 아니라 모든 나라의 신자들이 읽고 유익을 얻는 책이 되기 바라며, 아울러 책을 읽는 이들이 모두「명작인생」을 살 수 있기를 기원하며 추천하는 바입니다.

도한호 총장
(침례신학대학교)

사도 바울은 에베소 교회에 편지할 때, 우리가 다름 아니라 하나님의 걸작품이라는 표현을 합니다(엡 2:10). 우리는 그리스도 예수 안에서 선한 일을 위하여 하나님께서 창조하신 하나님의 걸작품입니다. 이때 '포이에마' 라는 말은 시와 예술품에서 '걸작'(masterpiece)을 뜻합니다. 대충 그냥 만들어낸 것이 아니라 진정으로 온 힘을 다해서 만들어 많은 사람들에게 감동을 주기 위해서 예술의 경지로 작품을 만들었다는 의미를 담고 있습니다.

우리는 하나님을 만나기 전과 하나님을 만난 후로 나누어지는 생애와 시간을 살고 있습니다. 우리는 조각가가 그의 걸작을 만들기 이전에는 그냥 들판에 내버려져 있는 돌덩어리에 불과한 자들이었으나, 위대한 조각가이신 하나님이 우리를 발견하여 찾아내시어 드디어 그분의 걸작을 만들어내시는 중입니다. 별 볼 일 없는 돌덩어리에 불과한 베드로가 예수님을 만나서 섬세한 그분의 솜씨로 로마를 뒤집어엎는 고귀한 베드로로 거듭나듯이, 하나님께서는 이제 그분의 끌과 정으로 우리를 깨시고, 부수고, 다듬어서 그분의 모습을 드러내도록 조각합니다.

그리스도 안에 있는 자들은 그래서 「명작 인생」이라는 행운을 어느덧 지니고 살아가는 자들이며, 그들은 명작으로 창조되어 다른 자들과 다른 삶을 살도록 되어 있다는 말씀입니다.

박원규 목사님의 「명작 인생」은 바로 이 사실을 말씀해 주고 있습니다. 명작 인생은 그리스도인의 길이며, 우리는 명작과 걸작으로 창조되어 있으며, 그렇게 만들어져 간다는 사실을 설명하고 있습니다. 박원규 목사님은 베트남 선교사로서 하나님 없는 삶을 살고 있던 자들에게 하나님과 함께 하는 걸작으로의 길, 명작 인생을 새롭게 그들에게 전하고 있습니다.

실제로 박원규 선교사님은 하나님의 위대한 꿈과 비전을 실현할 목적으로 하나님 없이 살아가는 인생들에게 하나님과 조우하여 하나님의 걸작품들이 되도록 최선을 다하고 있으며, 베트남 지역에서 그의 선교를 그치지 않고 지속하고 있습니다. 그가 원하는 바는 베트남의 모든 주민들이 하나님을 만나서 그들의 아픔과 상처투성이의 「졸작 인생」을 벗어 버리고, 영광스러운 하나님의 형상으로서, 하나님의 자녀로서 새로운 명작 인생을 창조해서 하나님의 명 조각품이 될 수 있도록 하는 것입니다. 이제 우리는 이 책과 더불어 하나님의 명작 인생을 만들어가는 방법을 배우게 될 것입니다.

모쪼록 이 책을 접하는 사람은 시대가 B.C.와 A.D.로 나뉘고, 작품이 명작과 졸작으로 나뉘듯이 이제 「명작 인생」의 길로 접어드는 계기가 되기를 바랍니다. 그리고 이 책이 많은 사람들의 서가에 꽂혀서 읽는 자들의 기쁨이 될 수 있기를 바라면서 기꺼이 일독을 권합니다.

안종대 목사
(베트남침례신학교 학장)

예수 그리스도를 구세주와 주님으로 모신 모든 사람에게는 새로운 삶이 시작됩니다. 즉 이 책의 제목과 같이 「명작 인생」이 시작되는 것입니다. 그리고 예수 그리스도를 통하여 새롭게 시작된 명작 인생은 지속적인 하나님 안에 거함과 하나님의 뜻에 순종함으로 완성되어 갑니다. 즉 하나님의 손에 의해 만들어진 인생이 참된 명작 인생이 되는 것입니다.

이 책의 저자인 박원규 선교사님도 명작 인생을 살아가는 분 중의 한 분입니다. 박원규 선교사님은 한국에서 25년간의 목회 사역과 교수 사역을 통하여 많은 이들에게 선한 영향력을 보여주셨을 뿐 아니라, 좋은 롤 모델이 되어주셨습니다. 그리고 인생의 후반전을 베트남의 선교사로 헌신하여 하나님의 복음을 전하며 사랑과 희생의 삶을 실천하고 계십니다. 특별히 디아스포라 선교사로서 신학교 교수 사역과 더불어 베트남 한인 교포들이 하나님 말씀 안에서 위로받고 회복하도록 도와주고 계십니다. 박원규 선교사님은 이 책을 베트남 선교에 조금이나마 도움이 되기를 바라는 마음으로 기도 가운데 집필하셨습니다. 오늘날 베트남은 WTO 가입

등으로 개방의 물결을 타고 복음의 문이 더욱 확장되고 있습니다. 이 책이 베트남의 선교를 이해하고, 선교사로 헌신하는 데 귀하게 쓰일 수 있기를 소망합니다.

박원규 선교사님은 이 책을 통해 「명작 인생」을 다음과 같이 소개하고 있습니다. "명작 인생은 신앙생활을 통해 내가 하나님께 사랑 받는 자녀라는 사실을 깨달음으로 건강한 정체성을 회복하고, 그런 사람이 행복한 가정을 이루고 그리스도의 제자로 훌륭하게 자녀를 키우며 성공적인 사회생활을 이루어 인생의 진정한 목적인 하나님의 영광을 나타내는 선교를 실천하는 것입니다." 이 책에는 박원규 선교사님의 믿음과 꿈과 사랑이 담겨져 있습니다. 바라기는 이 책을 읽는 모든 분들이 하나님을 만나고, 하나님 안에서 자신의 인생을 향한 하나님의 큰 뜻을 발견하고 그 뜻에 순종하여 하나님의 나라에 「명작 인생」이 되시길 기대합니다. 그리고 앞서 소개한 것 같이 명작 인생의 화룡점정은 '선교'라고 하였습니다. 아무쪼록 여러분의 삶의 자리에서 하나님의 이 땅을 향한 간절한 마음인 선교적 사명을 감당함으로 하나님을 기쁘게 하고 영광스럽게 하는 명작 인생을 살아가시길 소망합니다. 감사합니다.

안희열 교수

(침례신학대학교 선교학 교수 · 세계선교훈련원 원장 · 한국복음주의 선교신학회 회장)

우리는 모두 단 한 번의 인생을 살다가 갑니다. 그리고 그 인생은 한 권의 책이라고 할 수도 있습니다. 그 책은 명작일 수도 있고 졸작일 수도 있습니다. 박원규 목사님은 바로 그런 명작 인생으로 우리를 안내합니다.

그가 안내하는 인생은 성경에 기초한 것입니다. 저자는 성경적이면서도 체험적인 인생론을 안내합니다. 그것은 그가 성경을 깊이 연구하고 묵상한 결론이며 동시에 그가 선교지에서 체험한 인생의 모습이기도 합니다.

명작 인생을 추구하는 모든 구도자들과 믿음에 근거한 삶을 구하는 모든 성도들에게도 이 책을 추천합니다.

명작 인생을 함께 사모하는 이동원 목사
(지구촌교회 원로목사)

무엇이 「명작 인생」인가에 대해 저자는 아주 분명한 답을 제공하고 시작합니다. 요셉, 모세, 다윗 등의 인생을 명작 인생이라고 할 수 있는데 이들의 공통점은 하나님을 주님으로 받아들이고 믿고 순종했다는 것입니다. 어떤 면에서는 예수 그리스도를 자신의 인생 가운데 주님으로 영접하고 그분의 뜻에 순종하는 모든 삶이 명작 인생이라고 할 수 있습니다. 예수 그리스도를 아직 영접하지 않은 사람들의 인생은 겉으로 아무리 화려해도 사실 실패한 인생입니다. 빨리 예수를 자신의 인생에 받아들이고 변화되어야 합니다.

예수를 마음에 영접했지만 성공적인 성도의 삶을 살고 있지 못하다면 이는 그분의 뜻에 아직 순종하지 못하고 있기 때문입니다. 주님께 순종한다는 것은 가치관이 변화된다는 의미입니다. 저자는 이를 세 가지로 말합니다. 불행에서 행복으로, 실패에서 성공으로, 그리고 순간에서 영원으로라고 말합니다. 행복·성공·영원은 모든 사람들이 추구하는 인생의 목표입니다. 그러나 그리스도 안에서 행복과 성공, 영원은 그리스도 밖에 있는 사람들의 가치와는 다른 가치입니다. 이런 가치의 변화가 없다면 그의 삶은 명작이 될 수 없습니다.

저자는 사역자로서는 할 수 있는 모든 경험을 한 분입니다. 목회자로서 25여년을 성실하게 담임목회를 했고, 신학교 교수의 경험을 하기도 했으며, 선교사로서 타문화권 사역을 감당하기도 했습니다. 이런 다양한 사역의 결과가 바로 무엇이 명작 인생이며 명작 인생이 되기 위해서는 무엇이 바뀌어야 하는가를 제시한 책이 본 저서입니다. 설교라기보다는 성경을 근거로 한 인생의 깊은 에세이처럼 보이는 이 글은 아직 주님을 모르는 분들이나, 혹 주님을 알지만 깊은 순종의 삶을 경험하고 있지 않은 분들에게 조용한 도전을 주며 주님의 음성을 듣는 경험을 제공할 것입니다. 하나님과의 관계를 다시 살펴보는 묵상의 좋은 자료로 기꺼이 추천합니다.

이현모 교수
(침례신학대학교 선교학)

저는 이 책의 저자이신 박원규 목사님과 17년 전에 성지순례를 다녀온 적이 있습니다. 두 주 정도의 짧은 여행 속에서 박 목사님이 보여주신 인상 깊은 모습들은 오랜 세월이 지난 지금까지도 제 뇌리에 생생하게 남아 있습니다. 그것은 항상 미소를 머금고 주위 사람들을 즐겁게 만들어주시는 모습과 예루살렘의 한 잔디밭에서 이스라엘의 일곱 살 정도 아이와 천진난만하게 뛰놀아주는 모습이었습니다. 그래서 박 목사님은 하루하루의 인생을 최고로 즐기며, 감사하며, 주위 사람들에게 감동을 끼치며 살아가는 분이심을 알게 되었습니다.

그 이후로도 박 목사님의 사역에 관해 늘 관심을 가지고 듣고 알아가며 목사님의 사역과 삶을 통해 많은 것을 배우곤 했습니다. 그러던 중 4년 전에 한국에서의 25년간의 교회 사역을 뒤로 하시고 선교지로 나가시는 결단을 하셨다는 소식을 듣게 되었습니다. 이 소식은 제게 새로운 도전과 감동으로 다가왔습니다.

그런데 이번에 박 목사님께서 선교지에서 더불어 살아가는 분들을 비롯하여 기독교 신앙의 길에 새롭게 들어서기를 원하는 분들을 위해 신앙의 기본적인 요소들을 아주 쉽게 그리고 생동감 있는 예화들을 통해 설명해주시는 책을 집필하시게 되어 너무나 기쁘게 생각하며 기대하고 있었습니다. 저는 박 목사님께서 보내주신 원고를 단숨에 읽어 내려가면서 커다란 감동과 깨달음을 얻게 되었습니다. 한편으로는 기독교 신앙에 입문하는 분들이 의문을 품고 있는 것들에 관해 박 목사님께서 아주 명료하게 설명해주시는 능력을 보여주신 것에 놀랐고, 다른 한편으로는 박 목사님께서 수많은 분야의 책들을 읽으신 독서광이요 박식하신 분이라는 점에 도전을 받게 되었습니다.

박원규 목사님의 「명작 인생」은 하나님을 의지하는 가운데 명작 인생을 살아오신 저자 자신의 체험적 삶에서 우러나온 현실감 있는 신앙 지침서이자 명작 인생을 살아온 수많은 위인들의 삶을 본보기로 제시하고 있는 인생 격언서입니다. 그래서 이 책을 읽어나가는 독자들로 하여금 자신들의 삶도 위대한 신앙인들과 지도자들의 삶을 본받아야겠다는 결단이 저절로 생기게 만들고 명작 인생을 경험하게 되는 환상을 품게 만듭니다.

이 책은 기독교 신앙의 기본을 바르게 이해하며, 신앙의 첫발을 내딛기 원하는 분들에게 실제적인 도움을 제공할 뿐만 아니라, 많은 분들 앞에서 성경 말씀을 선포하는 설교자들에게 감동과 생동감이 넘치는 예화들을 무궁무진하게 제공해 줍니다. 아무쪼록 이 책이 온 세계의 여러 선교지에서 새롭게 예수님을 구세주와 주님으로 믿고 신앙생활을 시작하는 분들뿐만 아니라 많은 성도들에게도 「명작 인생」을 살아갈 수 있는 구체적인 방법들을 제시해줄 수 있게 되기를 기도합니다.

이형원 교수
(침례신학대학교)

세상의 모든 사람들은 순간적인 행복과 성공이 아니라 영원한 행복과 성공을 갈망하고 있습니다. 그런데 놀라운 것은 많은 사람들이 불행과 실패의 늪에 빠져 자신의 꿈을 포기하고, 자신을 자학하고, 관계된 사람들을 미워하며, 원망하고, 비판하며 불행한 삶을 산다는 사실입니다.

「명작 인생」은 세상의 모든 사람들이 갈망하고 추구하는 행복과 성공에 대해 무엇이 진정한 행복이며 진정한 성공인가? 그리고 어떻게 살 때 진정 행복하고 성공적인 인생을 살 것인가를 하나님의 말씀인 성경에 근거하여 안내해 줍니다.

영혼을 사랑하는 뜨거운 마음과 예수 그리스도의 생명의 복음을 증거하기 위해 남다른 열정으로 전도에 헌신해 왔던 박원규 목사는 신학교에서,

또 사역의 현장인 교회에서 수많은 사람들에게 하나님의 참 사랑을 알게 해주었습니다. 더욱이 그는 침례교단 부흥사로서 한국의 수많은 교회에서 자비량 부흥회를 인도해 왔고, 하나님이 주신 강력한 신유은사를 통해 수많은 병자들을 고치고 기도와 성령의 역사에 대해 타의 추종을 불허할 만큼 확고한 신학을 정립하여 성도들의 영성훈련에 전념하여 왔습니다.

두 번에 걸친 장기 금식기도와 매주 토요일마다 금식기도로 설교를 준비하는 남다른 영성과 지성을 겸비한 목사로 기도와 말씀 전하는 일에 전념해 온 삶을 「명작 인생」에 담아 그리스도인들의 삶의 도전을 요구하고 있습니다.

베트남 선교의 중요성을 인식하고 선교현장에 뛰어든 박원규 목사는 하나님의 특별한 계획과 섭리 가운데 세계 도처에 보내어진 디아스포라들의 아픔과 상처들을 치유하고 하나님의 사랑을 체험케 하여 인생에서 가장 소중한 정체성을 회복하고 건강한 가정과 축복된 신앙생활을 통해 선교적 사명을 감당함으로 하나님의 간절한 소원에 동참하는 명작 인생을 살 것을 호소하고 있습니다.

한 번뿐인 인생, 우리 모두 하나님을 기쁘고 영광스럽게 하는 「명작 인생」을 살기를 소원하는 마음으로 이 책을 모두에게 강력하게 추천합니다.

신순철 목사
(수도교회)

감사의 글

하나님께 모든 영광을 돌립니다. 세상에 가장 어리석은 종에게 책을 쓸 수 있는 환경과 기회를 주셨음을 감사드리며 무엇보다 책의 모든 내용을 하나님이 직접 관여해 주시고 지혜와 영감을 주셨음을 감사드립니다.

제 마음에 영혼을 사랑하는 뜨거운 마음과 복음을 전하고자 하는 열정을 부어 주셔서 불행한 삶으로 고통당하는 사람들에게 행복한 삶을 살 수 있는 길을 안내하게 하시고, 실패로 눈물 흘리는 사람들에게 성공적인 삶을 살 수 있는 길을 안내하고, 이 땅에서의 삶은 나그네의 삶임을 알게 하여 영원한 삶으로 안내하도록 내 마음을 주관해 주셨음을 감사드립니다.

이 지면을 빌려서 감사를 드리고 싶은 분들이 너무 많습니다만 저를 낳아 길러 주신 부모님께 감사를 드리며, 30여 년 동안 목회의 동역자로서 멘토 역할을 해 주신 신순철 목사님과 부족한 종의 졸작에 추천서를 보내 주신 총장님과 교수님들 그리고 목사님들에게 깊은 감사를 드리고, 나의 사역을 돕기 위해 자신의 모든 것을 희생하며 사랑해 준 아내에게 뜨거운 감사를 전하며, 아버지의 사역에 언제나 최선을 다해 도와 준 사랑하는 딸 민원이와 주의 종의 길을 가기 위해 어려운 가운데도 감사함으로 학업에 전념하고 있는 아들 민우에게 감사를 전하고 싶습니다.

'온 백성에게 미칠 큰 기쁨의 좋은 소식'을 생각하며

박원규 목사

서문

세상의 모든 사람들은 행복하고 성공적인 삶을 갈망합니다. 순간적인 행복과 성공이 아니라 영원한 행복과 성공을 갈망하고 있습니다. 그런데 놀라운 것은 많은 사람들이 불행과 실패 속에서 절망하고, 삶을 후회하고, 자신의 꿈을 포기하고, 자신을 자학하고 산다는 사실입니다.

우리가 갈망하는 것보다 몇 천 배 몇 만 배 더 우리의 행복과 성공을 원하시는 하늘에 계신 우리 아버지가 계시는데….

하늘에 계시는 우리 아버지는 우리의 행복과 성공을 원할 뿐만 아니라 독생자 예수 그리스도를 보내 주시고 하나님의 영인 성령님을 우리 안에 거하게 하셔서 우리를 도와주시려고 온갖 노력을 다 하시지만 우리는 어리석게도 도움을 거절하며 내 힘으로만 살려고 몸부림을 치고 있습니다. 우리는 집을 나간 탕자처럼(눅 15:11-24) 허랑방탕한 삶을 살다가 하늘에 계신 아버지가 주신 우리의 무형재산을 다 허비하고, 사람의 종이 되고 불행과 실패의 늪에 빠져 허우적거리고 있습니다. 저는 집을 나간 탕자들과 수고하고 무거운 짐을 진 사람들을 하늘에 계신 아버지의 사랑의 품으로 안내해 주고 싶습니다. 제가 만난 하늘에 계신 아버지는 너무 좋고, 위대하며, 절대주권을 가지신 사랑 그 자체이신 분입니다.

한편의 명작 소설은 시대와 나라를 초월하여 수많은 사람들에게 선한 영향력을 끼치게 됩니다. 명작 소설은 독자들의 인생의 가치관을 형성하게도 하고, 절망에 빠져 있는 사람에게 희망을 주기도 하고, 원망과 불평의 삶을 살던 사람에게 감사하며 능동적인 삶을 살게도 합니다.

명작 소설이 있듯 명작 인생도 있습니다. 명작 인생은 시대와 국경과 인종과 남녀노소를 초월하여 어두움 속에서 헤매는 사람들에게 빛의 역할을 하기도 하고, 수많은 사람들에게 모델과 멘토 역할을 하기도 하고, 희망과 용기를 주기도 하며, 사랑과 헌신의 삶을 살게도 하는 모티브 역할을 합니다.

현재 실패의 늪에 빠져 사람들에게 멸시를 받고 외로움과 좌절감으로 고통당하는 사람들은 명작 인생을 산 요셉이나 모세, 다윗 등 수많은 성경 속 인물들의 생애를 보면서 나도 요셉과 모세와 다윗처럼 하나님을 만나 하나님과 동거·동락·동행·동역하는 인생을 살아야겠다는 희망과 도전을 갖게 될 것입니다. 세상에도 명작 인생을 살아 수세기에 걸쳐 수많은 사람들에게 선한 영향력을 끼친 사람들이 있는데 그들에게는 공통된 특징이 있습니다. 그들은 모두 하나님을 만난 사람들이었다는 것입니다. 하나님을 만나 자기 정체성을 찾았고, 그들은 모두 성경을 하나님의 말씀으로 믿고, 삶의 현장에서 말씀에 의지하여 깊은 곳에 그물을 내림으로 그리스도 안에서 성공을 이룩한 사람들입니다. 그들은 모두 자신이 어떤 존재이며, 무엇을 위해 살아야 하며, 어디로 가는가를 알고 인생의 참된 목적을 갖고 삶을 살았습니다. 그들에게도 고난과 위기가 있었지만 하나님의 말씀을 믿고, 말씀에 의지하여 순종함으로 전화위복의 인생을 살았고, 그들은 예배를 생명처럼 여겼으며, 주님의 몸 된 교회에 헌신했고, 성령의 충만함 속에서 살았던 것을 보게 됩니다.

저는 이 책을 쓰면서 줄곧 성경의 세 가지 말씀을 생각했습니다. "진리를 알지니 진리가 너희를 자유롭게 하리라"(요 8:32)는 말씀과 "도둑이 오는 것은 도둑질하고 죽이고 멸망시키려는 것뿐이요 내가 온 것은 양으로 생명을 얻게 하고 더 풍성히 얻게 하려는 것이라"(요 10:10)는 말씀, 그리고 "하나님은 모든 사람이 구원을 받으며 진리를 아는 데에 이르기를 원하시느니라"(딤전 2:4)는 말씀이었습니다. 예수님이 진리의 본체이시며 예수님의 말씀이 진리이시니 이 진리를 잘 알게 하여 관념과 삶과 사탄의 노예로 사는 사람들에게 진정한 자유의 삶을 살 수 있는 길을 안내하며 예수님이 오신 것은 영원한 생명을 얻게 하기 위해 오셨고, '행복하고 성공적인 풍성한 삶'을 살게 하기 위해 오셨음을 증언하고 싶었습니다.

그리고 선교는 명작 인생의 화룡점정이라는 사실입니다. 우리가 신앙생활을 열심히 하고 행복한 가정생활, 성공적인 사회생활을 하면서 '하나님의 간절한 소원인 선교의 사명'을 감당할 때 하나님을 기쁘게 하고 영광스럽게 하는 명작 인생을 살게 될 것입니다.

1부의 불행에서 행복을 향한 로드맵에서는

인간의 모든 불행의 원인은 하나님의 사랑의 품을 떠나 있기 때문입니다. 인간은 길이요 진리요 생명이신 예수님을 통해 하나님의 품으로 돌아와야 합니다. 포도나무 가지가 포도나무를 떠나서는 열매를 맺을 수 없듯 인간은 하나님이 주시는 복을 받지 않고는 아무것도 할 수 없습니다. 늪에 빠진 인간이 몸부림치면 칠수록 더 깊이 빠지듯 자신의 생각과 방법과 의지로 살려고 몸부림치면 칠수록 더 큰 불행과 실패가 반복됩니다.

예수님을 통해 하나님의 품으로 돌아와 하나님의 사랑을 알아야 자신의 정체성이 확립되고, 삶의 목적을 알게 되어 건강한 관계 속에서 삶을 살게 됩니다. 그러나 자기 정체성을 확립하지 못한 사람들은 부정적 자아감 속에서 인간과의 갈등, 조급함, 삶의 목적의 결여, 원망과 불평의 삶을 살아 갑니다. 이런 사람들에게 하나님의 실존과 사랑과 능력과 약속의 신실함과 영원함을 믿고 의지할 수 있도록 그분이 주신 것을 받고 누린 사람들의 증언을 토대로 행복의 길을 제시했습니다.

2부의 실패에서 성공을 향한 로드맵에서는

성경적 가치관으로 무장하고 하나님과 함께 사는 사람들의 삶은 성공적일 수밖에 없습니다. 왜냐하면 그들의 삶의 전 과정은 한 편의 명작 소설처럼 수많은 위기와 역경들이 반복되지만 오직 하나님을 신뢰하고 의지하며 순종함으로 하나님의 축복 속에서 명작 인생을 살기 때문입니다. 성경 속의 대표적인 인물로는 요셉을 들 수가 있습니다. 형제에게까지 버림받은 불행과 슬픔, 상처를 안고 있는 사람들의 모델이 되는 요셉의 성공적인 삶을 조명하여 보면서 실패에서 성공으로 가는 로드맵을 전하고자 했습니다.

삶의 맨 밑바닥에서 어떤 꿈과 삶의 태도·관계·선택 등을 통해 애굽나라의 총리가 될 수 있었는가를 살펴보면서 실패 속에 사는 사람들에게 성공적인 삶을 살 수 있는 로드맵을 제시했습니다.

3부의 순간에서 영원을 향한 로드맵에서는

세상 사람들은 언제 다가올 지 모를 죽음을 망각한 채 이 세상에서 영원히 살 것처럼 살거나, 죽음 후에 있는 내세를 알지 못하고 이 세상이 끝인 줄로 착각하여 세상의 즐거움과 세상에서의 욕망에 취하여 살지만 우리에게 피하지 못할 죽음이 있듯 내세 또한 분명히 있는 것입니다.

"모든 육체는 풀과 같고 그 모든 영광이 풀의 꽃과 같으니 풀은 마르고 꽃은 떨어지되"라는 말씀은 인간의 실체와 한계를 극명하게 표현한 것이며 "한 번 죽는 것은 사람에게 정하신 것이요 그 후에는 심판이 있으리니"라는 말씀은 우리에게 미래를 위한 준비의 삶을 살라는 경각의 말씀입니다. 그리하여 순간의 쾌락이나 세상적인 삶의 허무함을 전하여 영원한 삶을 준비해야 할 것을 상기 시키면서 '하나님의 간절한 소원'인 선교를 통해 모든 사람에게 하나님의 사랑을 전해야 함을 증명했습니다.

명작 인생은 신앙생활을 통해 내가 하나님께 사랑 받는 자녀라는 사실을 깨달음으로 건강한 정체성을 회복하고 그런 사람이 행복한 가정을 이루고 그리스도의 제자로 훌륭한 자녀를 키우며 성공적인 사회생활을 이루어 인생의 진정한 목적인 하나님의 영광을 나타내는 선교를 실천하는 것입니다.

1부
불행에서
행복을 향한
로드맵

제1장
인생에 한계를 느낄 때

꺼지지 않는 불을 보아야 합니다

　인생을 살면서 자신의 능력에 한계를 느끼며 뼛속 깊이 스며드는 절망감에 눈물을 흘릴 때가 있습니다. 자신의 꿈을 이루기 위해 몸부림치며 살아 온 이유가 이것을 위한 것이 아니었는데 아무것도 이룬 것 없이 한 해 또 한 해 세월이 흘러갈 때 하늘을 원망하기도 합니다. 하늘을 향해 절규하기도 하고, 가슴 깊은 곳에서 절로 나오는 한숨을 쉬면서 혼자 눈물을 흘리기도 합니다. 그러다가도 다시 희망의 끈을 잡고 언젠가 좋은 날이 올 것이라는 기대를 갖고 살아보지만 어느 순간 그런 희망조차 더 이상 가질 수 없을 만큼 좌절감에 빠지는 때가 있습니다.

　여기 우리와 같은 절박한 상황에서 몸부림치며 처절하게 산 사람이 있습니다. 성경에 나오는 모세라는 사람은 40살의 나이에 본의 아니게 사람을 죽인 살인자가 되었습니다. 모세는 그 당시 최고의 학문을 배웠고, 좋은 배경(왕족)을 갖고 있어 출세가 보장된 사람이었지만, 단 한 번의 실수로 그의 인생은 엉망진창이 되어 버렸습니다. 바로가 자신을 찾아서 죽일까 봐 노심초사하다가 미디안 광야로 도망을 쳤습니다. 왕족의 신분에서 도망자의 신분으로 바뀐 것입니다. 10년이 지나가고 또 10년이 지나가고 또 10년이 지나갔습니다. 모세는 40년 동안 고독으로 세월을 보냈습니다. 모세가 처음 광야에 왔을 때에는 이렇게 긴 시간을 보내게 될 것이라고는 생각하지 못했을 것입니다. 시간이 가면서 그의 패기와 당당했던 모습은 점점 초라해지기 시작했습니다. 처가살이를 하던 모세는 이제 처가의 눈치를 보게 되었고, 아내에게도 떳떳하지 못하고, 자식들에게도 할 말이 없어 점점 더 혼자서 보내는 시간이 많아졌습니다. 그의 말에는 권위가 없어지기 시작했고, 아마 사람들은 그런 그를 비웃기 시작했을 것입니다. 오랜 세월이 지나면서 이제 모세는 장인 이드로의 양을 치는 일에만 몰두하게 되었기 때문이었습니다. 이드로의 사위가 된 것도 양을 치는 딸들을 도운 것이 계기가 되었습니다. 이드로의 딸들이 물을 떠서 구유에 담고 양들에게 먹이려고 할 때 다른 목자들이 방해하는 것을 보고 모세가 도왔던 것이 계기가 되었던 것입니다. 왕족에서 광야에서 양을 치는 힘없는 목자로의 변신의 삶이 어느덧 40년이었습니다. 모세는 회한과 절망 그리고 고독 속에서도 가느다란 희망을 품고 양치는 일에 최선을 다했습니다. 그런 모세가 양을 치면서 하나님의 산에 오르던 날 떨기나무 불꽃 가운데서 꺼지지 않는 불을 보았습니다(출 3:2).

성경의 영속성 – 꺼지지 않는 불

모세가 절망 가운데서 보았던 꺼지지 않는 불을 오늘날 우리도 볼 수 있을까요? 하나님께서 모세에게 보여주셨던 그 꺼지지 않는 불은 바로 오늘날 우리에게 말씀으로 주신 성경입니다. 하나님의 말씀인 성경은 수천 년 동안 수많은 사람들의 가슴에 행복과 성공을 가져다 준 꺼지지 않는 불입니다. 수세기 동안 이 불을 끄기 위해 많은 독재자들이 하나님의 말씀인 성경을 없애려 했지만 이 성경은 결코 한 순간도 꺼지지 않았습니다. 배우지 못하고 가진 것이 없고 세상에서 버림받은 사람들도, 반복된 실패로 인생을 포기했던 사람들도, 인생에 아무런 희망의 근거도 없이 비참하게 삶을 연명하던 사람들도 하나님의 말씀인 성경을 통해 그들이 얼마나 소중한 존재이며 하나님의 사랑을 받고 있는 존재인가를 확인하게 하는 소망의 불이요 꺼지지 않는 구원의 불이 바로 성경인 것입니다.

이 꺼지지 않는 불(출 3:2), 하나님의 말씀을 확인하려 했던 사람(출 3:3)들은 한결 같이 하나님의 사랑의 음성을 듣게 되었고(출 3:4) 하나님의 위대하심을 깨닫게 되었습니다. 모세는 이 꺼지지 않는 불 속에서 하나님의 사랑의 음성을 들었습니다. 하나님이 자신의 이름을 기억하고 "모세야! 모세야!" 하며 불러 주시는 것이었습니다(출 3:4). 온 몸이 전기에 감전되듯 전율을 느끼며 귀를 기울일 때 "네 발에서 신을 벗으라"(출 3:5)는 음성을 듣게 되었습니다. 신발을 벗는 종으로 돌아왔을 때 하나님께서는 "이제 내가 너를 바로에게 보내어 너에게 내 백성 이스라엘 자손을 애굽에서 인도하여 내게 하리라"(출 3:10)고 말씀하셨습니다. 모세는 꿈속에서도 상상하지 못했던 말을 듣고 어안이 벙벙해져 "내가 누구이기에 바로에게 가며 이스라엘 자손을 애굽에서 인도하여 내리이까"(출 3:11)라고 반문합니다.

사업이 폭삭 망해서 재기가 전혀 불가능하거나, 불치의 병으로 인해 희망의 끈마저 놓아버리고 하루하루 살거나, 깨어진 인간관계로 깊은 마음의 상처를 입고 주저앉아 있을 때에도 하나님은 우리의 이름을 부르시며 우리를 사랑으로 녹이십니다. 사람들은 우리를 포기해도 하나님은 우리를 포기하지 않고 희망과 사명을 주십니다. 모세는 아마 자기 자신은 못난 사람이라고 자신을 학대하고 자신감을 잃고 포기하고 있었을텐데 꺼지지 않는 불꽃에서 만난 하나님은 모세를 포기하지 않고 계셨던 것입니다.

성경의 감화력 – 나무는 열매를 보면 알 수 있다

하나님의 말씀인 성경은 지구상에 존재하는 수많은 국가와 수많은 사람들에 의해 검증된 진리입니다. 아니, 누가 검증해 주지 않아도 성경에 나온 말씀은 진리입니다. 나무가 어떤 나무인지 구분이 가지 않을 때는 그 열매를 보면 알 수 있습니다 그렇듯이 성경이 어떤 책인가는 읽어 본 사람의 삶과 생각의 변화를 보면 알 수 있습니다. 시대를 움직였던 세계적인 철학자, 인류역사에 커다란 발자취를 남긴 세계적 과학자, 수많은 사람들을 감동시키고 인생의 의미와 희망과 용기를 주었던 세계적인 문학가, 삶의 질곡을 진실과 성실로 극복하고 위대한 삶을 살았던 인생의 스승들은 모두 하나님의 말씀인 성경을 통해 자신의 오늘이 있었음을 고백하고 있습니다.

시베리아 출신인 러시아의 세계적 핵 권위자 보리스 도첸코는 성경을 통해 인생의 참 의미를 깨달은 사람 중 하나입니다. 그는 자라면서 무신론자가 되었고 공산주의 사상을 신봉했었는데 대학 입학 전 할아버지 집에 갔다가 창고에서 우연히 오래 된 표지도 없는 낡은 책 한 권을 발견합니다. 「우리 주 예수 그리스도의 복음」이라는 글로 시작된 책을 발견한 보리스는 호기심이 치솟아 올라 그 책을 옷 속에 숨겨 자기 방으로 가서 몰래 읽었습니다. "태초에 말씀이 계시니라 이 말씀이 하나님과 함께 계셨으니 이 말씀은 곧 하나님이시니라"(요 1:1). 이 말씀이 너무도 강하게 그의 가슴을 쳤습니다. 그 말씀은 자기가 지금까지 배워온 모든 것과 반대되는 것이었으며, 하나님과 이웃을 사랑하라는 예수님의 대 계명은 보리스를 더욱 놀라게 했습니다. '하나님은 존재하지도 않는다는데 어떻게 내가 하나님과 이웃을 사랑할 수 있는가?' 적이 항복하지 않으면 죽이고 경우에 따라서 공산당을 위해서라면 부모라도 배반할 수 있어야 한다고 교육 받은 그는 그 말씀으로 인해 혼란에 빠졌습니다.

　　보리스는 키예프대학교에서 물리학과 수학을 공부합니다. 그러던 그에게, 모든 물리적인 것은 시간과 함께 파괴된다는 엔트로피 법칙에 의하면 우주는 지금쯤 완전히 재가 되어 있어야 하는데 아직 재가 되어 있지 않은 것은 자연의 어떤 강력한 힘이 우주를 통제하고 질서를 유지하기 때문일 것이라는 생각이 문득 들었습니다. 그 힘은 자신이 파괴되지 않으려면 물질적인 것이 아니어야 하기 때문에 그 힘은 전지전능한 절대자여야 한다는 결론에 도달했습니다. 세계에서 가장 위대한 과학자도 가장 단순한 세포조차 만들어낼 수 없다는 사실이 보리스의 생각을 굳게 했습니다. 성적이 좋아 레닌그라드대학교 대학원에 진학해 석사학위를 받고, 대학원에서 세계적으로 유명한 과학자 야코브 프렌켈 교수 밑에서 연구를 하던 보리스는 어느 날 스승의 서재에 들어갔다가 책장에 성경이 꽂혀 있는 것을 보고 또 놀랐습니다. '이 위대한 과학자도 성경을 책장에 공공연히 꽂아 두고 읽는구나!' 그것이 그가 본 두 번째 성경이었습니다.

그 후 보리스는 소련연방 과학원에서 대륙간 탄도탄 및 우주 로켓을 연구했고, 여러 해가 지난 후에는 키예프 물리학연구소에서 핵을 연구하게 되었습니다. 그는 소련 정부로부터 빈의 국제원자력 에너지기구의 수석위원으로 가기 전 얼마 동안 캐나다에 머무르라는 지시를 받았습니다. 그곳에서 전 세계의 핵 연구가들의 연구정보를 모스크바로 보내는 것이 그의 임무였습니다. 그때 캐나다의 한 모텔에서 그는 세 번째 성경을 보았습니다. 기드온 성경이었습니다. 그가 떨리는 손으로 그 성경을 들고 다시 펼쳤을 때 22년 전 할아버지 집 창고에서 그에게 충격을 주었던 그 요한복음 구절이 또 나타났습니다. "태초에 말씀이 계시니라 이 말씀이 하나님과 함께 계셨으니 이 말씀은 곧 하나님이시니라"(요 1:1).

세 번에 걸친 성경과의 특별한 만남 이후 보리스는 시간만 있으면 성경을 읽었고, 결국 하나님을 믿는 기독교인이 되었습니다. 그는 이렇게 고백합니다. '내게는 예수 그리스도가 내 직업, 내 조국, 내 가족보다도 더 소중한 분이 되었다. 성경은 가장 위대한 신앙 서적이다. 우리 주님이 재림하실 때 최후의 증거가 나타날 것이다. 나는 하나님이 우주의 창조자요, 우주의 주관자요, 모든 질서를 유지하시는 분이심을 확실히 믿는다.' 성경을 통해 보리스 도첸코 박사는 하나님을 만났고 그 음성을 듣는 신앙을 가지게 되었던 것입니다.

역사상 가장 존경받는 인물들은 모두 성경을 삶의 최고 가치로 여겼습니다. 미국 국민들에게 가장 존경받는 대통령들도 성경을 통해 하나님의 실존과 사랑과 능력과 약속의 신실함과 영원함을 알고 확인하며 살았습니다. 미국 사우스 다코다 주의 러시모어 산 화강암 벽에는 네 명의 대통령 흉상이 조각되어 있습니다. 워싱턴, 제퍼슨, 링컨, 루즈벨트입니다. 이들은 모두 미국 국민으로부터 존경받는 대통령들인데 이들에게는 공통적인 특징이 있습니다. 그것은 모두가 성경의 사람이라는 것입니다. 그들은 성경 말씀을 삶의 최고 가치로 두었습니다. 조지 워싱턴은 "성경이 아니면 세계를 다스릴 수 없다."고 했으며, 토마스 제퍼슨은 "미국은 성경을 반석으로 삼아 서있는 나라다." 라고 했습니다. 아브라함 링컨은 "성경은 하나님께서 주신 가장 귀한 선물이다."라고 하면서 전쟁터에서도 애독했고, 데오도르 루즈벨트는 "어떤 방면에서 일하는 사람이든 그가 자신의 생을 참되게 살기를 원한다면 성경을 묵상하라고 권하고 싶다."고 말했습니다.

뿐만 아니라 성경은 정치 경제 문화 예술 모든 분야에 지대한 영향을 끼쳐왔습니다. 렘브란트, 미켈란젤로, 다빈치, 라파엘로와 같은 화가들은 모두 성경에서 영감을 얻은 화가들입니다. 베토벤, 모차르트, 하이든, 바흐, 헨델과 같은 음악가들은 모두 성경에서 영감을 얻은 음악가들입니다. 요즘 모차르트 음악은 태교에 가장 좋은 음악으로 각광받고 있다고 합니다. 모차르트는 모든 작곡을 다 마쳤을 때에 자신의 이름을 사인하지 않고 오직 하나님의 영광이란 뜻의 약자로 사인을 했다고 합니다. 성경은 사람을 지혜롭게 만들고 마음의 뜻과 생각을 형성합니다.

한 조사에 의하면 세계에서 가장 영향을 끼친 100명 가운데 90명이 성경을 읽는 사람이라고 합니다. 시인 테니슨은 "성경 읽는 자체가 곧 교육이다."라고 하였고, 칸트는 "성경이 있다는 것이 인류 최대의 축복이다."라고 하였습니다. 성경이 있는 것이 복이며 성경이 하나님의 말씀인 것을 아는 것이 복입니다. 하나님의 말씀인 성경을 통해 삶의 목적과 방향, 자신의 존재 가치를 알 수 있다는 것이 복입니다. 하나님의 말씀인 성경 속에 진리가 있고 행복한 삶의 원리가 있습니다. 위로와 평강과 기쁨과 소망이 있습니다. 하나님의 말씀인 성경을 읽을 때 하나님을 알게 되고, 그 때에 비로소 우리는 자신을 알게 되며 사명을 발견하게 되는 것입니다.

성경이 특별한 몇 명의 사람들만을 변화시킨 것이 아닙니다. 성경은 인류 역사상 수많은 사람들을 변화시켜 왔습니다. 1790년경 영국에서는 자유의 물결이 일어나기 시작했습니다. 그때 급진적인 자유주의자들이 '바운티'라는 자유단체를 결성하고 제도나 법률이나 어떤 제약도 없는 자유로운 사회를 건설하기를 원했습니다. 그래서 남녀노소 할 것 없이 바운티 회원 200여 명은 자유로운 세계를 동경하며 단체로 남태평양 피터케온이라는 섬으로 이주했습니다. 그곳에서 그들은 법률도 없고, 제도도 없고, 규약도 없는 자유의 유토피아를 건설하려고 했습니다. 그러나 뜻대로 잘 되지 않았습니다. 9년의 세월이 흐르는 동안에 자유를 만끽한 사람들은 방종하기 시작했습니다. 상상하지 못한 살인사건이 일어나고, 폭력이 난무하며, 성폭행 사건과 알코올 중독자들도 생겨났습니다. 바운티를 지도했던 프렌처라는 사람은 충격을 받았습니다. 사람들에게 자유를 주고 아무 제약 없이 있는 그대로 살게 하면 참 아름다운 세상이 될 것 같았는데 점점 더 험악한 세상이 되어가는 것을 보고 실망하여 충격을 받은 나머지 그는 자살하고 말았습니다.

프렌처의 뒤를 이어 존 아담스가 지도자가 되었습니다. 그는 유토피아 건설을 포기하고 사람들을 이끌고 다시 영국으로 돌아갈 결심을 하고 떠날 계획을 실행하기 시작했습니다. 그러던 중 주민들과 함께 창고를 정리하다 먼지더미 속에서 성경 한 권을 발견합니다. 9년 전에 배를 타고 올 때는 성경을 읽었지만 그동안 자유의 세계를 동경하고 자유롭게 사는 데 분주하다 보니 성경은 먼지더미 속에 방치되어 있었습니다. 아담스는 배가 오기까지 걸리는 2달 동안에 시간도 많으니 이 무료한 시간을 성경이나 읽으며 보내자 하고 창고에서 발견한 성경을 읽기 시작했습니다.

그런데 놀랍게도 성경을 읽어 가면서 존 아담스는 한 가지 중요한 사실을 깨달았습니다. 그것은 자유는 인간의 의지나 노력으로 되는 것이 아니라 하나님의 능력으로 된다는 사실이었습니다. 그리고 진정한 자유의 세계는 성경 안에 있고 성경 안에서 하나님의 나라를 찾을 때 나온다는 것을 발견했습니다. 그래서 아담스는 혼자만 성경을 읽는 것이 아니라 다른 사람과 함께 성경을 읽고 공부하기 시작했습니다. 그러는 사이 두 달이 흘러 기다리던 배가 도착했습니다. 배를 타기만 하면 영국으로 돌아갈 수 있었지만 그들은 영국으로 돌아가기를 포기하고 그 섬에 남아서 성경 말씀에 의한 새로운 사회를 만들어 봐야겠다고 생각했습니다. 왜냐하면 그들은 날마다 성경을 연구하고 읽으면서 사람들이 새롭게 변해가는 것을 보았기 때문입니다.

그러기를 2백 년, 오늘의 피터케온 섬은 인구 2만 명 정도의 남태평양의 작은 섬나라이지만 지상에서 가장 범죄가 적은 나라가 되었습니다. 그래서 이 섬나라를 지상낙원이라고 하고 있습니다. 성경은 이렇게 사람을 변화시키는 능력이 성경 안에 있음을 증명해 줍니다. 이 섬나라 이야기를 쓴 니콜슨은 "피터케온 사람들은 성경 한 권으로 섬 전체를 새롭게 할 수 있었다."고 말합니다. 피터케온 사람들뿐만 아니라 지난 2천 년 동안 인류 역사를 보면 성경이 있는 곳에 언제나 개인의 놀라운 변화가 있었습니다. 또한 성경이 들어가는 곳에서는 가정이 변하고, 사회가 변하고, 나라가 달라졌던 것을 역사가 증명해 주고 있습니다. 이러한 사실들을 통해 우리는 성경이 인류 역사를 움직여 왔던 것을 인정하지 않을 수 없는 것입니다.

오늘날 역사를 통해서 하나님 말씀을 따른 사람이나 나라 중에 멸망한 사람이나 나라가 있습니까? 성경이 들어간 나라들은 의와 평강과 희락과 믿음과 소망과 사랑이 넘치는 나라가 되고, 남에게 나눠주는 나라가 되지 않습니까? 하나님을 정면으로 도전하고 반대하던 히틀러의 독일이나 공산주의자들은 다 패망하고 말았지 않습니까? 말씀을 부인하고 거역하고 인본주의로 나간 개인이나 국가마다 망한 것을 역사가 증거하고 있는 것입니다.

성경의 계시력 – 하나님의 말씀

하나님은 무한하고 인간은 유한하기 때문에 인간의 힘으로 하나님을 아는 것은 불가능합니다. 하나님이 자신을 인간에게 알려 주셔야만 인간은 하나님을 아는 것이 가능합니다. 이렇듯 하나님이 인간에게 그 자신을 나타내는 것, 즉 인간이 하나님을 알 수 있고 그와 친교를 나눌 수 있는 방식이 계시입니다. '계시'라는 신학적 용어는 '아포칼리프시스'(apocalypsis)와 '파네로시스'(phanerosis)로 표현된 신약성경의 개념을 결합한 것으로부터 유래했습니다. 전자는 '벗기다, 드러내다'라는 의미이고, 후자는 '지금까지 숨겨져 있던 것이 나타나는 것, 쓰고 있던 가면 혹은 껍질을 벗어버리고 드러내는 것'을 의미합니다. 즉 계시는 하나님의 자기 표명(表明), 하나님의 자기 폭로를 의미하며, 그것은 인류에 대한 하나님의 구원 계획을 나타내는 것입니다. 계시는 두 종류로 분류되는데 일반 계시와 특별 계시가 그것입니다. 전자는 하나님께서 창조하신 자연을 통한 계시를 말하며, 후자는 성경에 기록되어 있는 예수 그리스도를 통한 계시를 의미합니다. 일반 계시는 하나님이 때와 장소 및 사람을 가리지 않고 모든 사람에게 그 자신을 나타내는 것입니다. 이것은 모든 사람에게 일반적으로 주어진 것일 뿐만 아니라 그 내용 또한 일반적인 것입니다. 그러나 특별 계시는 하나님이 특정한 때, 특정한 사람에게 자신에 대한 특별한 것을 나타내는 것을 의미합니다.

일반 계시는 자연, 역사 및 인간 존재를 통해 나타납니다. 신·구약성경은 하나님의 일반 계시에 대해 증언하고 있습니다. 또한 우리는 자연 질서를 통해 하나님에 대한 지식을 알 수 있고 역사적 사건들 속에서 하나님의 섭리를 인지하는 것도 가능합니다. 뿐만 아니라 일반 계시는 하나님이 자신의 형상을 따라 만든 인간 자신을 통해서도 나타납니다. 그것은 인간의 육체적 구조나 정신적 능력 또는 종교적 본성에서 발견됩니다. 그러나 일반 계시만으로는 하나님을 명확히 알 수 없습니다. 왜냐하면 인간의 죄가 일반 계시의 증거를 파괴해버렸기 때문입니다(창 3:17-19, 롬 8:18-25, 고후 4:4). 그래서 일반 계시는 인간을 구원으로 인도할 수 있는 적극적인 기능을 가지고 있는 것이 아니라 인간으로 하여금 하나님의 존재를 알지 못했다고 변명할 수 없게 하는 소극적인 기능만을 가지고 있습니다(롬 2:14-16, 3:9-18).

반면에 특별 계시는 이스라엘의 역사와 예수 그리스도를 통한 계시를 의미합니다. 하나님은 특별히 한 민족을 택해 그 민족을 통해 자신을 계시하셨습니다. 그것이 이스라엘 민족입니다. 구약 성경은 이스라엘 민족의 역사입니다. 또한 하나님은 그리스도의 인격과 사역을 통해 자신을 나타내셨습니다. 그리스도 자신이 하나님의 계시이며 하나님의 말씀입니다. 그리스도를 통하여 하나님의 모든 다른 계시가 이해됩니다. 그리스도는 이전의 모든 계시의 목표요 인류에 대한 하나님의 계시의 결론입니다.

　이러한 하나님의 계시가 가장 잘 드러나는 것이 바로 성경입니다. 세상에 있는 모든 책은 사람들이 자신의 생각, 깨달음, 경험 등을 기록한 사람들의 책이지만 하나님의 말씀인 성경은 하나님의 계획과 생각, 뜻과 약속을 계시한 하나님의 책입니다(사 34:16). 하나님은 자신의 창조물인 사람들에게 자연만물을 통해 자신을 알리셨지만 하나님의 계획과 생각과 뜻을 인간이 깨닫지 못했습니다. 나아가 불행과 실패 속에서 헛된 삶을 살기에 하나님의 사람으로 온전하고 모든 선한 일을 행하기에 온전하게 하기 위해 성령의 감동하심을 입은 사람들에게 계시하셔서 기록하게 하여 만든 책이 성경인 것입니다.

　우리는 성경을 통해서만 내가 어디서 왔으며, 내가 무엇을 위해 살아야 하며, 내가 어디로 가는가를 알 수 있습니다. 우리는 성경을 통해서만 우주 만물을 창조하신 분이 누구인가를 알 수 있고, 우주 만물을 다스리시는 절대주권자가 누구인가를 알 수 있습니다. 우리는 성경을 통해서만 죽음이 끝이 아니라 영원한 세계의 시작임을 알 수 있습니다. 우리는 성경을 통해서만 왜 불행이 반복되는가를 알 수 있습니다. 성경을 하나님의 말씀으로 믿지 않고는 결코 행복할 수도 성공할 수도 없습니다. 성경을 하나님의 말씀으로 믿는 만큼 행복하고, 성경을 하나님의 말씀으로 믿고 행하는 만큼 성공적인 삶을 살게 될 것입니다. 성경은 셀 수 없을 만큼 수많은 사람들과 국가와 역사가 하나님의 말씀으로 검증한 진리입니다. 이 검증된 진리를 믿지 않는 한 행복할 수 없습니다!

제2장
바람을 본 적이 있는가

"하나님을 보여주면 믿겠습니다. 보지도 못하는데 어떻게 믿을 수 있습니까?" 이렇게 하나님이 계신 것을 볼 수 있다면 믿겠다고 말하는 사람들이 많습니다. 세상에 살고 있는 사람들은 누구나 다 한 번쯤은 '하나님이 정말 계실까? 라는 생각을 해 볼 것입니다 그러나 많은 사람들은 하나님의 실존에 대해 부정하게 됩니다. 왜냐하면 보이지 않기 때문입니다.

볼 수 없는 것은 존재하지 않는다(?)

제1차 세계대전이 끝난 이후에 서구사회에서는 과학적인 방법으로 하나님이 없음을 증명하려고 했습니다. 그래서 온 국민들이 하나님이 계신다는 잘못된 믿음에서 벗어나게 하려고 하나의 강연회를 개최하였습니다. 첫 번째 연사는 바로 천문학 박사였는데, 그는 강단에 올라가서 하나님이 없다는 여러 가지 이유를 설명하기 시작했습니다. 그리고 마지막에는 큰 소리로 외쳐 말했습니다. "나는 망원경으로 우주를 20여 년 동안 관찰했지만 지금까지 하나님을 본 적이 없습니다. 그러므로 하나님은 분명 존재하지 않습니다." 이 말에 대중은 박수갈채를 보냈습니다. 이 연사의 연설이 끝난 후에 사회자가 대중에게 외쳤습니다. "자, 어떤 사람이든지 이 박사가 말한 하나님이 없다는 이유에 대해서 아직도 만족되지 않는 점이 있거나, 혹은 변론할 분이 있다면 공개적으로 토론할 수 있습니다." 한동안 침묵이 흘렀고 무신론을 주장하는 사람들이 승리감에 도취하여 환호 가운데 연설을 끝내려고 할 때에 어떤 할머니가 천천히 앞으로 나왔습니다. 그리고 물었습니다. "나 같은 사람도 몇 가지 물어봐도 되겠습니까?" 그리고 그 할머니는 박사에게 이렇게 물었습니다. "당신은 망원경으로 20여 년 동안 우주를 관찰했다고 하였는데, 바람을 본 적이 있습니까? 어떤 모양입디까?" 이때 박사가 말하기를 "어떻게 바람을 볼 수 있습니까?" 라고 되물었습니다. 그러자 할머니는 이렇게 말했습니다. "그럼 세상에 바람이 없습니까? 바람조차 볼 수 없는 망원경으로 어찌 하나님을 볼 수 있겠습니까?" 그러자 박사는 말문이 막혀버렸습니다.

하나님은 사람의 눈에 보이지 않습니다. 그것은 하나님이 존재하지 않아서가 아니라 하나님이 영(spirit)이시기 때문입니다. 그러기에 하나님은 우리의 육의 눈으로는 결코 볼 수 없습니다. 그러나 그분이 존재하고 계신다는 사실은 인류 역사가 증명하고 있으며 의심 많은 도마처럼 확인하려 했던 수많은 사람들과 검증된 진리인 성경에 의해 증명되어 왔습니다. 영안이 열리면 하나님을 볼 수 있습니다. 사람의 눈에는 육안이 있고(사물을 분별하는 눈) 지안도 있고(과학자의 눈, 예술가의 눈처럼 자기 분야를 지식적으로 분별할 수 있는 눈) 영안도 있습니다. 영안은 성경을 통해 거듭난 자의 눈을 말합니다. 예수님이 니고데모에게 말씀하신 것처럼 오직 거듭나야만 하나님

나라를 볼 수 있고, 하나님의 역사를 볼 수 있고, 하나님을 볼 수 있습니다 (요 3:3-8). 하나님이 내 안에 오셔서 내 눈을 열어주셔야만 하나님을 볼 수 있는 것입니다.

인류역사를 통한 증명

옛날이나 오늘이나 하나님이 없다고 하는 무신론자들이 있습니다. 성경에 보면 이런 사람들을 어리석다고 했습니다. 무엇이 있다고 논증하는 것은 증거가 하나만 있어도 되지만, 무엇이 없다고 논증하는 것은 매우 어려운 일입니다. 가령 우리 한국에 갈매기가 있나 없나를 토론한다고 해봅시다. 있다고 하는 사람은 인천에 내려가서 바닷가에 갈매기 발자국 하나만 발견해도 있다는 사실이 증명됩니다. 그러나 한국에 갈매기가 없다고 해봅시다. 인천에 가서 다 살펴보고 갈매기를 확인하지 못했다고 하더라도 목포 앞바다에는 있는지, 부산 앞바다에는 또 있는지 어찌 알겠습니까? 다시 말해서 한국 전토를 동시에 다 돌아보기 전에는 한국에 갈매기가 없다는 말을 논증하기는 어렵습니다. 하물며 우주에 하나님이 없다고 논증하는 것이 가능한 일일까요? 하나님이 없다고 증명하려면 지구는 말할 것도 없고, 해와 달과 별, 온 우주를 다 다녀보고 없다는 증명을 해야 될 것입니다.

하나님의 말씀인 성경은 이렇게 말하고 있습니다. "어리석은 자는 그의 마음에 이르기를 하나님이 없다 하는도다 그들은 부패하고 그 행실이 가증하니 선을 행하는 자가 없도다"(시 14:1). 하나님이 없다 하는 자는 어리석을 뿐만 아니라 그는 부패하고 소행이 가증하여 선을 행하는 자가 없다는 것입니다. 사람은 그가 무엇을 믿느냐, 그가 어떤 진리를 믿느냐에 따라 그가 어떠한 사람인가를 말해줍니다. 이처럼 우리의 신앙은 우리의 행동을 결정하기에, 우리의 신앙은 내가 어떠한 사람이라는 것을 가장 정확하게 평가해 주는 것입니다.

그래서 하나님이 존재하지 않는다고 믿고 사는 사람들은 다른 사람의 생명의 소중함을 알지 못하고 소중하게 여기지 않는 것입니다. 소련 공산 치하 당시 학교들은 수업시간에 선생님이 "하나님이란 존재하지 않습니다."라고 말하면 학생들은 "그렇습니다. 하나님은 즌재하지 않습니다."라고 화답하면서 학교수업을 시작했다고 합니다. 그렇게 하나님이 존재하지 않는다고 했던 소련 공산주의 스탈린 시대에는 하루에 4만 명의 사람들이 처형당했다고 합니다. 알렉산더 솔제니친은 소련 공산주의 스탈린 치하에 천만 명이 넘는 사람들이 처형당하거나 시베리아의 강제 노동장으로 끌려간 끔찍한 사건이 어떻게 일어날 수 있었느냐는 질문에 "하나님이 없는 곳에는 모든 악이 다 허용된다."라고 대답을 한 적이 있습니다. 하나님을 믿지 않는 사람들이나 하나님을 입으로는 믿으나 행동으로는 하나님 없이 사는 사람들은 자신이 온 우주의 중심이 되며, 삶의 목적이 자기 자신을 만족시키는 것이 되기 때문에 하나님과 이웃에 유익되는 삶이 아니고 오히려 해를 끼치는 삶을 살게 되는 것입니다.

이렇듯 하나님이 없다면 인류역사는 약육강식의 역사로 아비규환의 현장이 되었을 것입니다. 하나님께서 성령의 감동을 입은 사람들과 동거하시고 동역하셔서 인류역사를 인간의 존엄성과 평등, 자유와 진보를 이루어 왔습니다.

하나님 존재에 대한 이성적 증거들

하나님에 관한 성경의 진리들을 정리하기 전에 우리는 먼저 하나님이 계시다고 하는 사실을 확실히 해야 합니다. 만일 그가 계시지 않는다면 그에 대한 모든 신학적 토론은 무의미해질 것이기 때문입니다. 성경도 말씀하기를 "하나님께 나아가는 자는 반드시 그가 계신 것과 또한 그가 자기를 찾는 자들에게 상 주시는 이심을 믿어야 할지니라"(히 11:6). 하나님의 존재에 대한 합리적 논증에는 몇 가지가 있습니다.

첫째, 질서와 설계로부터의 논증입니다. 자연 세계에서 발견되는 질서와 설계에 근거하여 하나님의 존재를 증명하는 것입니다. 이 세계는 코스모스(cosmos), 즉 질서 있는 통일체입니다. 해는 항상 동쪽에서 떠서 서쪽으로 집니다. 자연 만물은 그 목적에 맞게 설계되고 만들어졌습니다. 새의 날개는 공중을 날기에 적합하게, 물고기의 지느러미는 물속에서 헤엄치기에 알맞게, 사람의 콧구멍은 편안하게 숨쉬기에 알맞게 아래로 뚫려 있습니다. 이것은 자연만물이 지성적 설계자에 의해 계획되고 창조되었음을 말해줍니다. 아무도 자연 체계에 질서가 있다는 것을 부정할 수 없습니다. 그리고 이 질서는 우연히 생길 수 없습니다. 그것을 부여한 명령자가 있어야 합니다. 이렇듯 우주에 질서를 부여한 지성적 원인이 바로 하나님입니다. 이 우주적 설계자가 곧 하나님이라는 사실입니다. 이렇듯 질서와 설계로부터 하나님의 존재를 증명하는 것을 목적론적 논증이라고 합니다.

둘째, 우주론적 논증입니다. 이는 변화와 인과 법칙으로부터 하나님의 존재를 증명하는 것입니다. 어떤 것이 움직이고 있을 때 움직이는 것은 무엇인가 다른 어떤 것에 의해 움직여집니다. 아무것도 스스로 움직일 수 있는 것은 없기 때문입니다. 그러나 다른 것에 의해 움직여지는 사물의 무한한 연속은 불가능합니다. 따라서 자신은 움직이지 않으면서 다른 것을 움직이게 하는 제1 운동자, 즉 부동(不動)의 동자(動者)가 있지 않으면 안 됩니다. 이 제1 운동자가 곧 하나님입니다.

또한 인과 법칙으로부터도 제1 원인으로서의 하나님의 존재를 증명할 수 있습니다. 어떤 결과는 원인으로부터 일어나는 것이며 그 원인은 또 다른 원인의 결과입니다. 자식이 존재하는 것은 부모가 있기 때문이며 부모가 있는 것은 조부모가 있기 때문입니다. 이렇듯 원인을 추적해 올라가면 제1 원인을 만나게 됩니다. 자신은 어떤 것에 의해 일어나지 않으면서, 다른 것은 일어나게 하는 것입니다. 왜냐하면 원인의 무한한 연속은 불가능하기 때문입니다. 즉 시작이 있어야 하기 때문입니다. 이 제1 원인이 곧 하나님입니다.

셋째, 존재론적 논증입니다. 이것은 이 세계가 제공하는 어떤 자료에 의존하지 않고 순수 사유에 의해 증명하는 것입니다. 하나님에 대한 생각으로부터 하나님의 존재를 이끌어내는 방법입니다. 이 논증에는 두 가지 형식이 있습니다. 무한자와 완전자의 개념으로부터의 증명이 그것입니다. 피조물은 유한한데 반해 창조주 하나님은 무한합니다. 하나님은 가장 위대한 분입니다. 하나님이 무한자라는 것은 그보다 더 위대한 분은 상상할 수 없다는 뜻입니다. 그런데 그 위대한 분이 인간의 마음속에 관념으로만 존재할 뿐 실제로 존재하지 않는다면, 그분은 가장 위대한 분이 아닐 것입니다. 왜냐하면 마음속에 존재하며, 동시에 실제로도 존재하는 분이 더 위대하기 때문입니다. 따라서 하나님이 가장 위대한 분이라면 인간의 마음뿐만 아니라 실제로 존재해야 한다는 것입니다.

넷째, 도덕론적 논증입니다. 하나님은 완전한 분이어야 합니다. 불완전하다면 하나님일 수 없습니다. 완전한 분은 그 속성으로 존재를 가지고 있습니다. 만일 존재가 없다면 그는 완전한 분이 될 수 없습니다. 완전자는 존재하지 않으려야 않을 수 없는 필수적인 존재입니다. 그러므로 완전자인 하나님이 존재하는 것은 자명합니다. 하나님이 존재하지 않는다고 말하는 것은 모순된 것입니다. 그것은 마치 하얀 것을 검은 것이라고 주장하는 것과 같습니다.

만유인력을 발견한 과학자 뉴턴이 숙련된 기계공에게 태양계의 모형을 만들도록 했습니다. 각각의 혹성이 움직이도록 아주 정교하게 설계된 것이었습니다. 어느 날 무신론자이면서 과학자인 한 친구가 그 태양계 모형을 보고는 거기에 있는 크랭크를 서서히 돌렸습니다. 그랬더니 모형에 달린 각각의 혹성들이 다양한 속도로 태양 주위를 회전하는 것이었습니다. 그 친구는 자못 놀란 표정으로 "야, 정말 훌륭한 모형이군. 도대체 누가 만들었나?" 그러자 뉴턴은 "아무도 아닐세."라고 무심히 말했습니다. "이봐, 이 모형을 누가 만들었냔 말이야?" 그러자 뉴턴은 "이건 누가 만든 게 아니고 여러 가지 물건들이 모아져서 우연히 이런 형태가 된 거야."라고 말했습니다. 은근히 화가 난 친구는 "자네는 나를 완전히 바보 취급하고 있군. 이렇게 정교하고 훌륭한 모형이 어떻게 저절로 만들어진다는 거야!" 하고 소리쳤습니다. 그때 뉴턴이 친구 어깨에 손을 얹고는 "이건 엄청나게 큰 우주계의 작은 모형에 불과해. 이렇게 간단한 장난감도 설계자나 제작자 없이 만들어질 수 없다고 자네가 주장하고 있는데, 하물며 이것의 근본이 되는 태양계가 설계자나 제작자 없이 우연히 생겨났다고 믿는 것에 대해서는 뭐라 설명하겠나?"라고 말하자 친구는 아무 말 없이 그저 고개만

끄덕였습니다. 뉴턴은 그의 책 「프린키피아」에서 이렇게 말하고 있습니다. "태양·혹성·혜성으로부터 생기는 매우 아름다운 천체는 지성을 갖춘 강력한 실력자의 의도와 통일적인 제어가 있기에 비로소 존재하게 된 것이다. 하나님은 영원무궁하신 분이시다."

성경을 통한 증거들

지금까지 하나님의 존재에 대한 이성적 증거들을 살펴보았습니다. 그러나 하나님의 존재에 대한 합리적 논증이 하나님이 존재하신다는 사실에 결정적인 것은 아닙니다. 이 논증들의 성공과 실패와 관계없이 하나님은 존재하십니다. 하나님이 존재한다는 것을 알 수 있는 가장 확실한 방법은 바로 하나님을 믿는 것입니다. 하나님을 믿으면 하나님이 존재한다는 것을 알게 됩니다. 신앙에 의한 논증이 하나님의 존재를 증명하는 주 자료요 합리적 논증은 이에 대한 보조 자료에 불과합니다. 또한 하나님의 존재에 대한 자연적 증거들보다도 성경에 기록되어 있는 하나님의 특별 계시들, 즉 신현(神現, 직접 나타나심)과 말씀과 기적의 사건들이 하나님의 존재에 대한 충분한 증거들을 제시하고 있습니다.

신명기 4장 32-35절에서 모세는 이스라엘 백성에게 이렇게 증언하였습니다. "네가 있기 전 하나님이 사람을 세상에 창조하신 날부터 지금까지 지나간 날을 상고하여 보라 하늘 이 끝에서 저 끝까지 이런 큰 일이 있었느냐 이런 일을 들은 적이 있었느냐 어떤 국민이 불 가운데에서 말씀하시는 하나님의 음성을 너처럼 듣고 생존하였느냐 어떤 신이 와서 시험과 이적과 기사와 전쟁과 강한 손과 편 팔과 크게 두려운 일로 한 민족을 다른 민족에게서 인도하여 낸 일이 있느냐 이는 다 너희의 하나님 여호와께서 애굽에서 너희를 위하여 너희의 목전에서 행하신 일이라 이것을 네게 나타내심은 여호와는 하나님이시요 그 외에는 다른 신이 없음을 네게 알게 하려 하심이니라".

성경은 거의 모든 페이지마다 하나님에 대해 말하고 있습니다. 그럼에도 하나님이 어떤 분인지, 무엇을 하시는지에 대해서만 이야기할 뿐 하나님의 존재여부는 문제 삼지 않았습니다. 그것은 성경이 처음부터 하나님이 존재한다는 것을 전제로 시작하기 때문입니다. "태초에 하나님이 천지를 창조하시니라"(창 1:1). "태초에 말씀이 계시니라 이 말씀이 하나님과 함께 계셨으니 이 말씀이 곧 하나님이시니라"(요 1:1). 성경의 어느 저자도 결코 하나님이 존재한다는 것을 상세히 증명하려 하지 않았습니다. 그것은 하나님의 존재는 증명이 필요 없을 만큼 분명하며 진지한 질문의 주제가 될 수 없을 정도로 명확하고 당연한 사실이었기 때문입니다. 베드로후서의 말씀은 성경의 기본태도를 보여줍니다. "예언은 언제든지 사람의 뜻으로 낸 것이 아니요 오직 성령의 감동하심을 받은 사람들이 하나님께 받아 말한 것임이라 "(벧후 1:21)는 본문 말씀처럼 성경은 하나님의 말씀을 받아 적은 것이기에 하나님의 존재 자체를 묻는 것은 넌센스가 아닐 수 없는 것입니다.

세상의 학문은 알면서 믿게 됩니다. 그러나 하나님은 믿어야 알게 됩니다. 그것은 피조물인 인간의 이성으로나 학문으로는 창조주이신 하나님의 실존을 알 수 없기 때문입니다. 오직 계시하신 성경을 통해 영안이 열린 사람만이 하나님을 볼 수 있습니다. 그리고 우리가 성경을 통해 영안이 열려 하나님의 실존을 알게 될 때 비로소 내가 어떻게 살아야 하는가를 알 수 있고, 하나님의 실존과 사랑을 알게 될 때 내 존재 가치를 알게 되고, 내 마음에 진정한 평안을 얻을 수 있으며, 하나님의 실존과 사랑과 능력을 알게 될 때 참된 행복이 시작됩니다.

제3장
왜 우리에게 불행이 반복되는가

하나님은 우리를 하나님의 형상을 따라 창조하셨고, 복을 주셔서(창 1:28) 그 복을 받음으로 하나님의 사랑을 알고, 복을 누림으로 행복하고, 성공적인 삶을 살 수 있도록 창조하셨습니다. 그런데 하나님께서는 우리가 행복하길 그토록 원하시고 행복하도록 역사하고 계시는데도 불구하고 왜 우리에게는 불행과 실패가 반복되는 것일까요?

말씀에 대한 불신과 불순종

검증된 진리인 하나님의 말씀(성경)은, 모든 불행과 실패의 시작과 끝은 사탄의 간계로 인한 하나님의 말씀에 대한 불신과 불순종에 의한 것임을 반복적으로 말하고 있습니다. 현대인들은 사탄의 실존을 부정합니다. '전설 따라 삼천리'에서나 존재하지 사탄·마귀·귀신이 어디에 있느냐고 항변합니다. 그러나 사도 바울은 사역의 마지막에 "우리의 씨름은 혈과 육을 상대하는 것이 아니요 통치자들과 권세들과 이 어둠의 세상 주관자들과 하늘에 있는 악의 영들을 상대함이라"(엡 6:12)고 말하고 있습니다. 이렇듯 하나님의 말씀인 성경은 끊임없이 악한 사탄의 정체를 말하고 있지만 사람들은 그 존재를 믿지 않고 인정하지 않기 때문에 언제나 사탄의 궤계에 넘어지게 되는 것입니다.

예수님께서는 "도둑(사탄)이 오는 것은 도둑질하고 죽이고 멸망시키려는 것뿐이요 내가 온 것은 양으로 생명을 얻게 하고 더 풍성히 얻게 하려는 것이라"(요 10:10)고 말씀했습니다. 그러나 사탄은 하나님과 우리 사이의 사랑의 관계를 끊어놓고 이간시켜 하나님의 사랑을 믿지 못하고 하나님의 인도에 순종하지 못하도록 역사하고 있습니다.

물고기는 물속에서 자유롭고 즐겁고 행복하게 살도록 창조되었습니다. 그런데 물고기가 물을 떠나면 자유를 잃고, 고통스러우며, 살려고 몸부림칠수록 더 고통스럽게 됩니다. 포도나무 가지는 포도나무에 붙어 있어야 열매를 맺을 수 있습니다. 포도나무 가지가 포도나무를 떠나서는 아무리 힘쓰고 애써도 열매를 맺을 수가 없습니다(요 15:5). 포도나무 가지는 포도나무를 떠나는 순간부터 목마름과 배고픔 손에서 살아야 합니다. 마찬가지로 인간은 창조의 질서와 창조의 목적을 어기고는 행복하게 살 수 없습니다. 인간은 하나님의 품속에서 하나님이 주시는 복을 받으며(창 1:28), 하나님의 사랑을 받으며, 하나님과 신령한 교제를 나누고, 하나님의 영광을 드러내며 살도록 창조되었습니다. 그런데 인간이 하나님의 말씀을 믿지 않고(창 2:16-17), 사탄의 유혹에 빠져 하나님의 말씀에 순종하지 않으므로(창 3:1-7) 하나님의 품을 떠나게 되었고 이로 인해 인간의 불행이 시작되었습니다. 누가복음 15장 11-24절에 나오는 탕자의 비유처럼 자녀가 아버지 집을 떠나면 불행의 늪에 빠지게 되는 것입니다. 하나님의 품을 떠나게 되는 순간부터 인간은 불안과 두려움과 외로움과 굶주림 속에서 허덕이고, 살기 위해 발버둥 치며 살아야 하는 것입니다.

치명적인 여섯 가지 불치병

우리는 인간이 사탄의 간계에 빠진 첫 번째 사건인 창세기의 선악과 사건을 통해 사탄으로 인한 하나님과 인간의 관계 단절을 좀 더 자세히 살펴볼 수 있습니다. 선악과 사건에서 인간은 사탄의 간계에 빠져 자신이 하나님의 말씀을 믿고 순종함으로 복을 받으며 살아야 할 피조물임을 망각하고, 사탄의 말을 듣고 하나님의 말씀을 믿지 않고 불순종하며 자기 욕심대로, 자기 마음대로 살려고 하는 마음을 갖게 됩니다. 이것을 성경에서는 원죄라고 말합니다. '하나님의 말씀을 믿지 않고 불순종함으로 인한 원죄'는 하나님과의 관계 단절을 초래했습니다. 하나님이 말씀하신 "네가 먹는 날에는 정녕 죽으리라"(창 2:17)는 말씀 중 '정녕'은 '반드시'라는 말씀이고, '죽으리라'는 하나님과의 영적인 '관계의 단절'을 말씀하는 것입니다. 그리고 이러한 원죄로 인한 하나님과의 관계 단절은 인간에게 치명적인 불치의 병을 갖게 했습니다. 인간은 하나님의 복을 받고(창 1:28), 사랑을 받으며, 하나님과 교제하며 살도록 창조되었는데 하나님과 '관계가 단절'되었으니, 이것은 마치 숨을 쉬며 살도록 창조된 피조물이 숨을 쉬지 못하게 된 것과 같습니다. 숨을 쉬지 않고 살면서 어떻게 행복하고 성공적인 삶을 살 수 있겠습니까? 결국 '하나님의 말씀을 믿지 않고 불순종'함으로 하나님과의 관계가 단절되는 그 순간부터 인간은 치명적인 불치의 병을 갖게 된 것입니다.

하나님과의 관계가 단절된 인간은 마치 물을 떠난 물고기처럼 치명적인 마음의 병을 갖게 됩니다. 그것은 열등감·죄책감·소외감·굶주림·분노·두려움이라는 여섯 가지 병입니다. 이 병들로 인해 인간은 평생 불행과 실패의 늪에서 발버둥치지만 빠져 나오질 못하고 점점 더 깊이 빠져들어 죽음을 당하게 됩니다. 인간을 불행의 늪에 빠뜨린 치명적인 불치병은 이 세상 그 어떤 것으로도 치료할 수 없고 오직 하나님과의 관계를 회복하고, 하나님과 사랑을 나눌 때에만 치료될 수 있는 마음의 병입니다. 우리가 예수님이 말씀하신 '진정으로 행복하고 성공적인 풍성한 삶'(요 10:10)을 살기 위해서는 이 여섯 가지 마음의 병이 무엇인지 정확히 알아야 합니다. 이제 우리는 성경(창세기)을 통해 이것들을 알아보고 이 병들이 진리의 말씀을 통해 어떻게 치유되는지 알아보고자 합니다.

1. 열등감

> 이에 그들의 눈이 밝아져 자기들이 벗은 줄을 알고 무화과나무 잎을 엮어 치마로 삼았더라(창 3:7)

창세기 3장 7절에는 죄를 지은 후 인간이 취한 첫 번째 반응이 기록되어 있습니다. 아담과 하와는 죄악의 결과 자신들의 눈이 밝아지자 자신들의 벗은 몸을 보게 되었습니다. 그러자 부끄러움을 느꼈고, 부끄러움을 가리기 위해 나뭇잎으로 자신들의 벌거벗은 몸을 가렸습니다. 여기서 우리는 원죄가 열등감을 만들어내는 장면을 보게 됩니다.

'자신을 바라보며 부끄러워하는 아픔', 이것이 열등감입니다. 인간은 원래 열등한 존재, 곧 피조물입니다. 죄를 지었기 때문에 열등한 것이 아니라 죄를 짓기 전에도 피조물이었으며 스스로의 힘으로는 살아갈 수 없는 존재였습니다. 피조물이라는 의미는 창조주에 의해 만들어졌다는 의미를 넘어 '창조주를 의지' 해야만 살아 갈 수 있다는 뜻입니다. 즉 누군가를 의존해야만 하는 존재입니다. 그러나 인간은 죄를 짓기 전에는 원래 자신의 열등함을 모르고 살았습니다. 자신이 피조물임에도 불구하고 말입니다. 그것은 하나님과의 관계가 완벽하여 모든 것이 풍족하였기 때문입니다. 마치 이것은 갓난아기가 어머니 품 안에서 엄마의 젖꼭지를 물고 있는 것과 같습니다. 갓난아기가 어머니 품속에 있을 때, 자기가 열등하다고 불평하는 것을 보신 적이 있습니까? 갓난아이는 엄마의 품에서 매우 행복해 하고 부족을 모르고 지냅니다. 실제로는 너무나 부족한 존재인데도 말입니다. 그러나 갓난아기가 어머니의 품으로부터 떨어질 때는 불안해서 울며 자신의 열등함을 울음으로 호소합니다. 실제로 엄마의 품을 떠난 갓난아기는 이 세상에서 그 누구보다도 연약하기에 혼자서는 살 수가 없습니다. 갓난아기의 행복은 엄마의 품안에서 젖꼭지를 빨고 있을 때입니다. 그 순간이 가장 편안한 순간이기 때문입니다. 이것이 에덴동산에서의 인간의 처음 모습이었습니다. 하나님과의 관계가 완벽했을 때의 인간의 모습입니다. 인간은 피조물이기 때문에 모든 것이 부족했지만 하나님과의 관계가 완벽하기 때문에 열등감을 갖지 않았습니다. 그러나 하나님과 단절됨으로서 그의 불완전함이 드러나게 되는 것입니다.

　열등감이란 창조주와 분리되어 자기 자신을 알게 될 때 갖게 되는 치명적인 병입니다. 열등감을 갖는 배경에는 하나님과의 분리와 자기 자신을 보는 것, 그리고 상대방과 비교하는 비교의식에 있습니다. 일반적으로 사람들은 열등감이 생기는 이유를 외부나 환경에서 찾습니다. 예를 들어 남들에 비해 공부를 못한다든지, 집안이 가난하든지, 키가 작든지 하는 등등의 이유에서 열등감을 가집니다. 이처럼 열등감은 비교될 때 생기는 마음의 병이기는 하지만 근원적으로는 하나님과의 분리에서 생기는 것임을 기억해야 합니다. 즉 하나님의 품을 떠난 죄로부터 오는 것입니다. 죄가 하나님을 바라보지 못하게 만들어 자기 자신만을 의식함으로 생기는 아픔입니다. 이스라엘의 초대 왕 사울은 한 나라의 왕으로서 부와 권력과 백성과 수많은 충신들을 가졌지만 "여인들이 뛰놀며 노래하여 이르되 사울이 죽인 자는 천천이요 다윗은 만만이로다 한지라 사울이 그 말에 불쾌하여 심히 노하여 이르되 다윗에게는 만만을 돌리고 내게는 천천만 돌리니 그가 더 얻을 것이 나라 말고 무엇이냐"(삼상 18:7-8)라는 비교의식에 의한 열등감에 빠져 다윗을 죽이려고 일생을 불행하게 사는 것을 보게 됩니다. 무엇이 부족했습니까? 사울은 다윗과 비교의 대상도 되지 않을 만큼 모든 것을 가졌지만 하나님께 인정받지 못하자 열등감의 노예가 되어 불행을 자초한 삶을 살았습니다.

열등감은 우리의 눈이 하나님을 향해서가 아니라 자기 자신이나 주변 환경을 향해서 밝아졌을 때 생겨나는 원초적 감정 중 하나입니다. 따라서 열등감은 환경이나 외부적인 조건을 바꾼다고 해서 치유되지 않습니다. 근원적인 면에서 하나님 품에 돌아와 하나님을 바라보는 일을 통해서만 치유되어질 수 있습니다. 열등감을 치유하기 위해서는 갓난아기처럼 다시 하나님의 품에 안기면 됩니다. 주님의 사랑을 확인하기만 하면 열등감의 병은 자연히 치유가 됩니다. 환경이 바뀌지 않아도 관계없습니다. 신체장애가 더 이상 열등감을 조장하지 못할 것입니다. 키가 작다는 이유로 더 이상 위축되지 않을 것입니다. 가난이 더 이상 부끄럽지 않을 것입니다. 학벌이 좋지 않은 그것이 더 이상 아픔이 아닐 것입니다. 가장 위대하신 전능자 하나님께서 당신을 사랑하고, 당신을 위해 모든 것을 내어주셨다는 것을 믿을 때 열등감은 자연스럽게 치유될 것입니다.

2. 죄의식

그들이 그 날 바람이 불 때 동산에 거니시는 여호와 하나님의 소리를 듣고 아담과 그의 아내가 여호와 하나님의 낯을 피하여 동산 나무 사이에 숨은지라 여호와 하나님이 아담을 부르시며 그에게 이르시되 네가 어디 있느냐 이르되 내가 동산에서 하나님의 소리를 듣고 내가 벗었으므로 두려워하여 숨었나이다(창 3:8-10)

열등감이 생긴 아담과 하와는 어떻게 행동했나요? 그들은 여호와의 낯을 피하여 숨었습니다. 이게 무슨 말입니까? 죄의식이 생겼다는 말입니다. 범죄를 저지르지 않았을 때에도 자기 자신을 알게 되면 두려운 법입니다.

자신이 얼마나 무능하고 연약한 피조물인가를 알아도 두려운데 아담과 하와의 경우 죄까지 지었으니 얼마나 죄책감이 컸겠습니까? 죄의식이란 죄를 지었다는 자책감을 말합니다. 열등감은 수치심으로 발전하여 치마를 만들어 입게 만들었습니다. 나뭇잎으로 수치스러움을 가렸으나 자꾸만 커지는 죄의식으로 아담과 하와는 숨을 곳을 찾게 됩니다. 그들이 '몸을 숨겼다'는 것은 한 편으로 '마음을 숨겼다'는 말도 됩니다. 마음이 하나님으로부터 도망간 것입니다. 죄의식은 자꾸 도망가려는 속성이 있습니다. 죄를 지은 아들은 아버지를 자꾸만 피하여 숨고, 아버지를 멀리하고, 아버지가 주신 것을 누리지 못하고, 마음에 평안과 기쁨이 없고, 집중하지 못하고, 열정을 쏟으며 살지 못합니다. 즉 우리의 죄의식이 자꾸 하나님과 멀리하려 하고 그로 인해 하나님의 사랑의 음성을 듣지 못하고 인도와 보호를 받지 못하기 때문에 불행과 실패가 반복되는 것입니다.

다윗이 밧세바를 간음한 후 우리아를 죽이고 사람들을 감쪽같이 속이고 산다고 살았지만 나단 선지자가 "그러한데 어찌하여 네가 여호와의 말씀을 업신여기고 나 보기에 악을 행하였느냐 네가 칼로 헷 사람 우리아를 치되 암몬 자손의 칼로 죽이고 그의 아내를 빼앗아 네 아내로 삼았도다"(삼하 12:9)라고 말했을 때 "다윗이 나단에게 이르되 내가 여호와께 죄를 범하였노라"(삼하 12:13)라며 바로 회개하는 모습을 보게 됩니다. 이것은 다윗이 얼마나 죄책감에 시달려 왔는가를 극명하게 보여주고 있는 것입니다. 사람을 속일 수는 있지만 하나님을 속일 수는 없고, 사람을 속일 수는 있지만 양심을 속일 수는 없기에 나단 선지자의 단 한마디에 죄책감에 짓눌려 온 다윗은 죄를 자백하고 있는 것입니다. 일생을 살아오면서 알게 모르게 지어 온 죄들이 언제나 우리의 죄의식으로 작용하여 하나님을 멀리하게 만들고, 하나님의 사랑의 음성을 듣지 못하게 하고, 하나님이 주신 축복을 누리지 못하게 하여 우리를 불행하게 만드는 것입니다. 성경은 "만일 우리가 우리 죄를 자백하면 그는 미쁘시고 의로우사 우리 죄를 사하시며 우리를 모든 불의에서 깨끗하게 하실 것이요"(요일 1:9)라고 약속하셨습니다. 다윗처럼 살인자요 간음자요 위선자도 용서받았습니다.

3. 소외감

또 여자에게 이르시되 내가 네게 임신하는 고통을 크게 더하리니 네가 수고하고 자식을 낳을 것이며 너는 남편을 원하고 남편은 너를 다스릴 것이니라 하시고 아담에게 이르시되 네가 네 아내의 말을 듣고 내가 네게 먹지 말라 한 나무의 열매를 먹었은즉 땅은 너로 말미암아 저주를 받고 너는 네 평생에 수고하여야 그 소산을 먹으리라 땅이 네게 가시덤불과 엉겅퀴를 낼 것이라 네가 먹을 것은 밭의 채소인즉 네가 흙으로 돌아갈 때까지 얼굴에 땀을 흘려야 먹을 것을 먹으리니 네가 그것에서 취함을 입었음이라 너는 흙이니 흙으로 돌아갈 것이니라 하시니라(창 3:16-19)

아담과 하와에게 고통이 임했습니다. 남자에게는 땀을 흘려야 하는 고통, 여자에게는 해산의 고통과 남자를 사모해야만 하는 아픔이 찾아왔습니다. 땅과 짐승들이 인간에게 저항하고 자연이 이제는 두려움의 대상이 되었습니다. 자연 앞에서 인간은 왜소해지기 시작하였고, 열매를 따먹는 것조차 쉽지가 않았습니다. 인간은 이때부터 피곤하게 살게 되었습니다. 게다가 아담과 하와는 에덴동산에서 내어 쫓기며 버림당합니다. 여기서 소외감 곧 버림받은 마음이 생겼습니다. 인간의 가장 큰 고통이 무엇인지 아십니까? 그것은 자신이 홀로 되었다는 인식, 즉 버림받는 마음인 것입니다. 사람들이 모여 있는 곳에 나 혼자 끼어들지 못했을 때, 소위 왕따를 경험해본 적이 있습니까? 아마 그때 당한 소외감이나 외로움은 말로 할 수가 없었을 것입니다. 기억에서 떠나지 않을 것입니다.

왜 인간들이 열심히 사는지 아십니까? 대부분의 경우, 사람들의 무리에 끼어있고 싶어서입니다. 공부를 열심히 하면 일류대학생 무리에 낄 수 있기 때문입니다. 사실 일류대학에 진학하고 안하고 하는 문제는 인생을 살며 그리 큰 문제가 아닌데도 말입니다. 왜 인간들이 항상 긴장하며 살고 있는지 아십니까? 사람들이 자기를 버릴까 봐 그렇습니다. 무시당하고 비난당할까 봐 항상 긴장합니다. 그런 긴장의 배후에는 소외감이 있습니다.

성경에 나오는 인물 중에 욥이 있습니다. 그는 고통과 인내의 대표적인 인물입니다. 욥은 고백합니다. 모든 고통은 다 참을 만하다고 말입니다. 그러나 정작 참을 수 없는 것은 자신이 당하는 고통들이 하나님께서 자기를 버리신 것이라는 인식이라고 고백합니다. 하나님께서 자기를 버리시면 견딜 수 없다고 말했습니다. 욥은 하나님께서 자기를 버리시지 않았다는 확신만 있다면 어떠한 고통도 견뎌낼 수 있다고 고백하고 있습니다. 왠지 하나님께서 나를 버리신 것 같은 생각으로 괴로워해 보신 적은 없으십니까?

예수님께서 이 세상에 오신 이유가 바로 이 버림받은 마음을 치유하기 위함이었습니다. 만일 우리가 버림받은 마음, 곧 소외감을 치유하지 않으면 우리 스스로 자신도 모르는 사이에 하나님으로부터 계속 도망가게 마련입니다. 입술로는 "믿습니다."를 연발할지 모르지만 마음에는 불신이 가득 차오르게 됩니다. 하나님께 사랑받지 못하고 인정받지 못한다고 생각할 때 인간은 사람들에게 사랑과 인정을 받기 위해 몸부림치지만 그 버림받은 마음은 치유될 수 없고 늘 고독하고 불행한 마음으로 살기에 불행과 실패가 반복되는 것입니다. 받아야 할 하나님의 사랑을 받지 못하기에 세상 것들로 채우려고 힘쓰지만 우리는 하나님의 사랑을 받지 않는 한 행복할 수가 없습니다. 하나님과 동거하고, 동락하고, 동행하고, 동역하는 삶을 살 때 인간은 버림받은 마음에서 벗어날 수 있으며 진정한 기쁨과 평안을 얻을 수 있습니다.

4. 굶주림 · 목마름

채워도 채워도 채울 수 없는 마음, 이것이 인간의 굶주린 마음입니다. 여기서 말하는 굶주림이란 단순히 배가 고픈 상태만을 의미하는 것이 아니라 굶주린 마음, 곧 빈 가슴 · 공허감 · 외로움 등을 가리킵니다. 열등감 · 죄의식 · 버림받음(소외감)은 인간을 자꾸 숨게 만듭니다. 그리고 자꾸 숨다보니 몸과 마음이 움츠러들고 배도 고프고 굶주림과 목마름은 인간들이 열등감 · 죄의식 · 버림받은 마음을 숨긴 결과로 찾아온 상처이자 쓴 뿌리입니다.

> 아담이 그의 아내 하와와 동침하매 하와가 임신하여 가인을 낳고 이르되 내가 여호와로 말미암아 득남하였다 하니라 그가 또 가인의 아우 아벨을 낳았는데 아벨은 양 치는 자였고 가인은 농사하는 자였더라 세월이 지난 후에 가인은 땅의 소산으로 제물을 삼아 여호와께 드렸고 아벨은 자기도 양의 첫 새끼와 그 기름으로 드렸더니 여호와께서 아벨과 그의 제물은 받으셨으나(창 4:1-4)

창세기 4장 1-4절은 인간의 치명적인 불치의 병 '굶주림 · 목마름'을 말합니다. 에덴동산을 떠나야만 했던 인간들은 어떻게 살았을까요? 하나님에 의해 에덴을 떠나도록 명령을 받았던 그들은 버림받음의 상처를 끌어안고 하나님과의 관계가 단절된 상태로 세상과 인간들 속에서 살아야만 했습니다. 하나님과의 관계가 단절된 상태에서 자기 마음의 굶주림과 목마름을 인간과 세상에서 채우려고 하는 것은 물고기가 물을 떠난 상태에서 굶주림과 목마름을 해결하려고 몸부림치는 것과 같습니다. 그것은 불가능한 일입니다.

또한 우리는 인간의 굶주림이 크다는 점을 쉽게 간과합니다. 그러나 그것은 아무리 채워도 채워지지 않습니다. 1등을 해도 채워지지 않고, 많은 재물을 모아도 채워지지 않습니다. 다른 사람이 보기에는 많은 재산을 가진 자라도 정작 당사자는 항상 부족하다고 생각합니다. 그는 늘 '조금만 더'라고 말합니다. 그런가하면 항상 남을 이겨야 직성이 풀리는 사람이 있습니다. 이런 사람은 모든 면에서 남들보다 앞서야 합니다. 항상 남보다 잘해야 하고 항상 인정받기를 원합니다. 그러나 어떤 조건들을 충족시키더라도 그것은 일시적인 해결일 뿐 본질적으로는 여전히 굶주린 상태입니다. 왜냐하면 하나님과의 관계가 단절된 상황에서는 본질적인 굶주림의 문제를 해결할 수 없기 때문입니다. 그럼에도 불구하고 사람들은 굶주림과 목마름을 세상이나 사람들에게서 채우고자 하기에 헛된 욕심으로 인해 발버둥치게 되고 불행의 늪에서 허우적거리게 되어 끊임없이 불행한 삶을 살게 되는 것입니다.

하나님께서는 우리가 불행한 삶을 살기 원하지 않으시기 때문에 하나님을 만나 굶주림과 목마름을 해결할 수 있도록 길을 열어 놓으셨습니다. 그것이 바로 제사(예배)입니다. 어머니가 낳은 최초의 인간 중 한 사람인 아벨은 자신의 굶주린 마음을 인간과 세상에서 채우지 않고 하나님과의 만남인 제사(예배)를 통해서 채웠습니다. 그러나 아벨의 형 가인은 세상과 하나님 모두를 통해서 자기 속의 굶주린 마음을 채우려고 했습니다. 하나님에게도 잘 보여 사랑받고, 세상에서 재물도 모아 인정받고 싶었던 것입니다. 그러나 가인의 이같은 제사를 하나님은 받지 않으셨습니다. 여기에 관한 기록을 우리는 히브리서에서 발견할 수 있습니다. "믿음으로 아벨은 가인보다 더 나은 제사를 하나님께 드림으로 의로운 자라 하시는 증거를 얻었으니 하나님이 그 예물에 대하여 증언하심이라 그가 죽었으나 그 믿음으로써 지금도 말하느니라"(히 11:4)고 했습니다. 히브리서 기자는 믿음을 설명하다가 아벨과 가인의 예를 들고 있습니다. 제사가 하나님과의 만남에 목적을 두고 있으므로 아벨은 제물보다는 하나님과의 관계에 의존하여 살려고 했던 것을 알 수 있습니다. 반면에 가인은 하나님과의 관계만큼이나 믿음의 근거를 환경에 두었던 것 같습니다. 굶주림과 목마름을 채우는 길이 여러 경로였던 것입니다. 그 결과 가인은 어떠한 채움도 맛볼 수 없었습니다. 동가식서가숙(東家食西家宿)하는 신앙생활은 더욱 더 굶주림과 목마름을 부추기게 만드는 것입니다. 하나님 한 분으로 만족할 때 세상 모든 것으로부터 자유함을 얻고 진정 부유함을 얻게 됩니다.

5. 분노

가인과 그의 제물은 받지 아니하신지라 가인이 몹시 분하여 안색이 변하니 여호와께서 가인에게 이르시되 네가 분하여 함은 어찌 됨이며 안색이 변함은 어찌 됨이냐 네가 선을 행하면 어찌 낯을 들지 못하겠느냐 선을 행하지 아니하면 죄가 문에 엎드려 있느니라 죄가 너를 원하나 너는 죄를 다스릴지니라 가인이 그의 아우 아벨에게 말하고 그들이 들에 있을 때에 가인이 그의 아우 아벨을 쳐죽이니라(창 4:5-8)

이번에 살펴보고자 하는 것은 분노 · 화 · 신경질 · 짜증 등으로 묘사할 수 있는 상처입니다. 두 마리 토끼를 다 잡으려고 했던 가인의 생각은 빗나가고 말았습니다. 가인은 더욱 굶주리게 되었습니다. 그런데 굶주림을 해소하기 위한 방책이 좌절되고 나니 분노가 생겨났습니다. 마침내 그는 동생 아벨을 죽이고 맙니다. 분노가 심각한 부분이 바로 여기에 있습니다. 단순히 자기 자신만 죽이는 것이 아니라 주변의 사람들에게 심각한 피해를 끼칠 수 있습니다. 굶주림을 해소할 방책이 없는 아버지의 분노의 폭발은 자신뿐만 아니라 가족을 불안의 늪에 빠지게 하고 자유와 평안을 빼앗아 갑니다. 분노는 한 사람이 아니라 한 가정, 더 크게는 한 나라를 무너뜨릴 수 있는 것입니다.

그런데 왜 가인이 하나님과 세상을 모두 잡으려고 했는지 생각해 보십시오. 이유는 간단합니다. 굶주림이 너무 컸기 때문입니다. 굶주림이 크면 채우려는 욕심도 커지게 마련입니다. 그런데 문제는 채우지 못한 것으로 끝나지 않습니다. 자신의 욕심이 좌절당할 때 인간은 크게 분노하는 것입니다. 많이 굶주린 사람은 많이 분노합니다. 인간은 굶주린 만큼 분노하는 법입니다. 자기 속에 있는 굶주림의 욕심을 채우려 할 때 이것을 방해하는 환경이나 사람을 미워합니다. 못 참습니다. 사람들에게 인정받고 사랑받으려면 돈을 더 많이 벌고, 남보다 더 빨리 승진해서 빨리 성공해야 하는데 내 앞길을 가로막는 사람과 환경에 참을 수 없는 분노를 느끼게 됩니다.

그리고 분노는 파괴와 살인을 낳습니다. 한 사람의 분노가 가정의 평안과 조직의 질서를 파괴하고 가족이나 다른 사람들의 영혼을 죽음에까지 이르게 함으로 관계가 깨어지고 불행과 실패를 자초하게 되는 것입니다. 사랑받고 싶은 사람에게 인정과 사랑을 받지 못하는 사람들은 짜증과 분노가 쌓여 다른 사람과의 관계가 날카로워지고, 볼 것을 보지 못하고 들어야 할 것을 듣지 못하며, 누려야 할 것을 누리지 못하는 삶을 살기 때문에 분노는 계속 가중되어 갑니다. '종로에서 뺨 맞고 한강에 와서 분풀이 한다' 는 속담이 있습니다. 남편(아내)의 사랑에 굶주림을 느끼는 아내(남편)는 그 사랑을 다른 사람에게서 채우려고 해보지만 사람에게서는 채워지지 않기에 사람들을 미워하고 원망하는 삶을 살게 되어 악순환이 반복되는 불행한 삶을 살게 되는 것입니다. 하나님의 사랑으로 채워야합니다. 인간의 사랑으로는 갈증과 배고픔을 채울 수 없습니다.

6. 두려움

여호와께서 가인에게 이르시되 네 아우 아벨이 어디 있느냐 그가 이르되 내가 알지 못하나이다 내가 내 아우를 지키는 자니이까 이르시되 네가 무엇을 하였느냐 네 아우의 핏소리가 땅에서부터 내게 호소하느니라 땅이 그 입을 벌려 네 손에서부터 네 아우의 피를 받았은즉 네가 땅에서 저주를 받으리니 네가 밭을 갈아도 땅이 다시는 그 효력을 네게 주지 아니할 것이요 너는 땅에서 피하며 유리하는 자가 되리라 가인이 여호와께 아뢰되 내 죄벌이 지기가 너무 무거우니이다 주께서 오늘 이 지면에서 나를 쫓아내시온즉 내가 주의 낯을 뵈옵지 못하리니 내가 땅에서 피하며 유리하는 자가 될지라 무릇 나를 만나는 자마다 나를 죽이겠나이다 여호와께서 그에게 이르시되 그렇지 아니하다 가인을 죽이는 자는 벌을 칠 배나 받으리라 하시고 가인에게 표를 주사 그를 만나는 모든 사람에게서 죽임을 면하게 하시니라 (창 4:9-15)

가인은 분노로 인하여 살인을 하였습니다. 그러자 고통과 심판에 대한 두려움이 찾아 왔습니다. 하나님으로부터 "네가 땅에서 저주를 받으리니"(11절), "네가 밭을 갈아도 땅이 다시는 그 효력을 네게 주지 아니할 것이요 너는 땅에서 피하며 유리하는 자가 되리라"(12절)라는 저주를 받았으니 그 고통이 얼마나 크고 두려웠겠습니까? 가인은 "내 죄벌이 지기가 너무 무거우니이다"(창 4:13). "주께서 오늘 이 지면에서 나를 쫓아내시온즉 내가 주의 낯을 뵈옵지 못하리니 내가 땅에서 피하며 유리하는 자가 될지라 무릇 나를 만나는 자마다 나를 죽이겠나이다"(창 4:14)라고 고통과 두려움을 호소합니다. 하나님께 쫓아냄을 받아 하나님을 뵐 수도 없게 되자 사람에 대한 두려움이 엄습해 온 것입니다. 하나님을 만나지 못하고, 하나님의 사랑을 받지 못하면 사람들이 '사랑의 대상이 아니라 두려움의 대상'이 되는 것입니다. 사람들이 나를 죽일 것이라 생각하기에 내가 먼저 사람을 죽이는 것입니다. 사람들이 부를 축적하고 권력을 추구하는 것은 힘을 가져야 죽지 않는다고 생각하기 때문입니다. 또한 끊임없이 부나 권력을 가진 자와 야합하고 결탁하여 힘을 소유하려 하는 것은 사람들에게 죽임을 당하지 않으려고 몸부림치는 행위로 보면 됩니다. 사람들은 마음 깊은 곳에 뿌리박힌 두려움을 숨기고 권력이나 부와 지식 정보를 통한 힘의 축적을 통해 사람들에 대한 두려움을 극복하려 몸부림치지만 '하나님이 나와 함께하심'을 확신하지 못하는 한, 인간은 두려움에서 자유로울 수가 없습니다. 그러기에 가나안의 정복을 앞둔 여호수아에게 "두려워하지 말라 내가 너와 함께 하리라"고 말씀하셨으며, 불안과 두려움에 떠는 제자들을 향해 예수님은 "내가 세상 끝 날까지 너희와 항상 함께 있으리라" 하셨습니다. 하나님은 믿음의 백성들을 향해 오늘도 "두려워하지 말라 내가 너와 함께 함이라 놀라지 말라 나는 네 하나님이 됨이라 내가 너를 굳세게 하리라 참으로 너를 도와 주리라 참으로 나의 의로운 오른손으로 너를 붙들리라"(사 41:10)고 말씀하고 계십니다. 하나님과 함께하면 어떤 환경과 사람을 만나든 두려움이 없지만 하나님께 인정받지 못하고 쫓김을 받으면 인간은 모든 환경과 사람들이 다 두려움의 대상이 되어 불행한 인생을 살게 됩니다.

불행의 악순환을 끊으려면

인간은 아담과 하와 이래로 버림받은 존재로 태어납니다. 게다가 인생을 살면서 풍파를 겪으며 하나님을 떠나 범죄 함으로 죄의식이 들어오는 길을 내어줍니다. 이것이 악순환되어 아픈 마음은 병이 들고 인간은 계속 아파하게 됩니다. 지금 열등감을 느끼든, 버림받음을 느끼든, 아픈 마음을 느끼든 그것이 중요하지 않습니다. 근원적인 문제는 우리들이 모두 다 죄인이라는 것에서 시작합니다. 이것은 누구에게도 예외가 있을 수 없습니다. 죄의식이 가동하여 열등감을 자극하고, 열등감은 버림받은 마음을 자극하고, 버림받은 마음은 사랑에 굶주림을 만들고, 굶주림은 인정받지 못함으로 분노를 일으키고, 분노는 또다시 죄를 만들고, 죄는 심판에 대한 두려움으로 몰아갑니다. 아픈 마음은 점점 커지면서 마음을 더욱 깊이 병들게 만듭니다. 이런 상처를 입고 아픈 마음을 가진 사람들끼리 섞여 사는 곳이 세상입니다. 우리의 가정은 이런 아픈 마음을 가진 가족들이 모여 사는 곳입니다. 우리의 부모도 자식도 모두가 속에는 아픈 마음들이 있습니다. 이런 불행의 늪에 빠진 마음의 상처를 안고, 서로 상처를 주며, 서로의 상처로 고통받으며 살고 있습니다.

하나님의 사랑을 믿지 않고, 하나님의 품으로 돌아오지 않고, 세상을 사랑하고, 세상과 사람에게 사랑을 받기 위해 내 마음대로 사는 한, 인간은 사탄의 끊임없는 간계 속에서 항상 열등감·죄책감·소외감(버림받음)·굶주림·분노·두려움이라는 불치의 병을 안고 살게 됩니다. 원죄로 인해 불행의 늪에 빠지게 된 치명적인 불치의 병이 우리 삶의 근간을 이루게 됩니다. 원초적인 마음에 병을 가지고 있는 사람은 사람들에게 인정을 받고, 사랑을 받기 위해 '쉽게, 빨리, 많이' 세상적인 부귀를 얻으려는 마음으로 조급하게 행동합니다. 그리고 인간적인 방법으로 살기 때문에 늘 불행과 실패를 반복하며 살게 됩니다.

그리고 이러한 불행과 실패는 우리가 하나님 품으로 돌아오지 않는 한 계속될 수밖에 없습니다. 우리가 하나님 말씀을 믿지 않고 순종하지 않는 한 불행은 반복됩니다. 인간을 불행의 늪에 빠뜨린 치명적인 불치병은 이 세상 그 어떤 것으로도 치료할 수 없고 오직 하나님과의 관계를 회복하고, 하나님과 사랑을 나눌 때에만 치료될 수 있습니다. 마치 시집 온 여자가 시집 식구들이 아무리 잘 해주고, 아무리 돈이 많이 있어도 남편의 사랑을 받지 않고는 결코 행복할 수 없는 것과 같은 것입니다. 인간이 하나님의 사랑을 받지 않고는 결코 행복을 누릴 수 없는 것은 인간은 하나님의 사랑을 받아야만 행복하도록 창조되었기 때문입니다. 인간은 하나님의 사랑을 받지 않고는 살 수 없는 존재입니다. 인간은 이 세상 그 어떤 것으로도 결코 채워질 수 없습니다. 그것은 인간이 오직 하나님이 주시는 복, 오직 하나님의 사랑으로만 살 수 있는 존재로 창조되었기 때문입니다. 이제 그만 하나님 품으로 돌아갑시다. 이제 그만 하나님 말씀에 의지하여 새로운 삶을 시작합시다. 예수님 안에 있는 사람은 실패도 성공이 되지만 예수님 밖에 있으면 성공도 실패가 됩니다.

제4장
가장 축복된 고백

　톨스토이의 「참회록」 중 '인생이란 무엇인가?' 라는 글에 우리의 인생을 되돌아보게 하는 한편의 우화가 나옵니다. 어떤 나그네가 산길을 가다가 사자에게 습격을 당했습니다. 사자는 발톱을 세우고 커다란 입을 벌리고 한입에 나그네를 삼킬 듯한 기세로 달려듭니다. 나그네는 허겁지겁 죽을 힘을 다해 도망치다가 깊은 구덩이 하나를 발견하고는 그 속으로 뛰어들었습니다. 그런데 그 구덩이 바닥에는 독사들이 우글거리고 있는 것입니다. 겨우 구덩이 중턱에 뻗어 나온 나무뿌리에 매달려 목숨을 부지할 수 있었지만 위에는 사자가 아래는 독사들이 기다리고 있는 진퇴양난의 위기상황입니다. 설상가상으로 흰색과 검은색의 두 마리 쥐가 나타나 번갈아 가며 나그네가 매달린 나무뿌리를 갉아 먹고 있는 것입니다. 이런 상황에서 나그네는 살길을 찾아 주위를 두리번거리던 중 나무뿌리에서 흘러나오는 꿀을 발견하고는 그 꿀을 핥기 시작합니다. 그 꿀이 너무 달아 자기의 처한 상황도 잊고, 뿌리가 끊어져 죽어 가는 줄도 모른 채 말입니다.

이 우화에서 사자는 인간의 죄값, 독사는 지옥, 나무뿌리는 인간의 삶, 흰 쥐와 검은 쥐는 낮과 밤의 시간, 꿀은 일시적인 쾌락과 탐욕을 상징하고 있습니다. 즉 톨스토이는 이 우화를 통해 우리 인생의 현주소를 말하고 있는 것입니다. 지금 아주 맛있는 꿀을 드시고 계십니까? 그 꿀은 젊은 날의 향기와 인생의 성공으로 인한 부와 권력 혹은 행복한 가정일 수도 있습니다. 넓은 평수의 집, 번쩍이는 새 차일수도 있습니다. 하지만 이제 으르렁거리며 내려다보는 사자와 고개를 쳐든 독사, 그리고 흰 쥐와 검은 쥐를 기억해야 합니다. 지금 현재 우리가 처한 상황이 어떻든 우리가 죽음을 향해 가고 있다는 사실은 부정할 수 없기 때문입니다.

이렇듯 죽음은 인간과 뗄래야 뗄 수 없는 문제입니다. 그런데 이 죽음의 문제에 대해 사람들은 두 가지 상반된 반응을 보입니다. 어떤 사람은 죽음이란 자신과 상관없는 것이고 현재의 삶이 영원할 것처럼 세상적인 쾌락과 탐욕에 사로잡혀 사는 사람이 있는 반면, 어떤 사람은 죽음에 대해 막연한 두려움을 느끼며 죽음의 공포에 사로잡혀 사는 사람도 있습니다. 그러나 하나님의 말씀인 성경은 "한번 죽는 것은 사람에게 정해진 것이요 그 후에는 심판이 있으리니"(히 9:27)라고 말씀하고 있습니다. 즉 우리는 단순히 죽음 자체를 두려워하거나 죽음 자체에 초점을 맞추는 것이 아니라 죽음 이후에 심판을 통해 영원한 생명(영생)에 거할 수도 있고 영원한 벌(영벌)에 거할 수도 있다는 사실을 기억해야 하는 것입니다.

오직 예수님만이

그렇다면 영생과 영벌을 나누는 심판 기준은 과연 무엇일까요? 그것은 바로 예수님을 내 구주로 믿느냐 안 믿느냐에 달려 있습니다. 하나님의 약속된 말씀인 성경은 "다른 이로써는 구원을 얻을 수 없나니 천하 인간에 구원을 얻을 만한 다른 이름을 우리에게 주신 일이 없음이라 하였더라"(행 4:12)고 했고 "내가 진실로 진실로 너희에게 이르노니 내 말을 듣고 또 나 보내신 이를 믿는 자는 영생을 얻었고 심판에 이르지 아니하나니 사망에서 생명으로 옮겼느니라"(요 5:24)고 했습니다. 즉 예수님을 내 구속주로, 내 삶의 주인으로 고백하는 것은 우리의 영생과 영벌을 판가름하는 갈림길이 되는 고백입니다.

죽음이 끝이라면 인간은 사는 동안 온갖 쾌락을 탐닉하며, 할 수 있는 한 모든 것을 누리며 살아야 할 것입니다. 그러나 죽음은 끝이 아니라 새로운 시작입니다. 우리에게는 영원한 생명을 얻을 수 있는 유일한 길이 있습니다. "예수께서 이르시되 내가 곧 길이요 진리요 생명이니 나로 말미암지 않고는 아버지께로 올 자가 없느니라"(요 14:6)고 했습니다. 예수님만이 천국에 갈 수 있는 유일한 길이요, 예수님의 말씀만이 진리의 말씀이며, 예수님의 생명만이 참 생명이기에 예수님의 생명을 믿음으로 소유한 자만이 하나님이 계신 천국에 가서 영생을 얻게 되는 것입니다. 그러므로 예수님을 내 구속주로, 그리고 내 삶의 주인으로 고백하는 것이야말로 그 어떤 고백보다 인생에서 가장 축복된 고백일 것입니다.

예수 그리스도의 영향력

사실 예수님은 역사적인 관점에서 볼 때도 참으로 특별한 분입니다. 예수님은 역사의 전체 방향을 바꿔 놓은 분입니다. 모든 역사 서적이나 고고학 서적, 또 우리들이 매일 보는 신문도 예수님이 약 2000년 전에 이 지구상에서 살았다는 사실을 증언하여 B.C와 A.D를 기록하고 있습니다. B.C.(Before Christ)란 '그리스도 이전'을 말하며 A.D.(Anno Domini)란 라틴어로서 '우리 주님의 시대에'(in the year of our Lord)라는 의미입니다. 우리가 만일 예수 그리스도의 생애와 그가 세상에 끼친 영향력을 찾아본다면 그분의 참된 소식이 전하여진 어느 곳에서든지 국가나 개인의 생애에 커다란 변화가 일어나고 있음을 볼 수 있을 것입니다. 역사(History)란 그의 이야기(his story), 즉 한 사람의 생애에 관한 이야기라고도 말하는데 이는 역사에서 예수님을 빼어 버리면 전혀 다른 이야기가 되기 때문입니다. 그래서 어떤 작가는 예수님의 영향력을 이렇게 말하고 있습니다. "2000년이라는 장구한 세월이 가고 왔으나 오늘날도 예수는 인류의 중심 기둥이며 진보 대열의 지도자이십니다. 지금까지 진군하였던 모든 육군과 조직되었던 모든 해군과 개회되었던 모든 의회와 통치하였던 모든 왕들을 합하여 보아도 이 지구상의 인류에게 나사렛 예수 한 사람의 고독한 일생보다 더 강력하게 영향을 주지 못하였다고 말해도 과언은 아닐 것입니다."

우리는 역사상 위대한 왕의 하나였던 알렉산더 대왕과 예수님의 삶을 비교해 봄으로써 예수님의 삶이 어떤 영향력을 끼쳤는지 생각해볼 수 있습니다. B.C. 350년경 알렉산더 대왕은 세계를 정복하고 거대한 제국을 세웠습니다. 알렉산더와 예수님은 젊은 날에 일을 시작하여 33세라는 이른 나이에 생을 끝마쳤다는 공통점이 있습니다. 그러나 알렉산더와 예수님은 많은 부분에서 차이점이 있습니다. 알렉산더는 왕국에서 태어났으나 예수는 마굿간에서 태어났습니다. 알렉산더는 왕자로 태어났으나 예수는 목수의 아들로 태어났습니다. 알렉산더는 왕좌에서 고귀한 왕으로 죽었으나 예수는 십자가에서 조롱받는 왕으로 죽었습니다. 그래서 알렉산더의 일생은 위대한 성공으로 보이지만 예수의 일생은 실패한 것으로 보입니다. 알렉산더는 자신의 소유를 위해 수십만 명의 피를 흘렸지만 예수는 전 인류를 위해서 자신의 피를 흘렸습니다. 알렉산더는 영광의 바벨론에서 죽었지만 예수는 수치의 갈보리에서 죽었습니다. 알렉산더는 모든 왕국을 정복하였을 뿐이지만 예수는 죽음을 정복하였습니다. 알렉산더는 모든 인간을 노예로 만들었지만 예수는 모든 인간을 자유롭게 하였습니다. 알렉산더는 정복의 역사를 만들었지만 예수는 정복의 역사를 변화시켰습니다.

예수 그리스도는 온 세계에 수많은 감화와 영향을 끼쳤는데 한 예로 그가 없었다면 여성들의 처지가 어떻게 되었을까를 생각해 봅시다. 아리스토텔레스는 "만약 여인이 그녀의 남편과 동등하다면 노예가 자기 주인과 동등하게 되었을 때의 사회와 똑같이 완전히 질서가 문란해졌을 것이다."라고 말했습니다. 소크라테스는 "당신은 당신의 부인에게 말을 많이 하지 마시오."라고 했습니다. 플라톤은 그의 책 「이상향」에서 '여자는 남자에 의하여 공동으로 소유가 되고 그들의 아이들은 국가에서 돌봐야 한다' 라고 제의하였습니다. 동양에서 가장 널리 퍼진 종교 중의 하나인 어떤 종교는 여성에 대한 완전한 차별대우를 인정하고 있습니다. 그러나 예수 그리스도는 이 모든 것을 종식시켰습니다. 신약성경은 예수 그리스도 안에서는 남자나 여자, 노예나 자유인이 따로 없다고 선언하고 있습니다. 그리스도가 가는 어느 곳에서나 결혼의 신성함과 여성의 권리와 선거권이 인정되었으며, 고등교육 기관이 설립되었고, 아동복지법, 노동법, 노예

제도의 폐지와 다른 수많은 변화가 인류의 복지를 위해서 이루어져 왔습니다. 이렇듯 예수 그리스도의 생명의 복음이 들어간 국가와 개인에게는 인간의 존엄성과 자유와 평등, 민주주의와 과학과 예술이 발전되어 사람들에게 풍성한 삶을 주고 있습니다.

나의 주, 나의 하나님이시라

저는 대학생들에게 전도할 때 언제나 다음과 같은 세 가지 질문을 합니다. 첫째는 "인류 역사상 가장 위대한 지도자는 누구라고 생각하는가?"라는 질문입니다. 그러면 배운 대학생들은 "예수님이 가장 위대한 지도자입니다."라고 말을 합니다.

둘째는 "누가 가장 위대한 스승이라고 생각하는가?"라는 질문입니다. 저는 대학생들이 소크라테스나 아리스토텔레스, 플라톤 또는 그 밖의 고대와 현대의 위대한 철학자나 혹은 공자라고 말할 것이라고 생각했습니다. 그런데 배운 대학생들은 "가장 위대한 스승은 예수님입니다."라고 대답합니다.

셋째는 "인류 역사상 누가 가장 성스러운 삶을 살았다고 생각하는가?"라는 질문입니다. 이 질문에 학생들은 즉시 "예수님이십니다."라고 대답합니다. 왜냐하면 모든 역사를 볼 때에 예수님 같은 분이 없었다는 것을 그들은 명백히 알고 있기 때문입니다. 이렇듯 믿지 않는 사람들조차도 예수님이 훌륭한 사람이고 위대한 지도자임을 인정합니다. 만일 우리가 오늘날 누구에게든 이와 같은 질문을 한다면 그 사람이 어떠한 종교를 믿든 또 그들 고유의 종교에 대한 믿음이 얼마나 강하던지 간에 만약 그들이 예수님에 대해 사실 그대로를 분명히 알기만 한다면 그들도 또한 예수님 같은 분이 없었다는 것을 인정하게 될 것입니다.

그러나 이렇게 예수님이 위대한 지도자이고, 위대한 스승이며, 성스러운 삶을 산 훌륭한 사람이었음을 인정하는 것만으로는 우리가 구원에 이를 수 없습니다. 왜냐하면 예수가 우리의 구세주이심을 믿지 못한다면 그것은 기독교 신앙이 아니기 때문입니다. 예수님은 단지 훌륭하신 인간으로서만이 아니라 우리를 죄와 사망에서 건져주신 구세주로, 우리 삶의 주인으로 오신 하나님이십니다.

덴마크의 기독교 사상가인 키에르케고르가 기독교 신앙의 핵심, 즉 '예수가 그리스도'임을 믿는 신앙이 얼마나 중요한지를 상징적으로 표현한 이야기가 있습니다. 팔순이 넘은 할아버지가 하루는 일곱 살 난 손자를 부르더니 "나는 이제 나이도 많고, 오래 살 수도 없을 것 같다. 그래서 오늘 너한테 이 세상에서 가장 귀중한 것을 가르쳐 주고 싶단다."라고 말했습니다. 손자가 물었습니다. "할아버지, 그게 뭔데요?" 할아버지는 대답 대신 손자의 손을 이끌어 자신의 아들, 즉 손자의 아버지의 무덤 앞으로 갔습니다. 손자의 손목을 잡은 채 무덤 앞에서 한참을 말없이 서있던 할아버지가 이런 말을 했습니다. "네 아버지는 대단히 훌륭한 사람이었단다. 많은 사람들에게 존경을 받았지. 하지만 한 가지 과오를 범했단다." 손자의 눈이 반짝 빛났습니다. 할아버지의 말이 이어졌습니다. "네 아버지는 예수가 훌륭한 사람이라고만 믿었지, 예수가 그리스도이시며 하나님의 아들이신 것을 믿지 못한 채 세상을 떠났단다." 그렇습니다. 많은 사람들이 예수님이 훌륭한 사람이었음은 인정하지만, 종종 그가 구세주인 그리스도라는 사실은 인정하지 못하고 있습니다.

거듭난 자만이 축복된 고백을 할 수 있습니다

왜 예수님이 그렇게 훌륭한 사람임을 인정하면서도 그가 구세주인 그리스도라는 사실은 인정하지 못하는 것일까요? 그것은 거듭나지 않았기 때문입니다. '예수님은 구세주'라는 축복된 고백은 거듭난 사람만이 할 수 있기 때문입니다. 니고데모라는 사람이 있었습니다. 그는 상당히 성공적인 인생을 살았습니다. 그는 학식과 사회적인 신분과 부유함을 누리는 사람입니다. 그런데 예수님에 대한 소문을 듣고는 밤중에 예수님을 찾아왔습니다. "랍비여 우리가 당신은 하나님께로서 오신 선생인 줄 아나이다 하나님이 함께 하시지 아니하시면 당신의 행하시는 이 표적을 아무도 할 수 없음이니다"(요 3:1-8)라고 하자 예수님은 충격적인 말씀을 하십니다. "내가 거듭나지 아니하면 하나님의 나라를 볼 수 없느니라"(3절). 니고데모가 다시 "두 번째 모태에 들어갔다가 날 수 있삽나이까"(4절)라는 어리석은 반문을 하자 예수님은 "사람이 물과 성령으로 나지 아니하면 하나님 나라에 들어갈 수 없느니라"(5절)고 말씀하셨습니다. 거듭남이 없으면 니고데모가 현재 가지고 있는 지위나 물질이나 학식이나 관심이 아무 소용이 없다는 것입니다. 우리가 반드시 알아야 할 것이 이것입니다. 우리가 아무리 세상적인 성공을 하고 세상적인 지식을 많이 갖고 있다 할지라도 이 거듭남이 없다면 소용이 없다는 말입니다. 이 거듭남이 없다면 종교에 대한 관심도 예수님에 대한 어떤 지적인 지식도 아무런 소용이 없다고 예수님은 단호하게 선언하고 계십니다. '거듭남'이 없으면 '하나님 나라를 볼 수 없고' '하나님의 나라에 들어갈 수 없다'는 것입니다. 그만큼 '거듭남'이 중요하다는 것입니다. 그렇다면 거듭남이란 도대체 무엇이겠습니까? 성경은 '모태에 들어갔다가 나오는 것'이 아니라 '물과 성령으로 나는 것'이라고 말씀하십니다. '이는 혈통으로나 육적으로나 사람의 뜻으로 나지 아니하고 오직 하나님께로 난 자들이라'(요 1:13)고도 말씀하십니다. 예수님이 강조하여 말씀하시는 것은 거듭남이 인간적인 생각이나 결심으로 되는 것이 아니라는 것입니다.

인간은 허물과 죄로 죽은 자이며(엡 2:1) 사탄의 종이 되어 이 세상 풍조를 따르고 있으며(엡 2:2) 본질상 진노의 자녀로(엡 2:3) 어둠을 사랑하고 빛을 미워하며(요 3:19-20) 마음이 돌처럼 단단하기에(겔 36:26) 복음을 받아들일 수 없는 존재입니다. 성경은 "하나님이 자기를 사랑하는 자들을 위하여 예비하신 모든 것은 눈으로 보지 못하고 귀로도 듣지 못하고 사람의 마음으로도 생각지 못하였다"(고전 2:9)고 선언하고 있습니다. 그러면서 "오직 하나님이 성령으로 이것을 우리에게 알게 하시고 보게 하신다"(고전 2:10)고 말씀하고 있습니다. 그러므로 "육에 속한 사람(거듭나지 않은 사람)은 하나님의 성령의 일을 받지 아니하나니 저희에게는 미련하게 보임이요 또 깨닫지도 못하나니 이런 일은 영적으로라야 분별함이니라"(고전 2:14)고 말씀하십니다. 즉 하나님의 일들은 우리가 눈으로 보거나 귀로 들을 수 있거나 알 수 있는 것들이 아니기 때문에 우리 스스로 이해하지 못합니다. 성령님이 도우시고 역사하셔서 영적으로 거듭나야 알게 되고 영적으로 분별할 수 있게 되는 것입니다.

그런데 사람이 스스로 세상에 태어날 수 없듯이 우리가 스스로 거듭난다는 것은 도저히 불가능합니다. 하나님만이 거듭나게 할 수 있습니다. 하나님만이 생명의 창조주이시며 생명의 주이시기 때문입니다. 성경에서 말하는 것은 거듭남이 나의 지식이나 결심으로 주어지는 것이 아니라 바로 하나님의 은혜, 하나님의 선물로 주어지는 것이라는 것입니다. 그러기에 베드로가 "주는 그리스도요 살아계신 하나님의 아들이시니이다"했을 때 예수님께서 "바요나 시몬아 네가 복이 있도다 네게 알게 한 이는 혈육이 아니요 하늘에 계신 내 아버지시니라"(마 16:16-17)고 말씀하시며 베드로의 고백을 하나님의 은혜로 된 축복된 고백이라고 선언하신 것입니다.

그런데 이 하나님의 축복된 선물이 주어지는 과정에 대해서 설명하기란 쉽지 않습니다. 성경 말씀처럼 "바람이 임의로 불매 네가 그 소리를 들어도 어디서 오며 어디로 가는지 알지 못하나니 성령으로 난 사람은 다 이러하니라"(요 3:8)고 설명하고 있습니다. 그것이 설명할 수 없는 신비임에도 불구하고 우리에게 알려주시는 부분이 있는데 첫째는 '성령으로 난다'는 것입니다. 성령으로 난다는 것은 성령의 주권적 역사로 주어지는 믿음으로 말미암아 난다는 것을 의미합니다. 이것은 결코 인간의 심리적인 확신과는 다른 것입니다. '육으로 난 것은 육이요 성령으로 난 것은 영'이라고 분명히 말씀하시기 때문입니다. 둘째는 '거듭남'을 예수님께서 '물과 성령으로 나는 것'이라고 하셨는데 여기서 '물로 난다'는 것은 어떤 사람들이 주장하는 것처럼 세례나 침례를 이야기하는 것이 아닙니다. 외적이고 물질적인 요소로 거듭나는 것이 아니라는 것을 앞에서 설명했습니다. 물은 깨끗하게 씻는 것입니다. 그런데 우리의 영혼인 내적 자아는 무엇으로 씻겠습니까? 회개로 씻습니다. 참된 믿음은 참된 회개를 동반합니다. 참된 믿음은 바로 십자가에 못 박히시고 부활하신 예수의 피, 그 보혈의 능력과 공로를 믿는 것입니다.

그런데 그 "믿음은 들음에서 나며 들음은 그리스도의 말씀으로 말미암았느니라"(롬 10:17)고 했고 "너희가 거듭난 것이 썩어질 씨로 된 것이 아니요 썩지 아니할 씨로 된 것이니 하나님의 살아 있고 항상 있는 말씀으로 되었느니라"(벧전 1:23)고 했으니 말씀으로 씻어지고 말씀으로 깨끗해지고 말씀을 믿고 회개할 때 비로소 거듭날 수 있게 되는 것입니다. 분명히 전제했듯이 거듭 강조하여 말하는 것은 말씀을 믿고 회개할 수 있는 것은 성령의 역사가 아니고는 불가능하다는 것을 알아야 합니다. 다만 성령님께서도 말씀을 도구로 하여 거듭나게 하신다는 것입니다. 베드로와 다른 제자들은 예수님의 말씀을 계속하여 듣고 예수님의 놀라운 사랑의 사역을 계속 보았기에 성령 하나님의 은혜의 역사로 베드로는 예수님을 "주는 그리스도요 살아계신 하나님의 아들"로 축복된 고백을 할 수 있었던 것입니다.

당신은 어떤 선택을 하겠는가

아직도 많은 사람들은 예수님을 부인하거나 그저 위대한 위인의 하나로 치부해 버리기도 합니다. 전도하는 중에 만난 사람들 중에는 그리스도에 대해 적대 감정을 가지고 예수 그리스도는 하나의 신화에 나오는 인물이라고 말하는 이도 있고 또 어떤 사람은 예수는 위대한 인간일 뿐이며 그 이상은 아니라는 말을 하기도 합니다. 그들은 성경을 비웃고 예수 그리스도를 하나님의 아들로 예배하는 사람들을 조롱하기도 합니다. 그러나 그들이 정말 예수님에 대해 알게 되고, 성경을 연구하여 예수님에 대한 사실들을 검토해 본다면 예수님이 하나님의 아들이심을 고백하지 않을 수 없을 것입니다.

유명한 장군이며 문학적인 천재였던 류 웰레스(Lew Wallace) 또한 그러한 사람이었습니다. 그와 그의 친구 잉거르솔(Ingersoll)은 기독교의 신화를 영원히 도말해 버릴 책을 쓰자고 같이 약속하였습니다. 그들은 예수를 믿고 예배하는 사람들이 그럴듯한 굴레 안에 갇혀 있는 것에 분노했습니다. 웰레스는 유럽과 미국의 유명한 도서관에서 기독교를 파괴할 자료를 찾았고, 2년 동안 성경을 읽으면서 연구했습니다. 그리고 마침내 책을 저술하기 시작했습니다. 그런데 그는 그 책의 제2장을 쓰다가 무릎을 꿇고 예수님에게 "나의 주, 나의 하나님!"을 부르며 크게 울부짖고 말았습니다. 그는 예수 그리스도가 하나님의 아들임을 더 이상 부인할 수가 없었습니다. 예수님을 사기꾼으로 폭로하려고 결심하였는데 도리어 예수님에게 사로잡혀 예수님이 자신의 주님이심을 고백하게 됩니다. 후에 웰레스는 지금까지 쓰여졌던 그리스도의 생애에 관한 가장 위대한 소설 중의 하나인 「벤허」를 써 오히려 많은 사람들에게 복음을 전하는 일에 앞장서게 되었습니다.

또 하나의 예로 전형적인 회의론자였고 옥스퍼드대학 교수였던 C.S 루이스를 말하지 않을 수 없습니다. 여러 해 동안 그는 그리스도의 신성을 부정해 왔습니다. 그러나 그는 열렬한 크리스천이 되어서 예수 그리스도의 구주되심을 믿고 수많은 사람들을 회심하게 하는 수많은 기독교 서적을 저술했습니다. 그의 유명한 책 「기독교 입문」에서 그는 이와 같은 진술을 했습니다. "어떤 사람이 단순한 한 인간으로서 예수가 한 말과 같은 말을 했다면 그는 위대한 도덕적 스승이 될 수 없을 것이다. 그는 정신이상자가 아니면 지옥의 악마일 것이다."

한국을 대표하는 지성인 중의 한 분으로 서울대학교를 졸업하고 이화여대 교수로 20여 년을 재직하고, 문화공보부 장관을 역임하였으며, 「흙

속에 저 바람 속에」, 「신한국인」, 「축소지향의 일본인」, 「지성의 오솔길」 등의 유명 수필집을 쓴 이어령 박사는 우리가 익히 알고 있듯이 무신론자였습니다. 그러나 딸이 세 번에 걸쳐 갑상선암을 치유 받고, 자폐증을 앓고 있던 손녀가 치유되는 과정을 통해 예수 그리스도의 살아계심을 체험하고, 하나님의 말씀인 성경을 통해 예수 그리스도께서 하나님의 아들이시며, 우리 죄를 위해 죽으신 "나의 주, 나의 하나님"임을 고백했습니다. 그는 2007년 침(세)례를 받은 후 「지성에서 영성으로」라는 책을 통해 예수님은 우리의 구속주이시며 삶의 주인 되심을 고백하고 있습니다.

  이제는 당신의 선택이 남아 있습니다. 당신은 예수님을 어떤 분이라고 생각합니까? 신화 속의 인물입니까? 아니면 단순한 도덕적 인물입니까? 미친 사람입니까? 아니면 하나님의 아들입니까? 이 질문에 대한 정확한 답변은 당신의 현재와 내세의 삶의 방향을 결정하게 될 것입니다.

  이렇듯 예수님에 관한 그야말로 셀 수 없이 많은 증거들을 성실하게 검토해 본 사람치고 예수님이 하나님의 아들이라는 사실을 인정하지 않은 사람은 없습니다. 기독교를 부인하고 예수님을 부인하려고 했던 많은 사람들조차, 누구든지 기독교에 대한 객관적 태도를 갖고 예수님에 대해, 성경에 대해 안다면 "예수님이 바로 나의 구속주이시며, 내 삶의 주인이십니다."라는 축복된 고백을 하지 않을 수 없었습니다. 그리고 바로 이러한 축복된 고백이 행복과 소망의 첫 시작이며, 인생을 변화시키는 고백이 될 것입니다. 또한 이 고백은 죽음 이후 심판의 때에 영생의 삶으로 구원받는 고백이며, 그 고백이 입술의 고백으로 그치는 것이 아니라 삶의 고백으로 이어져 오직 예수님만을 삶의 주인으로 삼아 믿음과 순종의 삶으로 나타날 때 더 큰 복이 될 것입니다.

제5장
예수님의 신실한 약속

　예수님이 우리의 죄를 대속해 주신 분임을 믿고 예수님을 구속주로 영접하며 믿음의 고백을 한 사람은 기도하게 됩니다. 베드로가 "주는 그리스도시요 살아계신 하나님의 아들이시니이다"(마 16:16)라고 고백했을 때 예수님께서는 베드로에게 "예수께서 대답하여 이르시되 바요나 시몬아 네가 복이 있도다 이를 네게 알게 한 이는 혈육이 아니요 하늘에 계신 내 아버지시니라 또 내가 네게 이르노니 너는 베드로라 내가 이 반석 위에 내 교회를 세우리니 음부의 권세가 이기지 못하리라 내가 천국 열쇠를 네게 주리니 네가 땅에서 무엇이든지 매면 하늘에서도 매일 것이요 네가 땅에서 무엇이든지 풀면 하늘에서도 풀리리라 하시고"(마 16:17-19)라고 말씀하셨습니다. 이렇듯 기도는 하늘의 문을 열 수 있는 하나님의 자녀에게 주어진 예수님의 신실한 약속이자 믿음의 고백을 드린 자녀에게 주신 최고의 선물입니다.

　또한 예수님은 사역의 마지막에 제자들에게 중요한 약속을 주셨습니다. 예수님께서는 십자가를 지시기 전 "내가 진실로 진실로 너희에게 이르노니 나를 믿는 자는 내가 하는 일을 그도 할 것이요 또한 그보다 큰일도 하리니 이는 내가 아버지께로 감이라 너희가 내 이름으로 무엇을 구하든지 내가 행하리니 이는 아버지로 하여금 아들로 말미암아 영광을 받으시게 하려 함이라"(요 14:12-13)고 말씀하셨습니다. 즉 예수님께서는 '성령님이 오시기 때문에 큰일을 하리라' 는 말씀과 함께 '너희가 기도할 때 내가 아버지의 영광을 위해 너희의 기도를 응답하기 때문에 너희가 큰일을 할 것이다' 라고 말씀하신 것입니다. 연약하고 어리석고 부족한 우리에게 하나님의 영인 성령님이 내주하시는 것도 큰 축복이지만 성령님이 기도하는 자를 통해 충만히 임하시고 기도하는 자를 통해 위대한 역사를 이루시는 것이기에 기도는 예수님께서 이 땅에 사는 성도들에게 주신 가장 신실한 약속인 것입니다.

하나님은 약속을 지키시는 신실한 분이십니다. "이스라엘의 지존자는 거짓이나 변개함이 없으시니 그는 사람이 아니시므로 결코 변개치 않으시며"(삼상 15:29) 세상 사람들은 사랑하지만 능력의 한계 때문에 약속을 지키지 못하는 경우도 있고, 능력은 있지만 사랑하지 않기 때문에 약속을 파기하기도 하고, 사랑과 능력이 있어도 영원하지 않기 때문에 약속을 지키지 못하지만 예수 그리스도는 어제나 오늘이나 영원토록 동일하시기에(히 13:8) 약속을 반드시 지키시는 미쁘시고 의로우신(요일 1:9)분이십니다. 그분은 우리에게 "너희가 내 안에 거하고 내 말이 너희 안에 거하면 무엇이든지 원하는대로 구하라 그리하면 이루리라"(요 15:7)고 약속하셨고, 약속대로 반드시 이루셔서 신실하신 하나님이심을 증언하고 계십니다.

왜 기도해야 하는가

영국의 스펄전 목사님은 이런 간증을 합니다. "정말 놀라운 사실은 우리가 기도하기 시작할 때 너무나 많은 우연의 일치들이 생긴다는 것입니다." 우리는 이런 일들을 얼마나 많이 체험하며 살아가고 있습니까? 세상 사람들이 볼 때는 우연의 일치같이 보이지만 사실은 우리의 기도응답인 것입니다. 그러므로 믿음에는 '물음표'(?)가 필요 없고 '느낌표'(!)만 있을 뿐입니다. 하나님이 시공을 초월하여 사람과 환경을 통해 이루시는 기적 같은 응답에 '아, 이런 일도 있구나! 하나님은 참으로 위대하시다!' 는 사실을 확인함으로 놀라운 느낌표만 있게 되는 것입니다. 그래서 기도는 시간이 있으면 하고 시간이 없으면 안 해도 되는 것이 아니라 우리가 거듭난 하나님의 자녀로 건강하게 살기 위해서 반드시 해야 하는 것입니다. 마르틴 루터는 하루에 두 세 시간씩 기도했고, 바쁜 날은 한 시간 더 기도했다고 합니다. 기도하지 않으면 나 혼자 다 해야 하지만 기도하면 하나님과 함께하기 때문이라고 했습니다. 그러므로 많이 바쁠수록 하나님이 역사하시도록 더 기도해야 합니다. 사도 바울의 간증대로 하나님은 그분의 능력대로 우리의 온갖 구하는 것이나 생각하는 것에 더 넘치도록 능히 이루어 주십니다(엡 3:20).

기도는 영혼의 호흡

마치 갓 태어난 아이가 호흡을 하듯 거듭난 하나님의 자녀는 영혼의 호흡인 기도를 시작하게 됩니다. 사람이 호흡하지 않고 살 수 없듯이 우리의 영혼도 호흡이 없이는 살 수 없습니다. 그래서 하나님의 사람으로 거듭난 사람들에게는 기도가 생명이 되는 것입니다. 호흡하지 않으면 사람들이 죽게 되듯이 기도하지 않는 사람은 영적으로 죽은 상태와 같습니다. 병원에 가면 중환자들에게 산소 호흡기를 통해 생명을 지탱하게 하는 것을 보게 됩니다. 산소 호흡기를 통해 겨우 생명은 유지를 하고 있지만 생명의 능력은 나타나지 않습니다. 마찬가지로 기도하지 않는 사람은 하나님이 주신 생명의 능력에 의해 살아가는 것이 아니라 타인의 도움에 의해 생명을 유지하며 겨우겨우 살아가는 것입니다. 살았으나 죽은 것과 같은 생명입니다. 먹고 마시고 입는 것도 전부 다른 사람의 도움으로 살아가는 것입니다.

우리가 기도하지 않아도 우리를 위해 기도해 주는 부모가 있고, 친구들이 있습니다. 또한 성령님이 기도해 주고 계십니다. "이와 같이 성령도 우리의 연약함을 도우시나니 우리는 마땅히 기도할 바를 알지 못하나 오직 성령이 말할 수 없는 탄식으로 우리를 위하여 친히 간구하시느니라"(롬 8:26)고 했고, "누가 정죄하리요 죽으실 뿐 아니라 다시 살아나신 이는 그리스도 예수시니 그는 하나님 우편에 계신 자요 우리를 위하여 간구하시는 자시니라"(롬 8:34)고 기록한 것처럼 예수님도 우리를 위해 기도하시기에 우리가 악한 사탄의 역사 속에서도 숨 쉬며 승리의 삶을 살 수 있습니다. 그러나 내가 기도하지 않으면 살아있는 생명이지만 하나님이 주신 참 생명의 자유는 누릴 수가 없습니다. 기도는 영적 생명의 생존을 위해 절대적인 것입니다. 노벨상을 받은 과학자이며 「인간의 신비」를 저술한 알렉시스카 박사는 "기도는 인간이 발휘할 수 있는 에너지 중에서 가장 강력한 형태의 에너지이다. 기도는 지구의 중력만큼이나 참된 것이다."라고 했습니다. 호흡하지 않는 어린이가 제대로 성장할 수 없듯이 기도하지 않는 영혼은 결코 성장할 수 없습니다.

기도는 영혼의 대화

기도는 의식이 아니라 관계입니다. 기도는 다른 사람에게 혹은 자신에게 하는 것이 아니라 하나님께 하는 것입니다. 기도는 우리가 하늘에 계신 아버지와 깊은 사랑의 관계를 키워가는 과정입니다. 삶 속에서 대화가 없이 관계가 형성될 수 없듯이 기도하지 않고 하나님과의 관계가 맺어질 수 없습니다. 때로 사람들은 "하나님께서 우리의 필요를 아시는데 왜 굳이 간구해야 됩니까?"라고 말합니다. 하지만 기도는 우리의 필요를 해결하기 위해서만 하는 것이 아닙니다. 기도를 통해 하나님과 더 깊은 사랑의 관계를 맺어가는 것입니다. 사람들은 대화를 통해 상대를 알아가고, 서로를 알리게 됩니다. 마찬가지로 그리스도인은 기도를 통해 하나님의 성품과 인격, 능력 등을 알아갑니다. 기도를 통해 나의 아픔과 상처, 염려, 내 생각들을 하나님께 말하게 됩니다. 그래서 기도하면 할수록 하나님을 더 잘 알아가게 되고, 하나님의 은혜 안에 거하게 되며, 하나님의 얼굴을 보게 되고, 하나님의 마음을 알게 됩니다. 기도를 통해 하나님과 깊은 사랑의 대화를 나눌 때 우리 마음의 깊은 상처들이 하나하나 치유되고 성령의 능력으로 충만하여져서 세상을 이기고 남는 힘을 얻게 되는 것입니다. 스펄전 목사님이 말하길 기독교의 역사는 기도하는 사람들의 역사라고 했습니다. 역사를 지배하고 세상을 변화시킨 사람들은 모두 기도의 사람들이었습니다. 하나님과의 대화인 기도가 바로 문제 해결의 열쇠요 능력의 원천인 것입니다.

기도는 영적전쟁

예수님은 "도둑이 오는 것은 도둑질하고 죽이고 멸망시키려는 것뿐이요 내가 온 것은 양으로 생명을 얻게 하고 더 풍성히 얻게 하려는 것이라"(요 10:10)고 말씀하십니다. 예수님은 도둑(사탄)이 계속 오고 있다고 말씀하십니다. 사탄은 우리 영혼의 믿음과 소망과 사랑과 감사를 도둑질해가고, 하나님과의 관계를 단절시키고(죽이고), 멸망시키려 하고 있습니다. 사도 바울도 "우리의 씨름은 혈과 육을 상대하는 것이 아니요 통치자들과 권세들과 이 어둠의 세상 주관자들과 하늘에 있는 악의 영들을 상대함이라"(엡 6:12)고 했습니다.

사탄과 어두움의 세상 주관자들은 하나님의 실존과 사랑과 능력과 약속의 신실함과 영원함에 대한 끊임없는 회의와 의심을 갖게 합니다. 그래서 사람들은 때때로 악의 승리로 인한 낙심이나 불확실한 미래에 대한 염려와 불안감 등으로 기도하지 않고, 인간적인 생각과 방법으로 해결하려다가 실패와 불행을 겪게 되는 것입니다. 우리가 기도해야 하는 중요한 이유 가운데 하나는 마귀가 존재하기 때문입니다. "시몬아, 시몬아, 보라 사탄이 너희를 밀 까부르듯 하려고 요구하였으나 그러나 내가 너를 위하여 네 믿음이 떨어지지 않기를 기도하였노니 너는 돌이킨 후에 네 형제를 굳게 하라"(눅 22:31-32)고 말씀하시면서 주님은 베드로에게 마귀가 어떻게 할 것인지 말씀해 주셨고, 베드로를 위해 기도해 주셨습니다. 반면 베드로는 사탄은 염두에 두지도 않고 "주여 내가 주와 함께 옥에도, 죽는 데에도 가기를 각오하였나이다"(눅 22:33)라고 호언장담합니다. 그러나 기도하지 않는 사람들의 호언장담은 허풍에 지나지 않습니다. 성경은 베드로가 예수님을 저주하고 맹세한 것을 부인한 것이 베드로의 어리석음이나 연약함 때문만이 아니고 사탄이 밀 까부르듯 하기 때문이라고 분명히 말씀하고 있습니다.

우리가 마음은 원이로되 육신이 약하여 마음에 원하는 선은 행치 못하고 악을 행하는 근저에는 사탄의 강력한 역사가 있으므로 우리는 기도로 승리해야 합니다. 사람들을 물과 불속에 자주 빠뜨리는 벙어리 되고 귀먹은 귀신을 쫓아내지 못한 제자들이 예수님께 "우리는 어찌하여 능히 귀신을 쫓아 내지 못하였나이까"라고 물었을 때 예수님은 "기도 외에 다른 것으로는 이런 종류가 나갈 수 없느니라"(막 9:28-29)고 말씀하시며 기도만이 능력이 됨을 말씀하셨습니다. 오늘날 삶 속에서 우리를 물과 불 속에 빠뜨리고, 사랑과 감사의 말을 못하는 벙어리로 만들고, 사람들의 아픔의 호소를 듣지 못하는 귀머거리로 만드는 악한 사탄을 이기는 유일한 길은 기도 외에 없기 때문에 기도에 힘써야 합니다.

누구에게 기도해야 하는가

예수님은 '하늘에 계신 우리 아버지'에게 기도하라고 가르치셨습니다(마 6:9). 하나님은 인격이십니다. 물론 하나님은 C.S 루이스가 말했듯이 '인성을 넘어서신 분'입니다. 그러나 그럼에도 불구하고 인격이십니다. 사람은 하나님의 형상을 따라 하나님의 인격으로 만들어져 있습니다. 개인적인 특질은 하나님의 성품 중 어떤 것의 그림자입니다. 하나님은 우리를 사랑하시는 아버지이시며, 우리는 하나님 앞에 언제나 나아갈 수 있고, 하나님을 '아바'(Abba)라고 부를 수 있는 아주 특별한 권리를 갖고 있습니다. 아바는 아람어로써 가장 근접한 번역으로는 '아빠', '사랑하는 아버지'라는 뜻입니다. 이는 하나님과 우리의 관계가 하늘에 계신 아버지께 언제든지 기도할 수 있는 아주 친밀하고 특별한 관계라는 것입니다.

또한 하나님은 '우리 아버지'이실 뿐 아니라 '하늘에 계신 우리 아버지'입니다. '하늘에 계시는'의 의미는 세상 만물을 다스리고, 주관하고, 통치하는 절대주권을 갖고 계시는 분이라는 뜻입니다. 하나님은 전지전능한 힘을 갖고 계십니다. 기도할 때 우리는 우주의 창조자, 통치자에게 말하는 것입니다. 기독교의 유명한 작가인 앤드류 머레이(Andrew Murray)는 "기도의 힘은 기도하는 대상이 누구인가를 이해하고 믿는 데 온전히 달려 있다."고 말했습니다. 기도할 때 우리는 우주와 시간을 초월하여 그 모든 것에 내재해 계시는 하나님과 사랑의 이야기를 나누는 것입니다. 하나님께서는 우리가 기도할 때 우리의 기도에 귀를 기울이시고 우리와 함께 계시는, 우리의 작은 신음 소리까지도 들으시고 응답해 주시는 참 좋으신 우리의 아버지이십니다.

오직 '예수님'을 통해서만

예수님은 "내 이름으로 아버지께 무엇을 구하든지 다 받게 하려 함이라"고 우리를 택하여 세우신 이유를 말씀하셨습니다(요 15:16). 사실 죄인 된 우리는 하나님께로 나아갈 자격이 없습니다. 그렇기 때문에 예수님께서는 "나로 말미암지 않고는 아버지께로 올 자가 없느니라"(요 14:6)고 했습니다. 그러나 하나님께서는 독생자 되신 예수님을 이 땅에 보내주셨고, 예수님께서 십자가에 돌아가심으로써 하나님과 우리 사이의 장벽을 없애 우리의 영원한 대제사장이 되심으로 하나님과 우리의 관계를 회복시키셨습니다. 그리하여 그리스도인은 오직 "그(그리스도)로 말미암아"(엡 2:18) 그리고 "예수님의 이름으로"(요 16:26)만 하나님께 나아갈 수 있습니다. 그래서 "우리 주 예수 그리스도로 말미암아" 혹은 "예수님의 이름으로"라는 말로 기도를 끝내는 것이 관례화되어 있습니다. 그러나 이것은 단지 형식이 아니라 예수님을 통해서만 하나님께 나아갈 수 있다는 사실을 인정하고 믿음으로 고백하는 것입니다.

"예수는 영원히 계심으로 그 제사장 직분도 갈리지 아니하느니라 그러므로 자기를 힘입어 하나님께 나아가는 자들을 온전히 구원하실 수 있으니 이는 그가 항상 살아계셔서 그들을 위하여 간구하심이라"(히7:24-25)고 했고, "그는 근본 하나님의 본체시나 하나님과 동등 됨을 취할 것으로 여기지 아니하시고 오히려 자기를 비워 종의 형체를 가지사 사람들과 같이 되셨고 사람의 모양으로 나타나사 자기를 낮추시고 죽기까지 복종하셨으니 곧 십자가의 죽으심이라 이러므로 하나님이 그를 지극히 높여 모든 이름 위에 뛰어난 이름을 주사 하늘에 있는 자들과 땅에 있는 자들과 땅 아래에 있는 자들로 모든 무릎을 예수의 이름에 꿇게 하시고 모든 입으로 예수 그리스도를 주라 시인하여 하나님 아버지께 영광을 돌리게 하셨느니라"(빌2:6-11)고 했습니다. 예수님의 이름에 힘이 있는 것은 바로 이 때문입니다.

수표(어음)의 가치는 그 액수에만 있는 것이 아니라 그 금액을 지급하겠다고 서명한 사람의 신용에도 있습니다. 만일 다음 달 말일이 지급기일인 1백만원짜리 수표의 지급인 서명자가 어느 노숙자라면, 그 수표 소지자는 수표 1백만원의 현재 가치에 대해서 상당한 의구심을 품을 수 있습니다. 그러나 세계에서 가장 부자로 알려진 빌 게이츠가 1,000억의 수표에 서명을 했다면 그 수표 1,000억의 가치는 거의 의심할 여지가 없을 것입니다. 천국의 은행에 가면 우리가 찾을 수 있는 것은 아무것도 없습니다. 그러나 예수 그리스도는 천국에서 무제한의 신용을 가지신 분입니다. 그런 예수님께서 자신의 이름을 사용할 수 있는 특권을 우리에게 주셨습니다. 그리고 이 특권은 예수님을 구주로 고백하고 삶의 주인으로 영접한 사람들에게만 주어지는 것입니다

무엇을 기도해야 하는가

많은 사람들이 기도를 자신의 필요를 구하는 것 정도로만 알고 있습니다. 그래서 기도할 때 자신의 건강, 가족의 건강과 행복을 구하고 나면 더 이상 구할 것이 없는 것입니다. 그러나 기도는 우리가 우리를 아는 것보다 하나님께서 우리의 능력·성품·재능·미래·믿음·소망·사랑을 더 잘 아시고, 우리가 우리를 사랑하는 것보다 우리를 더 사랑하신다는 것을 믿음으로 알기에 우리를 향한 하나님의 계획과 뜻을 구하는 것입니다. 또한 하나님의 계획과 뜻은 알았지만 우리의 상황과 으리가 생각하는 것들에 대해서도 하나님의 인도하심과 도우심을 구하는 것입니다. 예수님은 겟세마네 동산에서 "내 아버지여 만일 할 만하시거든 이 잔을 내게서 지나가게 하옵소서 그러나 나의 원대로 마시옵고 아버지의 원대로 하옵소서"(마 26:39)라고 세 번씩 자신의 소원을 구하면서 아버지의 뜻이 이루어지길 구했습니다. 그래서 아버지의 뜻인 십자가를 질 수 있는 능력을 얻었기에 십자가를 지셨고, 하나님은 부활의 승리로 축복하셨던 것입니다. 그러므로

기도는 하나님의 뜻을 묻고 하나님의 뜻에 내 자신이 복종하기 위해 하나님의 능력을 구하는 것입니다. 기도는 무력한 자가 전능자에게 의지하고 기대는 것입니다. 우리가 하나님의 뜻을 알아도 하나님의 뜻에 순종할 능력이 없기에 순종할 능력을 달라고 구하면 때로는 믿음으로, 때로는 약속으로, 때로는 꿈과 환상으로 보여 주시고, 때로는 주님을 사랑하는 뜨거운 마음을 주셔서 순종할 힘을 얻음으로 승리하게 되는 것입니다. 우리가 때때로 하나님의 뜻에 따라 우리의 신앙과 삶의 십자가를 져야 할 때 우리는 하나님께 기도하여 능력을 받아야 합니다. 우리가 믿음으로 순종하여 십자가를 질 때 하나님은 언제나 부활의 승리로 축복하여 하나님께는 영광을, 우리에게는 신령한 기쁨을 주십니다. 그러므로 기도의 승리자가 될 때 비로소 인생의 승리자가 될 수 있는 것입니다.

어떻게 응답하시는가

하나님께서는 우리의 모든 간구를 들으신다고 약속해 주셨습니다. 이제 우리는 그런 하나님께서 우리가 드린 기도에 대하여 어떻게 응답하시는지 그 다섯 가지 응답을 알아보고자 합니다. 우리의 기도에 대한 하나님의 첫 번째 응답은 "Yes!"입니다. "Yes!" 하나님의 뜻에 합당한 기도는 반드시 응답됩니다. 하나님의 뜻대로 구하고 믿음으로 응답을 기대하고 있는 사람에게 하나님은 응답하십니다. 엘리야가 간절히 기도했을 때에 하나님은 즉시 응답하셨습니다(열상 18:37-38). 베드로가 물속에 빠져 들어가 죽게 되었을 때에 주님은 즉시 구해주셨습니다(마 14:22-33). 나병환자들이 소리치면서 자기들을 불쌍히 여겨달라고 하면서 병을 고쳐달라고 했을 때에 주님은 즉시 "Yes!" 하셨습니다. 성경에는 이런 기도의 응답들이 수없이 나옵니다.

그런데 분명 기도응답이긴 하지만 기대했던 것과 다른 방식으로 주어지는 응답도 종종 있습니다. 곧 기대와는 다른 응답입니다. 오랜 세월 동안 기도생활을 한 그리스도인이라면 대부분 다 하나님께서 기도 응답을 하시되 자기가 생각했던 것과 전혀 다른 방식으로 응답하시고, 오히려 그것이 더 큰 기쁨이 되었던 경험을 한 적이 있을 것입니다. 그것은 하나님은 전지전능하시기 때문에 순간적인 계획과 뜻에 제한 받지 않으시고, 하나님의 선하신 뜻대로 모든 것을 이루어 나가시기 때문입니다. 그 뜻을 이루시는 방법은 우리의 예상과 기대를 뛰어 넘습니다. 성경의 많은 기사들을 보면, 하나님께서 얼마나 다양하고도 놀라운 방식으로 응답하시는지를 알 수 있습니다. 가장 쉬운 예를 들면, 메시아를 보내달라는 기도에 대해서 하나님은 인간이 되어 오시는 성육신 사건을 통해 응답하셨습니다. 처녀의 몸에 성령으로 잉태되어 이 땅에 탄생하신 이 사건은 인간으로는 상상할 수도 없고 예측할 수도 없는 놀라운 충격적인 사건이었습니다. 이렇듯 하나님께서는 우리의 기대와 상상을 뛰어 넘는 방법으로 응답하십니다.

우리가 잘 아는 대로 성 어거스틴은 젊었을 때 아주 고집스럽고 방탕한 삶을 살았기에 그의 경건한 어머니 모니카는 아들을 위하여 쉬지 않고 기도했습니다. 그러던 어느날 어거스틴이 이탈리아로 간다는 말을 듣고 모니카는 그것이 아들의 파멸을 부채질하는 것이 되지 않을까 몹시 걱정이 되어 하나님께서 막으셔서 아들이 이탈리아로 가지 못하게 해주실 것을 위해 밤새 기도했습니다. 그러나 바로 그날 밤, 어거스틴은 계획대로 배를 타고 이탈리아에 갔습니다. 그리고 후에 어거스틴은 바로 그곳에서 암브로스를 만나게 되었고 주 예수를 개인적으로 믿어 회심하게 되었습니다. 어거스틴은 어머니의 기도에 관한 당시의 일을 이렇게 요약하여 표현했습니다. "하나님은 어머니의 기도대로 응답하시진 않았지만 어머니의 기도를 이루어주셨다."

우리의 기도에 대한 하나님의 두 번째 응답은 "No!"입니다. 우리의 기도와 간구가 잘못되었을 때에 하나님께서 "No!"라고 응답하십니다. 이기적인 기도 즉, 자기 욕심을 채우려는 기도나, 자기 안에 죄가 있는 상태로 기도할 때나, 교만한 마음으로 하는 기도는 응답받지 못합니다. "No!"라고 하신 것도 하나님의 응답 중의 하나입니다. 우리는 우리가 기도한 대로만 이루어져야 하나님이 응답하셨다고 생각하는데 그것은 기도에 대해 잘못 알고 있는 것입니다. 조건이 맞지 않을 때 하나님께서는 "아니다"(No)라고 말씀하십니다. 조건이 맞지 않을 때라는 것은 우리의 자세나 신앙상태, 영적 상태가 우리가 기도한 것을 그대로 응답해 주시기에는 아직 준비되어 있지 못한 조건을 뜻합니다. 어린 아이가 칼을 달라고 한다고 해서 칼을 함부로 쥐어주는 부모가 없는 것처럼 하나님께서도 우리가 달라고 한다고 그냥 다 주시면 우리가 그것을 잘못 사용하여 죄를 짓고 하나님과 오히려 멀어질 것을 아시기에 응답해 주시지 않습니다. 그러므로 우리는 우리의 필요와 욕구를 구분할 줄 알아야 합니다. 일용할 양식을 구하여 먹는 것은 필요입니다. 그러나 더 많은 음식, 더 좋은 음식을 구하는 것은 욕구입니다. 하나님은 우리의 욕구를 위해 기도하면 "안 된다!"고 응답하십니다.

잉글로우라는 사람은 "나는 나의 모든 기도가 응답되지 않은 것에 대해 하나님께 감사하며 살아 왔다."라는 고백을 했습니다. 하나님께서 우리의 기도를 그대로 다 들어주셨다면 우리는 벌써 우리의 욕심을 이길 수 없어 세상에 빠져 오히려 우리의 영혼이 망가졌을 수도 있습니다. 사도 바울이 기도했던 자신의 육체의 가시를 하나님께서 제거하여 주시지 않았기에 바울은 항상 하나님의 은혜를 사모했고, 하나님과 사람들 앞에서 겸손할 수 있었습니다. 하나님은 사도 바울이 아시아 지역으로 복음을 전하고자 기도했지만 "No!"라고 하시고 유럽 지역으로 인도하여 하나님께서는 영광을 받으시고 바울은 위대한 사역자로 존귀하게 쓰임을 받았습니다.

우리의 기도에 대한 하나님의 세 번째 응답은 "Wait!" 입니다. 다니엘 10장에 보면 한 번은 다니엘이 기도할 때에 하나님의 사자가 응답을 가지고 도착하는 데 3주나 걸렸다고 기록하고 있습니다(단 10:12-14). 만약 우리가 기도한 내용이 하나님이 보시기에 응답하실 시기가 적절하지 않다면 하나님께서 우리를 기다리게 하십니다. "천천히" 또는 "기다려라!"라고 응답하시는 경우입니다. 우리는 대부분 기다리는 것을 잘 못합니다. 우리는 하나님께서 응답을 즉시 해 주시지 않으면 응답을 안 해주시는 것이라고 생각합니다. 우리는 뭐든지 빨리 하려고만 합니다. 그러나 정말 소중한 것은 늦게 이루어집니다. 위대한 것, 가치 있는 것, 영원한 것, 생명 등은 짧은 순간에 이루어지지 않습니다. 하나님은 우리를 기다리게 하시면서 우리를 돌아보게 합니다. 우리가 기도한 것이 얼마나 소중한 것인지, 얼마나 꼭 필요한 것인지, 얼마나 가치 있는 것인지를 기다리면서 더욱 절실히 깨닫게 하십니다. 그렇게 될 때에 응답받은 뒤에도 그것을 소중히 여깁니다. 간절하게 기다린 만큼 소중하게 여기는 법입니다. 하나님은 우리의 기도의 응답을 기다리는 과정에서 우리를 다듬으십니다. 우리의 생각을 고쳐주시기도 합니다. 우리의 믿음을 더욱 강하고 굳게 만들어주십니다.

제가 아는 한 집사는 방언을 받기 위해 16년을 계속하여 기도했답니다. 그 응답으로 방언을 하자 그 방언을 얼마나 귀하게 여기고 감사하는지 말로 다 할 수 없을 정도였습니다. 그런데 그렇게 방언의 은사를 귀하게 여기고 감사하자 그 후에 방언 통변의 은사까지 받았습니다. 모니카는 30년을 아들을 위해 기도했는데 하나님께서는 그 기도를 헛되이 하지 않고 어거스틴을 성 어거스틴으로 축복해 주셨습니다. 모세의 어머니 요베겟은 아들을 위해 40년을 기도했는데 하나님께서는 그 기도를 기억하셨다가 가장 좋은 때에 가장 좋은 방법으로 모세를 이스라엘의 가장 위대한 지도자로 축복해 주셨습니다. 그러므로 하나님께서 "기다려라!"라는 응답을 주시는 것 같으면 포기하지 말고, 더욱 굳센 믿음으로 인내하며 기다려야 합니다.

우리의 기도에 대한 하나님의 네 번째 응답은 "우리의 순종"입니다. 만약 공부를 전혀 하지 않은 학생이 하나님께 "하나님, 이 시험은 아주 중요한 시험입니다. 100점 맞게 해주세요. 믿습니다. 성령 하나님께서 내 마음에 답을 알려 주시면 제가 적겠습니다."라고 기도한다면 하나님께서는 그 학생에게 "공부는 네가 할 일이다. 시험 준비도 네가 할 일이다. 나는 공부한 것 기억나게 하고, 실수하지 않도록 돕는 하나님이다."라고 응답하실 것입니다. 또한 우리가 복음을 전하는 아무 수고도 하지 않은 채 "하나님, 우리 교회가 부흥하게 해주십시오. 성장하게 해주십시오."라고 기도한다면 하나님께서 이렇게 응답하실 것입니다. "그래, 교회가 부흥되는 것은 내가 원하는 것이다. 교회가 성장하고 잃어버린 영혼이 구원받아 교회에 나오는 것은 내가 가장 기뻐하는 일이다. 그런데 전도하는 일은 네가 할 일이다. 복음을 전하는 것은 네가 할 일이고, 나는 그 마음을 성령으로 감동하게 하여 믿게 하는 일을 할 것이다." 이렇듯 우리는 할 일을 하지 않고서 하나님의 도움을 구하는 기도를 할 때가 많이 있습니다. 그러나 자신이 해야 할 일을 하나님께 미루지 마십시오. 내가 할 일이 있고, 하나님께서 하실 일이 있습니다. 하나님께서는 우리의 기도에 응답하시기 전에 우리의 믿음과 순종을 먼저 요구하실 때가 있습니다.

누가복음 17장 11-19절의 내용을 보면 예수님이 예루살렘으로 가실 때에 나병환자 열 명이 예수님에게 "선생님이여 우리를 불쌍히 여기소서" 하거늘 "보시고 가라사대 가서 제사장들에게 너희 몸을 보이라 하셨더니 저희가 가다가 깨끗함을 받은지라"고 기록되어 있습니다. 당시 나병환자는 천형으로 여겨져 회당에도 참석할 수 없었고, 사람들에게 가까이 갈 수도 없었습니다. 나병이 치료되면 제사장에게 보이고 고침 받은 것을 확인 받아야 회당에 참석할 수 있었습니다. 그러니 예수님께서 치료를 해주신 후에 제사장에게 가서 치료된 것을 보이라 말씀하시는 것이 순서입니다. 그런데 치료도 아직 받지 않은 상태에서 "저희가 가다가 깨끗함을 받은지라"고 한 것은 순종을 통해 치료 받았음을 증거하는 것입니다. 또한 누가복음 5장 1-11절을 보면 베드로가 밤이 다가도록 수고하였으되 얻은 것이 없을 때 자신의 경험과 상식으로는 이해되지 않지간 예수님의 말씀에 의지하여 깊은 곳에 그물을 내리는 순종을 통해 만선의 축복을 받은 것처럼 우리도 우리의 경험과 상식으로 이해되지 않더라도 하나님 말씀에 순종할 때 우리 인생에 만선의 기도응답의 축복을 경험하게 될 것입니다.

우리의 기도에 대한 하나님의 다섯 번째 응답은 "절대주권에 맡김"입니다. 하나님께 절대적 주권이 있습니다. 만약 우리가 "하나님, 빨리 죽고 싶습니다. 나를 좀 데려가 주십시오."라든지 "하나님, 이 세상이 너무 악합니다. 빨리 이 세상의 종말이 오게 해주십시오."라고 기도한다면 그 기도는 응답되지 않을 것입니다. 그것은 생명이나 이 세상의 종말 등에 대한 것은 하나님의 절대적 주권에 달려 있는 문제이기 때문입니다. 우리의 생명이 하나님께 달려 있기에 우리는 주어진 삶을 열심히, 성실하게, 사명을 다해 살아야 하는 것입니다. 시편 기자는 다윗이 사울 왕에게 한두 번도 아니고 수없이 많은 살해 위험을 당함을 기록합니다. 아마 다윗은 사울이 죽이고 싶도록 미웠을 것입니다. 그러나 하나님께서는 다윗에게 "사울은 내게 맡겨라"라고 말씀하셨습니다. 다윗이 하나님께 사울을 맡기자 하나님께서는 블레셋 군을 통해 사울을 죽게 하셨고, 다윗을 가장 좋은 때 가장 좋은 방법으로 가장 좋은 왕으로 축복하여 주셨습니다.

기도하는 사람은 하나님의 사랑의 깊이와 높이와 넓이와 길이를 압니다. 기도하는 사람은 하나님의 지혜와 능력을 받게 됩니다. 기도하는 사람은 하나님의 인도와 도움 속에서 행복하고 성공적인 삶을 살게 됩니다. 기도하는 사람은 하나님의 영인 성령의 기름부음을 받게 됩니다. 기도하는 사람은 수많은 기적을 체험하게 되어 더욱 하나님을 경외하게 되고, 하나님의 은혜를 더욱더 사모하게 되고, 하나님께 가장 좋은 것을 사모하게 됩니다. 마태복음 7장 11절에는 "하늘에 계신 너희 아버지께서 구하는 자에게 좋은 것으로 주시지 않겠느냐"고 하셨습니다. 하나님께서는 누가복음 11장 13절에는 "너희 천부께서 구하는 자에게 성령을 주시지 않겠느냐"고 했습니다. 그러니 가장 좋은 응답은 성령의 충만입니다.

제6장
위로부터 입혀지는 능력

　세상 사람들은 누구나 범사에 종교성이 많고(행 17:22) 사람들에게는 영원을 사모하는 마음(전 3:11)이 있기 때문에 죄와 허물로 죽은 인간은(엡 2:1) 그 형태는 다양하지만 각자가 만든 각자의 신을 믿고 있습니다. 인간들이 아무런 능력도 없고 진정한 사랑도 없고 "도적질하고 죽이고 멸망시키는"(요 10:10) 우상을 섬기는 것을 긍휼히 여긴 하나님께서는 자신을 열어 계시하시고, 친히 육신으로 오셔서 우리를 향한 사랑의 그 넓이와 길이와 높이와 깊이가 어떠함을 깨닫게 하셨습니다(엡 3:19). 또 앞으로 올 새로운 세대들을 향한 사랑을 위해 "또 다른 보혜사이신 성령님을 우리에게 보내사 영원토록 함께 있게 하실 계획을 세우시고"(요 14:26) "볼지어다 내가 내 아버지께서 약속하신 것을 너희에게 보내리니 너희는 위로부터 능력으로 입혀질 때까지 머물라"(눅 24:49)고 하셨으니 우리는 이 능력(성령침(세)례)을 알아야 하고 사모해야 합니다. 예수님은 육으로 오신 하나님이요 성령님은 영으로 오신 하나님이십니다. 성령님은 우리 안에서 생겨지거나 얻어지는 것이 아니라 "위로부터 입혀지는 능력(성령침(세)례)"이니 우리가 반드시 사모하여 받아야 할 소중한 은혜입니다.

세 종류의 인간

하나님의 말씀인 성경은 인간을 세 종류로 구분합니다. 첫째는 구원받지 못한 육에 속한 사람(프쉬키코스, 헬: psychikos)입니다. 말 그대로 육체적으로는 태어났으나 아직 영적으로 거듭나지 못한 사람입니다. 예수님께서 이런 사람을 가리켜 어리석은 부자와 같은 사람이라고 비유하여 설교하셨습니다. 이런 사람은 그 마음에 하나님도 없고, 내세도 없는 사람입니다. 이 세상이 전부인 사람입니다. 돈·성공·권력·쾌락·명예가 전부인 사람입니다. 오관의 만족만 추구하며 사는 육체의 사람입니다. 성경은 엄밀하게 사람을 두 종류로 나눕니다. 구원 받은 사람과 구원 받지 못한 사람, 성령으로 거듭난 사람과 거듭나지 못한 사람, 생명이 있는 자와 생명이 없는 자, 지옥 갈 사람과 천국 갈 사람, 영벌 받을 사람과 영생 얻을 사람입니다.

성경은 불신자의 영적 상태를 "허물과 죄로 죽은 자"(엡 2:1)라고 부르고 있습니다. 이 말은 불신자에게 영혼이 없다는 뜻은 아닙니다. 영혼은 있지만 하늘나라와 하나님의 생명에서 떨어져 있어서 전혀 하나님과 하나님의 나라에 관하여 알지 못하고 무감각한 상태에 놓여 있는 것을 말합니다. 만일 이와 같은 상태에 그대로 머물러 있다가 그 육체가 죽게 되면 그 영혼은 하늘나라와 하나님과는 완전히 분리된 지옥으로 떨어져 버리고 말게 됩니다.

그러면 어떻게 이와 같이 죽어 무감각한 상태에 있는 영혼으로 하여금 자기의 죄를 깨닫고 예수님의 속죄의 피를 믿어 하나님이 주시는 영생을 받아들일 수 있게 하겠습니까? 그와 같은 일을 하시기 위해서 불신자 가운데서 끊임없이 역사하시는 하나님이 계시는데 이분이 곧 성령님이십니다. 그러나 죄와 허물로 영혼이 죽어 있는 사람들에게 예수 그리스도의 구원의 복음은 도저히 깨달을 수 없는 허무맹랑한 이야기로 밖에 들리지 않습니다.

그래서 성경에는 "하나님이 자기를 사랑하는 자들을 위하여 예비하신 모든 것은 눈으로 보지 못하고 귀로 듣지 못하고 사람의 마음으로 생각하지 못하였다"(고전 2:9)고 기록하였을 뿐만 아니라 그 다음으로 "오직 하나님이 성령으로 이것을 우리에게 보이셨으니…"(고전 2:10)라고 가르치고 있습니다. 이것을 다시 현대어로 말하면 불신자는 자기의 감각이나 이성으로는 하나님의 구원을 이해할 수 없고 오직 성령의 내적 계시의 능력에 의해서만 하늘나라에 속한 구원을 이해하는 빛을 얻게 된다는 것입니다. 요한복음 3장 6절은 "육에서 난 것은 육이요 영에서 난 것은 영이니라"고 선언합니다.

육에 속한 사람은 두 가지 특성으로 명확히 규명되는데(고전 2:14) 하나는 그들은 성령의 일들을 받지 않습니다. 즉 그는 성령의 역사에 대해서 수용 능력이 없습니다. 그래서 그는 신령한 세계를 모릅니다. 보아도 모르고, 들어도 모릅니다. 성령으로 거듭나지 못한 사람은 믿음으로 사는 사람을 바보처럼 여깁니다. 하나님의 말씀과 교회 일들이 이질적으로 보일 뿐입니다. 다음으로 그들은 성령의 일들을 알 수도 없습니다. 즉 성령의 일에 대해서 이해 능력이 없습니다. 우리는 가끔 믿지 않는 사람들과 얘기하면서 "이건 아무리 이야기해도 소용이 없구나."하고 절망감을 느낄 때가 있을 것입니다. 그들은 영적 세계를 모르니까 수용도 안 되고, 이해도 안 가는 것입니다. 영혼이 거듭나지 못한 사람은 이 세상이 전부입니다. 내세가 없습니다. 그러니 육체 본위로 살고, 이 세상 위주로 살 뿐입니다. 자기 본위로 자기 욕심과 자신의 생각과 판단과 선택 그리고 자신의 의지와 방법으로 살아갑니다. 그러나 한 치 앞도 볼 수 없는 인간들은 한 치 앞의 미래도 알 수 없는 불투명한 세상 속에서 서로 속고 속이며, 실패와 불행이 반복되는 인생을 살고 있습니다. 사람들에 의한 상처와 미래에 대한 불안이 끊임없이 그들의 생각과 삶을 지배하기 때문에 사람들을 이용 대상으로 생각하고, 이해득실을 따라서는 사람들을 배신함으로 관계가 깨어지고 자신마저 사랑하지 못하는 불행한 인생을 살게 되는 것입니다.

둘째는 구원은 받았으나 육신에 속한 신자(싸르키코스, 헬: sarkikos)입니다. 그는 성령으로 거듭나기는 했으나 성령침(세)례(최초의 성령 충만)를 받지 않고 사는 사람입니다. 예수님을 구주로 영접하기는 했으나 예수님을 주님으로 모셔 들이지는 않은 여전히 자기가 주인인 사람입니다. 그래서 신분은 그리스도인이지만 생활은 세속적입니다. 주일날은 크리스천이고, 평일 날은 세상 방식을 따라 살아갑니다. 성경 단어 그대로 육신에 속한 신자입니다(고전 3:1-3). 이들은 믿음이 불안정하여 쉽게 상처 받고, 흔들리고, 좌절하고, 넘어지며, 조금만 힘들어도 견디지 못하고, 사소한 일로 낙심하고, 믿음을 포기합니다. 고린도전서 3장 2절 말씀처럼 자기에게 즐겁지 않거나 불리한 것은 감당하지 못합니다. 그래서 스스로 시험에 듭니다. 이들은 자기중심적으로 신앙생활을 하며 갈라디아서 5장 19절 말씀처럼 육체의 본능과 소욕을 따라 살아갑니다. 신분은 새사람인데 사는 것은 옛사람의 구습을 따르고 있는 것입니다.

그러나 기독교인이란 예수에 대해서 아는 사람, 예수에 대해서 지식이 있는 사람을 말하는 것이 아니라 성령 받은 사람을 말합니다. 로마서 8장 9절에 보면 "그리스도의 영이 없으면 그리스도의 사람이 아니라"고 합니다. 성경에 관한 지식이 있다고 해서 그리스도인이 아닙니다. 그 사람의 심령 속에 예수의 영이 있어야 그리스도인인 것입니다. 고린도전서 12장 3절은 "성령으로 아니하고는 누구든지 예수를 주시라 할 수 없다"고 했습니다. 예수님의 제자들은 예수님을 3년 6개월 동안 따라 다니며 온갖 생명의 말씀을 들었고, 기적을 체험했으며, 예수님을 "주는 그리스도시요 하나님의 아들이시니이다"라고 고백했던 사람들입니다. 제자들은 예수님께서 일으킨 오병이어의 기적도 체험했고, 바다의 물위를 걷게 하시고, 풍랑을 잠잠케 하심도 보았고, 물을 포도주로 만드심도 보았고, 모든 병과 모든 약한 것을 고치는 능력도 보았으며, 그들 스스로 병자도 고쳐 보았습니다. 그런데 그런 그들이 성령침(세)례(행 2:1-4)를 받기 전에는 열등감·죄책감·버림받은 마음·굶주림·분노·두려움 등의 불치병에 짓눌려 서로 비교하고, 싸우고, 헛된 명예욕에 빠져 있고, 예수님을 저주하고 부인까지 하였던 인간의 약한 모습들을 그대로 대변했던 것을 보게 됩니다. 부활을 목격하고도 갈릴리 바다에 되돌아가 고기를 잡고 있는(요 21:3) 형편없는 제자들의 삶은 바로 성령은 임했고, 성령은 내주되었으나, 성령침(세)례(행 2:1-4)를 받지 않은 상태를 말합니다.

이해를 돕기 위해 성도들에게 '성령이 임했다' 또는 '예수님을 구속주로 영접함으로 성령이 내주했다'라는 말을 남녀 간의 사랑으로 비유하면 남자와 여자가 사랑을 알고 받아들이는 연애단계라고 할 수 있습니다. 이 단계는 관계 속에서 영향력을 끼치기도 하고 큰 기쁨과 소망을 얻기도

하지만 아직은 자신의 삶의 방식을 고수하고 자아 중심적이며 아직 결혼을 하지 않은, 그래서 법적 구속력이나 책임감이 없는 단계라고 할 수 있습니다. 즉 제자들은 하나님의 사랑을 알고 하나님을 주인으로 고백하고 여러 가지 체험을 했지만, 성령침(세)례를 받기 이전에는 하나님을 온전히 주인으로 받아들이지 않고 자아 중심적이고 세상적인 모습을 보이는 것입니다.

그렇기 때문에 예수님은 "주는 그리스도시요 살아 계신 하나님의 아들"(마 16:16)임을 고백함으로 거듭나고, 성령이 내주된 제자들에게 "사도와 함께 모이사 저희에게 분부하여 이르시되 예루살렘을 떠나지 말고 내게서 들은바 아버지께서 약속하신 것을 기다리라 요한은 물로 침(세)례를 베풀었으나 너희는 몇 날이 못 되어 성령으로 침(세)례를 받으리라"(행 1:4-5)고 말씀하시며 성령침(세)례를 받도록 하신 것입니다. 우리는 제자들이 그 말씀에 의지하여 전혀 기도에 힘씀으로(행 1:14) "저희가 다 성령의 충만함을 받고 성령이 말하게 하심을 따라 다른 언어들로 말하기를 시작하니라"(행 2:4)고 말씀한 것처럼 성령침(세)례를 받았다는 사실을 기억해야 합니다. 그러므로 예수님의 사랑과 절대성을 알고 성령이 내주한 그리스도인은 약속된 말씀에 의지하여 전혀 기도에 힘쓰므로 누구나 당연히 받을 수 있는 하나님의 선물인 성령침(세)례를 받아야 합니다.

셋째 성령침(세)례를 받은 영에 속한 사람(프뉴마티코스, 헬: pneumatikos)입니다. 성령침(세)례를 받은 사람은 헬라어로 '프뉴마티코스'라고 하는데 이는 하나님의 은혜를 체험적으로 아는 사람입니다. 이것은 지식의 문제가 아니라 하나 됨의 문제입니다. 성령침(세)례는 하나님의 권능을 체험적으로 아는 것입니다. 이는 하나님과 우리가 한 몸을 이루는 남녀 간의 결혼과 같은 것입니다. 여자는 남자와 결혼을 통해 변화가 오게 됩니다. 주인이 바뀌고, 신분과 소속이 달라지고, 가치관이 바뀌고, 삶의 중요한 것과 중요하지 않은 것이 구분되고, 언행이 달라집니다. 성령침(세)례 받은 사람은 성령 충만을 끊임없이 갈망하게 됩니다. 결혼할 때의 기쁨과 감격이 평생 잊혀지지 않는 것처럼 성령침(세)례의 기쁨과 감격도 결코 잊을 수 없으며 계속적으로 성령의 충만을 사모하게 됩니다. 성령침(세)례를 강하게 경험한 사람은 그 기쁨과 감격 때문에 성령의 충만을 간절히 사모하게 되고 성령의 충만함 속에서 성령의 열매를(갈 5:22-24, 주님의 사랑과 우리의 믿음과 순종을 통한 변화) 맺게 됩니다. 또한 각 사람을 유익하게 하고 주님의 몸 된 교회를 세우고 합력하여 선을 이루고자 성령의 나타남인 성령의 은사(고전 12:4-11)를 받기도 합니다.

그러므로 우리는 위로부터 능력이 입혀지는 성령의 침(세)례를 받아야 합니다. 하나님이 약속하시고 예수님이 우리의 유익을 위해 죽기까지 주시길 갈망했던(요 16:7) 성령침(세)례를 반드시 받아야 합니다. 예수님도 성령의 기름부음을 통해 위대한 생애를 사셨습니다(행 10:38). 위로부터 입혀지는 성령의 강력한 임재가 없이는 영적인 삶에서 결코 승리할 수 없습니다. 이 말을 가슴에 새깁시다. "만군의 여호와께서 말씀하시되 이는 힘으로 되지 아니하며 능으로 되지 아니하고 오직 나의 신(성령)으로 되느니라."

한 사람의 죄인이 복음의 말씀을 듣고 성령의 역사를 통하여 "거듭남"(요 3:5)을 얻게 되고, "흑암의 권세에서 건져 내사 그의 사랑의 아들의 나라로 옮김"(골 1:13-14)을 받아 하나님의 자녀가 된 이후부터는 자기 스스로의 힘과 노력으로 신앙의 발전과 성장을 가져올 수 있다고 생각한다면 이것은 커다란 착각입니다. 사람이 하나님의 말씀과 성령의 권능을 힘입지 않고 스스로 구원할 수 없는 것처럼, 구원 받고 난 후에도 성령의 계속적인 역사를 통해서 말씀 안에서 자라지 않고는 계속적인 승리의 신앙생활과 영적 성장을 결코 가져올 수 없습니다. 오늘날 많은 신자들이 막연하나마 복음의 말씀을 받아 성령의 능력으로 거듭나게 되었다는 사실은 알고 있지만 그 이후로는 '성령이 있음(성령침(세)례)' 도 알지 못한 상태(행 19:1-6)에서 인간적인 자아의 결심과 노력으로 신앙생활을 하려고 하므로 "육신에 속하여 죄 아래 팔린"(롬 7:14) 고통 속에 허덕이게 되고, "원하는 것은 행하지 아니하고 도리어 미워하는 것을 행하며"(롬 7:15) 결국에 가서는 "오호라 나는 곤고한 사람이로다 이 사망의 몸에서 누가 나를 건져 내랴"(롬 7:24)는 탄식과 비명을 하게 되는 것입니다. 그러나 우리가 성령침(세)례를 받고 성령 충만한 삶을 살 때에 이와 같은 연약하고 죄 된 삶에서 승리할 수 있습니다

성령침(세)례(최초의 성령 충만)의 현상

오순절 때 마가 다락방에 성령이 강하게 임하면서 하나님의 임재에 의한 능력과 변화가 일어나기 시작했습니다. 기도하던 120명의 제자들에게 성령이 강력하게 임하자 하나님의 임재에 대한 확신과 능력의 나타남으로 인한 담대함을 믿은 제자들이 움직이기 시작했습니다. 이 성령침(세)례의 역사는 그때부터 지금까지 전 세계 모든 족속에게 일어나고 있습니다. 사도행전 2장 1-4절의 말씀에 보면 마가 다락방에 성령이 강하게 임할 때 나타난 여러 현상들을 기록해 두고 있습니다. 마가의 다락방에 성령이 임했을 때 하늘에서 급하고 강한 바람 같은 소리가 집안에 가득했고, 불의

혀 같이 갈라지는 것이 각 사람 위에 보였고, 모든 저자들이 세계 각국 나라말로 방언을 하기 시작했습니다. 이 모든 일들은 그 현상 하나하나가 중요한 것이 아니라 하나님의 영이 임함으로 나타난 현상이라는 점에서 중요한 것입니다. 하나님의 영이 임하지 않으면 도무지 일어날 수 없는 일들이 일어났다는 것입니다. 하나님의 성령에 사로잡히지 않고는 사람이 만들어낼 수 없는 일이 그들 가운데 일어났다는 것입니다. 이 성령이 강하게 임한 사건으로 인하여 교회가 세워졌고, 전도의 문이 열리고, 초대교회가 급속히 부흥하였습니다. 베드로는 3년 6개월 동안 예수님에게 누구보다 많은 은혜와 사랑을 받았고 신뢰를 받았지만 예수님이 붙잡혔을 때 예수님을 저주하고 맹세하고 부인하던 겁쟁이요 변덕쟁이였습니다. 그가 약속의 말씀에 의지하여 오직 기도에 힘썼을 때 약속하신 대로 성령침(세)례를 받게 되었습니다. 그래서 베드로는 죽음을 각오하고 담대하게 복음을 전하게 되었으며, 성전 미문에 앉아 있는 앉은뱅이를 고쳤고, 누운 지 8년이나 되는 중풍병자를 고쳤으며, 병들어 죽은 여제자 다비다를 고치는 능력의 사람으로 변했습니다. 마치 "하나님이 나사렛 예수에게 성령과 능력을 기름 붓듯 하셨으매 그가 두루 다니시며 선한 일을 행하시고 마귀에게 눌린 모든 사람을 고치셨으니"(행 10:38)라는 말씀처럼 성령이 강력히 임하자 제자들도 놀라운 능력의 역사를 이루었다는 사실입니다.

아직도 오순절 때 마가 다락방에 임했던 성령침(세)례의 역사가 계속되느냐 아니면 이제는 중단되었느냐 하는 논쟁이 있습니다. 결론은 성령침(세)례의 역사는 지금도 계속된다는 것입니다. 세계 기독교 역사에 위대한 발자취를 남긴 모든 사람들은 자신들은 성령침(세)례를 경험했다고 간증하고 있습니다. 존 웨슬리 목사님도 평생 동안 신앙생활을 하고, 남보다 열심히 경건생활을 했고 그래서 목사가 되고 선교사까지 되었지만 1738년 5월 24일 밤 8시 45분 어느 모라비안 교도들의 집회에 참석했다가 이상하게 가슴이 뜨거워지는 성령침(세)례의 체험을 하기 전까지는 구원의 확신조차 없었다고 고백했습니다. 그리고 그 후 6개월이 지난 1739년 1월 1일 새벽 3시 페터 레인(Fetter Lane)에서 성령의 침(세)례를 체험하고 전도와 설교에 큰 능력이 임하였습니다.

한국교회의 부흥역사도 그 하나의 증거입니다. 1907년 한국교회에 성령이 강력히 임하기 전, 한국교회는 영적으로 황폐하였습니다. 하디 선교사의 기록에 의하면 그는 한국교회를 순회하고 돌아온 날은 가슴을 치며 기도했다고 합니다. 복음을 듣고 예수를 믿어도 신자들은 주일예배에 잘 참석하지 않고 성적으로 방종했습니다. 또한 공금을 횡령하는 일도 많았습니다. 그래서 하디 선교사는 이들에게 성찬을 금했고, 심한 경우에는 교회에서 제명하기도 하였습니다. 어떤 집회 장소에서는 사람들이 모여서 무당굿을 하려고 준비하고 있었습니다. 특히 교인들끼리 다툼이 심했습니다. 그런데 1907년 성령이 강력하게 임하자 전혀 달라졌습니다. 서로 사이가 나빴던 선교사와 한국 교회 지도자들이 회개하며 하나가 되었던 것입니다. 교인들끼리 서로를 미워했던 것을 가슴 치며 통곡하고 회개하였습니다.

예수를 믿어도 왜 나는 삶이 변화되는 신앙생활을 하지 못하는가? 그 원인은 성령의 권능(행 1:4-8)을 받지 못했기 때문입니다.

세계 신학자들이 1907년 한국에 강한 성령침(세)례가 있었음을 증거하고 있습니다. 한국교회에 강한 성령침(세)례가 있었기 때문에 일본교회와 중국교회에 비해 특별한 부흥이 일어났던 것입니다. 성령의 강력한 임재의 역사는 지금도 세계 곳곳에서 계속 일어나고 있습니다. 1970년 2월 3일 미국 애즈베리대학에서 약 천여 명의 학생들이 예배하다가 강력한 성령의 역사를 경험하였습니다. 예배 시간이 끝나고 다음 수업을 시작해야 하는데도 학생들의 기도는 그치지 않았고 185시간이나 계속 되었다고 합니다. 그 후 2천 명에 달하는 학생들이 이 사건에 대하여 미국 각처에 다니면서 간증을 했습니다. 각 매스컴에서 이를 계속 보도했고 이로 인하여 130여 개의 대학과 신학교가 영향을 받았다는 것입니다. 강한 성령임재의 역사는 사도행전에만 국한된 사건이 아닙니다. 성령께서 역사하시는 어떤 교회나 성도들 가운데에도 동일하게 지금도 일어나고 있습니다.

'성령침(세)례'는 하나님의 영이 우리의 가치관과 언어와 생각을 사로잡는 것을 체험하게 하는 것입니다. 하나님을 만날 때 우리 자신의 더럽고 때 묻은 심령이 새로워지며 침체된 마음이 새 힘을 얻게 됩니다. 우리 인간은 하나님의 말씀은 알아도 말씀 그대로 살 힘이 없어서 마음에 갈등만 하지만, 하나님의 영이 우리에게 강하게 임하게 되면 하나님의 말씀이 그냥 믿어지고, 하나님의 말씀대로 살아지는 경험을 하게 됩니다. 그리고 나면 우리의 삶이 변하기 시작합니다. 성령이 임하기 전에는 삶이 피폐되고, 서로 미워하며, 서로 원수진 관계들이 되고, 영적으로 묶여 살았었지만 하나님의 영이 강하게 임하게 되면 심령의 갈등이 사라지고, 서로 용서하며, 사랑하게 되는 역사가 일어나는 것입니다. 그리고 우리가 영적으로 온전하게 되어서 악한 영의 저주 아래 있던 삶에서 놓임을 받습니다. 비전과 환상을 바라보게 되고, 삶의 의미와 목적이 달라지게 됩니다. 자기중심의 삶에서 하나님 중심의 삶으로 돌아오게 됩니다. 그리고 무엇보다 중요한 것은 우리가 어떤 존재인가를 분명하게 알게 되고, 하나님의 능력에 의해 우리가 살아간다는 것입니다. 이것은 우리 의지가 아니라 하나님의 의지에 의해 살아간다는 것입니다.

이러한 성령침(세)례의 역사는 사도행전 시대만 있는 것이 결코 아닙니다. 1859년 6월 8일 영국의 작은 시골 마을에서 태어난 스미스 위글스워스는 1907년 초에 서던랜드에서 성령침(세)례를 받고 성경에 기록된 치유의 은사를 믿기 시작하여 목사가 된 후 수많은 병자들을 고치는데 쓰임을 받았고, 1910년에 태어난 치유사역자 캐더린 쿨만은 1935년 오스틴 출신의 월트립이란 유부남과의 잘못된 만남과 결혼으로 인하여 모든 꿈과 삶이 파괴되었을 때 하나님 앞에 철저한 금식과 회개를 통해 1946년 성령침(세)례를 받고 놀라운 치유사역을 행했으며, 조용기 목사님과 현신애 권사님도 성령침(세)례를 받고 나서부터 큰 권능의 치유사역을 행하였습니다. 그런데 성경에서 분명히 말하는 것은 목사나 특별한 사람을 통해서만 성령님이 역사하는 것이 아니라 성령침(세)례를 받고 성령이 충만한 사람들을 통해 오늘도 역사한다는 것입니다 "예수 그리스도는 어제나 오늘이나 영원토록 동일하시니라"(히 13:8)고 한 것처럼 예수님은 성령님으로 우리 안에 오셔서 2000년 전에 하셨던 능력의 역사를 성령 충만한 자들을 통해 오늘도 내일도 역사하시고 영원히 역사하시는 것입니다.

저자의 성령체험 간증

심히 부족하고 미천한 본 저자도 1984년 7월 1일 밤 7시부터 7월 2일 새벽 3시까지 성령의 강력한 임하심을 체험했습니다. 저로서는 제어할 수 없는 유창한 방언이 터져 나오면서 환상이 보였으며, 무려 8시간을 방언으로 기도하게 되었고, 말로 표현할 수 없는 기쁨과 평안을 경험하게 되었습니다. 저도 성령침(세)례를 체험하기 전까지는 기도를 5분도 하지 못했습니다. 기도를 해도 중언부언할 뿐 하나님께 상달되는 기도를 하지 못했고, 하나님의 임재를 느껴보지 못했고, 하나님의 진정한 사랑을 확신하지 못했으며, 구원에 대한 기쁨과 감격을 누리지 못했습니다.

그러나 성령의 강력한 임하심 즉 성령침(세)례를 체험하고 나서부터는 아픈 환자를 보면 긍휼히 여기는 마음이 생기고, 예수님이 말씀하신 "병든 사람에게 손을 얹은즉 나으리라"는 말씀이 믿어지고, 그 말씀에 의지하여 손을 얹고 안수하면 각종 질병(치질, 간염, 자궁의 혹, 축농증, 비염, 아토피, 갑상선, 간경화, 간암, 불면증, 28년 된 차멀미, 혈루증, 귀신들린 자, 안질, 뇌종양, 췌장암 등)이 치유되는 역사가 나타났습니다. 또한 내 심령에 커다란 변화가 일어나기 시작했는데, 육신의 사람에서 성령의 사람으로 변화가 일어났던 것입니다. 가벼운 병들이나 임신을 위한 기도는 의심 없이 확신 가운데 기도했지만 뇌종양이나 췌장암 등 중병을 위해 기도할 때는 가끔 의심이 생길 때도 있고, 반신반의 할 때도 있었습니다. 그러나 "예수를 죽은 자 가운데서 살리신 이의 영이 너희 안에 거하시면 그리스도 예수를 죽은 자 가운데서 살리신 이가 너희 안에 거하시는 그의 영으로 말미암아 너희 죽을 몸도 살리시리라"(롬 8:11)의 말씀이 믿어짐으로 안수할 때 기적 같은 치유의 역사가 일어났습니다.

성령침(세)례를 받게 되자 생각하지 못한 것을 생각하게 되었고, 볼 수 없는 것을 보게 되었고, 들을 수 없는 것을 듣게 되었고, 할 수 없는 일을 하게 되었고, 만날 수 없는 사람을 만나게 되었고, 고칠 수 없는 질병을 고치게 되었고, 말 할 수 없는 것을 말하게 되었고, 경험할 수 없는 것을 경험하게 되었고, 감사할 수 없는데 감사하였고, 사랑할 수 없는데 사랑할 수 있는 마음이 생겼습니다. 성령의 침(세)례를 받음으로 실로 엄청난 능력과 감격으로 살게 되었습니다.

성령의 충만을 사모하십시오

그런데 우리가 반드시 기억해야 할 것은 오순절에 임했던 성령침(세)례는 한 번으로 끝나는 것이 아니라 베드로가 계속해서 성령의 충만을 간절히 사모하고(행 4:30-31), 계속해서 성령의 충만을 받아 사역했듯이(행 4:8) 우리도 계속하여 성령 충만을 사모하고, 계속하여 성령 충만을 받아야 합니다. 끊임없이 성령을 사모하고 받지 않으면 고무풍선에 바람 빠지듯 소멸하게 됨으로 기도에 힘쓰고, 말씀을 믿고 순종하며, 하나님의 계속된 성령의 기름부음을 사모해야 합니다. 속담에 고기도 먹어 본 사람이 잘 먹는다고 했는데 성령침(세)례를 받은 사람이 성령의 충만을 끊임없이 사모하게 됩니다.

성령 충만하여 성령님이 영에 넘치고, 마음에 넘치고, 육에 넘칠 때 '우리 자아, 우리 생각, 우리 습관, 우리 관념' 들은 온데간데없고 오직 성령님만이 우리를 다스리게 될 것입니다. 성령님이 우리의 영과 마음과 육에 넘쳐 밖으로 나타나면 말이 달라져서 감사와 사랑과 칭찬과 격려의 말을 하게 됩니다. 보는 시각도 달라져서 사람들의 단점보다 장점을 보게 되고, 사람들의 외모를 보지 않고 내면을 보며, 현재를 보지 않고 미래를 보게 됩니다. 생각도 달라져서 세상적인 것만을 생각하지 않고 하나님의 나라를 생각하고, 자신만을 생각하지 않고 하나님을 생각하며, 목표만 생각하지 않고 삶의 목적을 생각하며 살게 됩니다. 삶이 달라져 만나는 사람들을 섬기고, 진심으로 사랑하고, 귀하게 여기고, 인격적으로 대함으로 그가 머무르는 곳에는 빛과 소금의 역사가 일어나기에 사람들로부터 인정과 사랑을 받게 되어 행복하고 성공적인 풍성한 삶을 살게 됩니다.

제7장
하나님 아버지의 집

　교회는 하나님 아버지가 계시는 집입니다. 성령의 충만을 받은 사람은 하나님 아버지의 집을 좋아하고 세워갑니다. 하나님 아버지 집에 와서 기도할 때마다 기쁨과 감격이 있고, 하나님 아버지 집에 와서 기도하며 찬양하며 예배할 때마다 계속된 성령의 충만을 받기 때문입니다. 내가 쉴 집이 없는 사람, 내가 사랑하는 가족과 기쁨을 누릴 집이 없는 사람은 행복을 느낄 수가 없습니다. 하나님 아버지의 집에서는 쉼을 얻고, 기쁨을 얻고, 가족애를 느끼며 위로를 받고, 새 힘을 얻을 수 있습니다. 하나님은 모든 곳에 계시고, 모든 곳에서 역사하시지만 특별히 하나님의 집인 교회를 통해 자녀들이 먹고 쉬고 힘을 얻게 하시며, 사랑으로 녹이시고, 치유하십니다. 그러므로 우리는 더 이상 방황하며 헛된 인생을 살지 말고, 더 이상 불행과 실패의 삶을 살지 말고, 아버지 집으로 나아와 새로운 축복을 받아야 합니다. 하나님 아버지의 집은 이 세상에서 가장 좋은 곳입니다.

　누가복음 15장에 보면 집을 나간 탕자의 비유가 나옵니다. 내 생각대로, 내 고집대로, 내 욕심대로 살겠다고 집을 나간 아들이 세상으로 나갔을 때 아버지께서 주신 재산을 다 탕진한 후 사람의 종이 되었고, 돼지가 먹는 것도 못 먹는 비참한 신세가 되었습니다. 그러나 아들이 아버지의 집에 돌아왔을 때 아버지는 사랑으로 아들을 가슴에 안고 종이 아닌 아들로 반겨 맞아 주고, 살찐 송아지를 끌어다가 잡아 먹고 즐기며 축제를 엽니다(눅 15:20-24). 탕자의 비유처럼 지금 현재도 하나님께서는 언제나 우리가 하나님의 집으로 돌아오기를 기다리고 계십니다. 재산뿐 아니라 인격, 재능, 꿈까지 모든 재산을 잃고 세상과 사람의 종이 되어 허탄한 인생을 사는 사람들이 생각을 돌이켜 하나님 아버지 집에 돌아오기만 하면 하나님께서는 언제나 예복을 입혀 주시고, 가락지를 끼우고, 신발을 신기고, 송아지를 잡아 축제를 베풀어 주십니다. 우리의 존재가치를 느끼게 해주시고, 아들로서의 모든 권한을 회복시켜 주시는 것입니다. 지금도 하나님께서는 우리가 하나님 아버지 집으로 돌아오기를 기다리시며 "수고하고 무거운 짐 진 자들아 다 내게로 오라 내가 너희를 쉬게 하리라"고 계속하여 말씀하고 계시는 것입니다.

교회는 어떤 곳인가

그렇다면 하나님 아버지가 거하시는 집인 교회는 어떤 곳일까요? 성경은 교회를 가리키는 몇 가지 표현들을 사용하고 있습니다. 우리는 이 표현들을 통해서 하나님 아버지의 집인 교회가 어떠한 곳인지 알아볼 수 있습니다.

1. 에클레시아

성경에서 교회를 가리키는 가장 일반적인 표현은 희랍어 '에클레시아'(ecclesia)입니다. 이 말은 '안에서 밖으로'(out of)를 의미하는 전치사 '에크'와, '부르다'(to call)를 의미하는 동사 '칼레오'가 합해진 합성어입니다. 따라서 이 말은 '밖으로 불러낸다'는 의미를 가지고 있습니다. 여기서 '밖으로'는 '세상 밖으로', 또는 '죄로 말미암아 죽은 자들 밖으로'를 뜻합니다. 그리고 '부르다'는 '구원에로의 부르심'을 뜻합니다. 그러므로 '에클레시아'는 '죄로 말미암아 죽은 자들 가운데서 구원에로 불리워진 것'이라는 의미를 가집니다. 이 때문에 교회는 흔히 '구원에로 부르심을 받은 자들의 집합체'라고 일컬어져 오고 있습니다. 이것을 다른 말로 바꾸면 교회는 성도(그리스도 안에서 구원에로 부르심을 입은 자)가 교통하는 곳(집합체)이라고 할 수 있습니다.

성도의 교통은 예배를 통한 하나님과의 수직적인 교통과 서로의 교제(코이노니아)를 통한 성도들 사이의 수평적인 교통으로도 나타납니다. 그러므로 하나님을 향한 예배와 성도의 교제가 있는 곳이 바로 교회입니다. 이 말의 뜻을 깊이 새겨야 합니다. 흔히 교회를 생각하면 커다란 교회건물, 십자가상, 모임 등을 떠올립니다. 그러나 이런 것들은 부수적인 것들에 불과합니다. 교회에 예배와 교제가 없으면, 또는 이 둘 중에 하나가 없다면 그곳은 교회가 아닙니다. 교회는 세상적인 축복이나 나누어 가지는 기관이 아닙니다. 교회는 정신수양원이나 사교모임도 아니며, 단순한 자선단체도 아닙니다. 그러나 건물이 없어도, 직분자가 없어도, 십자가상이 걸려 있지 않아도 예배와 교제가 있다면 그곳은 교회입니다. 교회의 핵심은 예배와 교제인 것입니다.

또한 예배는 경외함이 있어야 하며 교제는 사랑이 있어야 지속되고 위대한 창조의 역사를 이룰 수가 있습니다. 예배에 신령과 진정으로 드려지는 경외함이 없고, 교제에 사랑이 빠진 형식만이 남아 있다면 그곳은 교회가 아니라 사교집단으로 전락하여 하나님의 위대한 창조의 역사는 일어날 수가 없습니다. 거룩함으로 무장된 경건한 예배, 하나님을 사랑하고 형제를 사랑하는 교제가 있을 때 그곳이 진정한 하나님 아버지의 집인 교회가 되는 것입니다.

2. 그리스도의 몸

사도 바울은 고린도전서 12장 27절에서 고린도 교회의 성도들을 가리켜서 그리스도의 몸이라고 불렀습니다. 교회가 그리스도의 몸이라는 말씀은 그리스도께서 교회의 머리가 되심을 의미합니다. 사도 바울은 이 사실을 분명하게 밝혔습니다. 그래서 "그를 만물 위에 교회의 머리로 삼으셨느니라 교회는 그의 몸이니"(엡 1:22, 23)라고 한 것입니다. 교회가 그리스도의 몸이라면, 교회는 머리되신 그리스도를 영화롭게 하여야 합니다. 그리고 오직 그리스도에게서만 명령을 받아야 합니다. 그러므로 교회가 설립자, 또는 특정인의 몸이 되어서는 안 됩니다. 만일 그렇다면 그것은 교주를 모시는 사이비집단이 되어 버리고 맙니다. 교회는 주님의 교훈이 아닌 것에 대해서는 무엇이든 단호히 거부할 수 있어야 합니다. 머리와 지체 사이에는 유기적인 관계가 유지됩니다. 머리와 지체는 서로 둘이 아닌 하나이기 때문입니다.

그러므로 교회도 머리되신 주님과 하나이어야 합니다. 교회는 주님과 생각과 감정이 같아야 합니다. 교회는 주님께서 바라시는 것을 추구해야 하며 주님께서 좋아하시는 것으로 기쁨을 삼아야 합니다. 교회는 주님과 함께 탄식하고 눈물을 흘릴 수 있어야 합니다. 교회는 범사에 주님을 배우고, 주님을 닮아가며, 주님의 장성한 분량에 이르러야 합니다. 만일 교회는 즐거워하는데 주님의 마음은 아프신 일이 있다면, 그 교회는 심각한 병이 들어 있거나, 아니면 그것은 이름만 교회일 뿐 실상은 교회가 아닌 상태에 있는 것입니다.

머리는 하나이지만 지체는 많습니다. 많은 지체들은 각기 다양한 기능을 가지고 있습니다. 그러나 지체들은 한 머리 안에서 서로 유기적으로 조화와 통일을 이루어야 합니다. 교회의 성도는 하나하나의 지체들입니다. 서로의 분량과 역할이 각기 다른 지체들입니다. 그러나 성도는 머리되신 그리스도 안에서 서로 간에 조화와 통일을 이루어야 합니다. 그리스도 안에서라면 피리를 부는 자가 있을 때 함께 즐거워하며 춤을 추고, 애곡하는 자가 있을 때 함께 슬퍼하며 가슴 아파할 수 있어야 합니다. 지체들끼리의 대립이나 견제는 있을 수 없는 일입니다. 오늘날 교회에서 야고보와 요한처럼 서로 자리다툼을 하고 자기 기득권을 따지고 섬김보다 대우를 받으려고 하고 예수님이 주인이 아니라 자신이 교회의 주인으로 행사한다면 그곳은 하나님 아버지 집이 아닙니다. 하나님 아버지의 집은 서로 사랑하고 자기에게 주어진 은사를 따라 주님의 뜻과 명령에 순종함으로 사랑의 공동체를 이루는 곳입니다.

3. 성령의 전

교회는 성령의 전이나 집이라고 불리워지기도 합니다(고전 3:16, 엡 2:21-22, 벧전 2:5). 교회가 성령, 즉 거룩한 영의 전이라는 말은 교회가 거룩하게 구별되어진 곳임을 의미합니다. 교회는 세속과 구별된 곳입니다. 그리하여 오직 하나님께 바쳐진 곳입니다. 교회는 세상 사람들과 구별되어 하나님의 것으로 인쳐진 자들로 구성되어 있습니다. 우리는 이들을 성도라고 부릅니다. 교회에서 이루어지는 일이나 의식들도 세상적인 일들과 구별되어 있습니다. 그래서 성직 또는 성례라고 부릅니다. 읽는 책이나 부르는 노래도 세상의 것들과 구별되어 있습니다. 그래서 성경과 성가라고 부릅니다. 건물이나 물건들이 겉으로 보기에 세상의 것들과 다를 것이 없어 보일는지 모릅니다. 그러나 그것들은 모두 세상의 것들과 구별되어 하나님께 바쳐진 것들입니다. 그러기에 성전과 성물(성구)이라고 부릅니다.

또한 교회는 오직 하나님의 명령에 따라서 거룩하심을 이루기 위하여 모인 사람들의 장소입니다. 여기에는 말이나 행동이나 계획 등이 모두 다 포함됩니다. 그래서 교회는 불의나 죄와 구별되어진 곳이기도 합니다. 하나님께서는 죄가 많은 자들임에도 불구하고 예수를 믿는 자들에게는 성도라는 이름을 주셨습니다. 그러므로 성도는 그 이름에 합당하도록 날마다 죄에 대하여 죽어지기를 힘써야 합니다. 그리고 온전히 거룩한 새사람으로서의 새로운 피조물이 되기를 힘써야 합니다.

그러나 최근 우리 주변에는 세상과의 구별되지 않은 교회들이 없지 않습니다. 교회에서 나누는 대화도 세상사 일색입니다. 집안이나 직장에서 어른이라고 교회에서도 무조건 어른 행세를 하려고 하기도 합니다. 교회의 직분을 세상의 감투처럼 여기기도 합니다. 교회가 거룩한 곳임에도 불구하고 간혹 잡음들이 생겨납니다. 이것은 새로운 피조물이 되기를 힘쓰는 과정에서 나타나는 개인차와 시행착오가 있기 때문입니다. 그러므로 이러한 잡음 때문에 교회를 오해하거나 용기를 잃어서는 안 됩니다. 오히려 거룩해져가는 흔적으로 알아야 합니다. 그리고 이를 최소화하기 위한 적극적인 노력을 기울여야 합니다. 교회로 하여금 세상과 구별된 곳이 되게 해야 합니다.

직분 자들 또한 교회의 질서를 위해 하나님이 세워주신 직분이니 서로 소중하게 여기고 존중해야 하며, 책임과 의무를 가지고 맡겨진 일에 충성해야 교회가 성령의 충만한 역사를 이루어 성령의 전이 되는 것입니다.

4. 진리의 기둥과 터

사도 바울은 교회를 가리켜서 "이 집은 살아계신 하나님의 교회요 진리의 기둥과 터니라"고 했습니다(딤전 3:15). 교회를 기둥이나 터에 비유한 것은 교회의 기초와 사명이 무엇이어야 할 것인지에 대한 교훈을 주려 함입니다. 교회의 터는 진리이며, 교회는 진리의 수호자입니다. 교회는 오직 진리 위에 세워져야 하고, 교회는 진리만을 전하며, 진리만을 가르쳐야 합니다. 교회가 혈연이나 사업이나 권력 등의 기초 위에 세워져서는 안 됩니다. 진리는 타협이나 양보를 허락하지 않습니다. 타협이 있을 수 있는 것은 진리가 아니기 때문입니다. 그러므로 진리는 외로울 때가 많습니다. 진리를 지키기 위해서는 피를 흘려야 할 때도 많습니다. 이것이 교회가 가야 할 길입니다. 지금까지의 교회 역사가 이를 말해 주고 있습니다.

그러므로 교회의 기초는 오직 진리 되신 그리스도이어야 합니다. 진리는 자기의 생각이나 고집이 아니라 원수까지라도 사랑하고 용서하시는 그리스도 자신이기 때문입니다. 그리스도 위에 세워지 않은 교회는 정상적인 성장을 할 수가 없습니다. 혹 성장한다고 해도 그것은 교회가 아닙니다. 교회가 붙들어야 할 기둥도 오직 진리이신 그리스도입니다. 교회는 그리스도의 피 위에 세워졌습니다.

그러므로 교회는 자기를 부인하고, 자기 십자가를 지고, 오직 그리스도만을 따라야 합니다. 하나님의 말씀인 성경만이 유일무이한 진리로 받아들여져야 하며, 상황윤리나 사람에 따라 일을 계획하고 판단하고 추진해서는 안 됩니다. "진리를 알지니 진리가 너희를 자유케 하리라"(요 8:32)고 했으니 말씀을 굳게 믿고 말씀에 의지하여 나아갈 때 모두가 참된 자유와 평안을 얻을 수 있으며 교회가 바로 설 수 있습니다.

5. 그리스도의 신부

사도 바울은 남편과 아내의 관계를 그리스도와 교회와의 관계로 비유했습니다. 그리고 남편은 그리스도께서 교회를 사랑하시듯 아내를 사랑하고, 아내는 교회가 주께 하듯 남편에게 복종하라고 했습니다(엡 5:22-25). 이것은 마치 남편과 아내가 둘이 아니고 하나인 것처럼, 교회가 그리스도와 하나인 것을 나타내는 것입니다. 여기에는 교회를 그리스도의 몸에 비유한 것과 같은 의도가 담겨 있습니다.

그리고 신부로서의 교회는 오직 그리스도만을 사랑하고, 항상 순결을 유지해야 한다는 의미도 담겨 있습니다. 또 오직 그리스도께만 복종해야 함과 동시에 희생을 아끼지 않는 헌신을 다해야 한다는 의미도 담겨 있습니다. 그리스도께서는 자신을 돌보지 않으시고 죽기까지 교회를 사랑하셨습니다. 그러므로 교회가 그리스도께 복종을 해야 하는 것은 당연한 일입니다.

현대 사회에는 수많은 교회들이 있습니다. 그러나 교회의 수보다 더 중요한 것은 교회의 참된 역할입니다. 도시 곳곳에 십자가가 가득하지만 교회가 사회에 끼치는 영향력이 너무나 미약한 것은 교회가 참된 역할을 하지 못하고 있기 때문입니다. 교회는 하나님으로 말미암아 그리스도 안에서 구원에로 부르심을 입은 사람들의 집합체입니다. 따라서 교회는 조직이나 건물이나 행사 등 겉으로 나타나는 것에만 관심을 집중해서는 안 됩니다. 또한 성도는 교회를 주일날 예배드리는 곳, 사람들과의 만남의 장소, 정보 교환하는 곳 정도로 생각해서는 결코 행복할 수 없습니다. 교회에 대한 바른 인식을 가져야 하숙생이나 나그네 삶이 아닌 자녀로서의 축복된 삶을 살게 되고 보람된 인생을 살게 됩니다.

제8장
기적을 창조하는 만남

　미국 앨라배마 출신으로 유명한 저술가요 사회사업가요 교육가였던 헬렌 켈러(Helen Adams Keller, 1880-1968)는 놀랍게도 청각, 시각, 언어 장애를 가진 3중 장애인이었습니다. 그럼에도 불구하고 그녀는 1904년 하버드대학을 우등으로 졸업해 장애인으로 대학을 졸업한 세계 최초의 인물로 장애인들에게 희망의 빛이 되었던 사람이었습니다. 그래서 사람들은 그녀를 가리켜 '빛의 천사', '3중고의 성녀'라고 추르곤 합니다. 생후 19개월 만에 열병에 걸려 3중 장애를 겪으며 고통스러운 어린 시절을 보냈고, 부모마저도 포기했던 그녀의 생애 가운데 이런 놀라운 일이 일어날 수 있었던 이유가 무엇이었을까요? 그것은 바로 '만남' 때문입니다. 우리가 잘 알다시피 설리반 선생님과의 만남이 그녀의 인생을 바꾼 것입니다. 설리반 선생님과의 만남은 그렇게 엄청난 것이었습니다. 이런 만남을 가리켜 흔히 '운명적 만남'이라고 합니다.
　이렇듯 인생을 살면서 좋은 사람들을 만나는 것은 대단히 중요합니다. 비단 헬렌 켈러뿐만이 아닙니다. 우리 인생도 누구와 만나느냐에 따라 얼마든지 달라질 수 있습니다. 어떤 부모, 형제, 친구, 선생님, 배우자, 선배, 후배를 만나느냐는 우리의 인생을 바꿀 만큼 중요한 만남입니다.

그런데 이런 중요한 만남보다 더 중요한 만남이 있습니다. 우리가 인생을 살아가면서 가장 축복된 만남, 반드시 만나야 할 만남이 있다면 그것은 '삼위일체 하나님과의 만남' 입니다. 왜냐하면 하나님을 만나지 못하면 인생의 참된 의미를 알지 못하며, 삶의 목적과 방향을 알지 못한 채 불행과 실패 속에서 방황하다가 헛된 인생으로 삶을 마감할 수밖에 없기 때문입니다. 그리고 무엇보다 하나님을 만나는 것이야말로 부족하고 연약한 죄인 된 우리가 하나님의 권능에 힘입어 의인이 되는 기적을 창조하는 만남이 되기 때문입니다.

삼위일체 하나님과의 만남

이렇듯 인생의 수많은 만남들 중에서 가장 중요한 것은 '삼위일체 하나님' 을 만나는 것입니다. 그런데 왜 하나님을 만나야 한다고 하지 않고, 삼위일체 하나님을 만나야 한다고 말하는 걸까요? 그것은 삼위일체 하나님을 만나지 않으면 진정 하나님을 만난 것이 아니기 때문입니다. 기독교에서 말하는 하나님은 성부 하나님과 성자 하나님(예수님)과 성령 하나님을 말하며, 삼위일체 하나님이란 하나님, 예수님, 성령님 세 분이 하나임을 말합니다. 성경은 구약 시대의 언약궤를 통해 우리에게 삼위일체 하나님에 대해 설명해 주고 있습니다. 모세의 인도 아래 출애굽한 이스라엘 백성들은 하나님께서 명하신 양식대로 성막을 만들고, 그곳에서 여호와 하나님을 섬겼습니다. 하나님의 지상 거처였던 성막은 세 구역으로 구분되는데 뜰과 성소와 지성소였습니다. 성소와 지성소는 휘장이 구별하였고, 성소에는 제사장들이 항상 들어가 섬기는 예를 행하지만 지성소에는 대제사장만 홀로 1년에 한 번씩 속죄일에 피를 갖고 들어갈 수 있었습니다. 피 없이는 속죄가 되지 않기 때문입니다(히 9:22, 레 17:11). 지성소 안에는 언약궤라고도 하고 증거궤 혹은 법궤라고도 하는 4면을 금으로 싼 하나님의 궤가 안치되어 있었는데(출 26:33, 히 9:3), 하나님은 항상 그 위에 임재해 계셨습니다(출 25:22). 그런데 언약궤 안에는 하나님께서 이스라엘 백성들에게 직접 나타내 주신 특별한 증거물 세 가지가 들어 있었습니다(히 9:4). 시내 산에서 하나님이 친히 써주신 언약의 돌판(출 25:16)과 광야에서 양식이 떨어졌을 때 하늘에서 아침마다 내리신 만나를 담은 금 항아리, 그리고 열두 지파 중에서 제사장으로 택함을 받았음을 나타내는 표적물인 아론의 싹 난 지팡이였습니다(민 17:10).

언약궤 안에 넣어 두었던 이 세 가지 성물은 바로 '삼위일체 하나님'을 상징하는 것인데 언약의 돌판은 성부를, 만나는 성자를, 싹 난 지팡이는 성령을 상징합니다. 돌판은 여호와 하나님이 친히 써주신 성물인데 "말씀은 곧 하나님이라"(요 1:1)고 하셨으니 말씀을 기록한 돌판은 성부 하나님을 상징하고, 예수 그리스도께서는 "나는 하늘에서 내려온 산 떡이라"(요 6:51)고 하셨으니 만나는 성자 하나님을 상징하며 "성령으로 다시 나지 아니하면 하나님 나라에 들어갈 수 없다"(요 3:5)고 하셨으니 다시 살아난 싹 난 지팡이는 성령 하나님을 상징하는 것입니다(롬 8:11). 하나님의 언약궤 안에는 이 세 가지 성물이 담겨져 있었고, 하나님은 그 위에 임재해 계셨으므로 언약궤는 성부·성자·성령을 증표로 한 삼위일체의 뜻을 내포하고 있는 것입니다. 즉 언약궤는 하나님의 존재 양식에 대한 굉장히 중요한 계시로 하나님은 한 분이시나 그분은 셋, 곧 성부·성자·성령의 '삼위일체이신 하나님'이시라는 진리(1x1x1=1)를 모형으로 증명한 것입니다. 이렇듯 구약 시대 이스라엘 백성들이 성전에 가서 경배한 유일신 하나님은 삼위일체 하나님이었습니다. 그럼에도 불구하고 우리가 성부 하나님만 만나고 하나님을 만났다고 하는 것은 장님이 코끼리의 어느 한 부분만 만지고 전체를 만졌다고 말하는 것과 같이 완전한 만남이 될 수 없기에 하나님을 진정으로 만나기 위해서는 성부·성자·성령 하나님을 모두 만나야 하는 것입니다.

또한 우리가 삼위일체 하나님을 만나야 하는 것은 세 분 하나님이 함께 동역하시기 때문입니다. 교회 목사님들은 예배를 마친 후에 "주 예수 그리스도의 은혜와 하나님의 사랑과 성령의 교통하심이 너희 무리와 함께 있을지어다"(고후 13:13)라고 축도를 합니다. 그냥 "하나님의 축복이 너희에게 있을지어다"라고 하든지 아니면 "예수님의 은혜가 너희에게 넘칠지어다"라고 하면 되는데 왜 이렇게 세 분 하나님의 이름으로 축복할까요? 그것은 삼위일체 하나님의 동역의 역사로 온전한 축복이 이루어지기 때문입니다. 창세기 1장 26절에는 "하나님이 가라사대 '우리'의 형상을 따라 '우리'의 모양으로 '우리'가 사람을 만들고"라고 했는데 여기서 '우리'는 삼위일체 하나님을 말씀하시는 것입니다. 즉 우리는 삼위일체 하나님의 형상을 따라 성삼위 하나님에 의해 만들어졌고, 삼위일체 하나님에게 복(창 1:28)을 받아야 하는 피조물인 것입니다.

예수님의 제자였던 베드로는 하나님을 만났고 예수님을 만나 동역을 했습니다. 더욱이 베드로는 부활하신 예수님도 만났습니다. 그러나 베드로는 삶의 위기가 왔을 때 가장 중요한 인생의 기로에서 동거동락하고 동역했던 예수님을 저주하고 맹세까지 하면서 부인했습니다. 또 그는 예수님의 부활을 확인했고 부활한 예수님을 만났음에도 불구하고 옛날의 삶으로 돌아가 갈릴리 바다의 고기를 잡는 연약하고 어리석은 모습을 우리에게 보여 주었습니다. 이것은 베드로의 모습만이 아니라 바로 우리의 모습이요 우리가 수없이 반복하는 삶의 모양입니다. 그러나 그 연약하고 어리석던 베드로가 오순절 마가의 다락방에서 성령의 기름부음을 받은 후에는 완전히 변화되어 하나님의 위대한 사도가 되었습니다. 이렇듯 베드로는 바로 성부 하나님과 성자 하나님과 성령 하나님이신 삼위일체 하나님과의 가장 위대한 만남을 완성했고, '삼위일체 하나님의 동역'의 역사로 베드로를 향한 온전한 축복이 이루어진 것입니다.

삼위일체 하나님은 언제 만날 수 있는가

우리는 축복된 삶을 살기 위해 삼위일체 하나님을 만나야 함을 알았습니다. 그런데 삼위일체 하나님은 도대체 언제 만날 수 있는 걸까요? 그것은 바로 예배드릴 때입니다. 하나님이 인간을 당신의 형상과 모양대로 지으셨다는 것은 인간을 인격적 존재 즉, 지·정·의를 가진 인격체로 창조했다는 말입니다. 그럼 하나님께서 다른 것과 구별되게 인간만을 인격적 존재로 창조하신 이유가 뭘까요? 그것은 인격체이신 하나님과 교제하기 위함입니다. 특히 "여호와 하나님이 그 사람을 이끌어 에덴동산에 두어 그것을 경작하며 지키게 하시고"(창 2:15)라는 말씀을 주목할 필요가 있습니다. 여기서 '경작한다'는 말은 '아바드'라는 히브리어로, 경작한다는 뜻 외에 '예배한다, 섬긴다'라는 뜻이 있으며(출 3:12, 신 4:19, 말 3:14) 하나님께서 사람을 창조하신 목적이 영적으로는 하나님과 친밀한 교제를 위함이요, 육신적으로는 하나님의 뜻대로 에덴동산을 경작하는 것임을 나타내고 있습니다. 그래서 아담과 하와는 에덴동산에서 하나님과의 친밀함 속에서 교제하며 하나님의 의중을 알고, 하나님의 행하심에 동참하는 삶을 살았습니다.

그런데 아담의 범죄로 그들은 하나님과 관계가 끊어진 채 '하나님의 임재'로부터 쫓겨나게 되었습니다. 따라서 하나님께서 본래 인간을 창조하신 목적인 하나님과의 친밀한 교제가 없어지므로 하나님의 뜻, 계획, 목적, 길을 전혀 알지 못하게 되었고, 이때부터 모든 결핍이 찾아오게 된 것입니다. 사랑의 결핍으로 미움이, 건강의 결핍으로 질병이, 지혜의 결핍으로 어리석음이, 생명의 결핍으로 죽음이 찾아오게 된 것입니다. 그러나 모든 결핍 중에서도 인간에게 가장 큰 고통은 하나님과의 단절로 인한 고독이었습니다. 돈이 없어서, 먹을 것이 없어서, 친구가 없어서가 아닙니다. 하나님을 잃어버리고 그로 인해 자기의 정체성을 잃어버리게 되어 왜 그리고 무엇을 위해서 사는지를 잃어버림으로 인간은 고독하고 공허하게 됩니다. 그러나 인간은 스스로 그 고독의 문제를 해결할 수 없었고, 하나님께 나아가는 방법 또한 알지 못했습니다. 그래서 하나님께서는 인간이 하나님께 나아갈 수 있는 길을 열어주셨습니다.

하나님을 만나고 다시금 친밀함을 회복하고 하나님의 행하심에 온 삶으로 동참할 수 있는 길, 죄로 인하여 하나님과 단절된 인간이 하나님을 찾는 것, 그것이 바로 제사(예배)라는 의식입니다. 우리는 예배를 통해 창조주시요 거룩하신 하나님을 만나게 됩니다. 그러나 성경을 통해 예수님께서는 "내가 곧 길이요 진리요 생명이니 나로 말미암지 않고는 아버지께로 올 자가 없느니라"(요 14:6)고 말씀하셨습니다. 다시 말해 예수님을 통해서만 하나님을 만날 수 있다는 말입니다. 또한 하나님께 나아가 예배할 때 하나님께서 성령을 부어주셔야 예수님의 삶을 따라가며 하나님의 사람으로 살 수 있게 됩니다. 이렇듯 예배 때 '하나님과 예수님과 성령님의 온전한 역사' 하심으로 우리는 기적을 경험하게 되는 것입니다. 우리가 예배에 최선을 다해 찬양하고 기도하며, 예수님의 보혈로 정결하게 씻김을 받고, 하나님을 경외함으로 은혜를 갈망할 때 성령님이 임하셔서 우리의 영과 혼과 육을 치유하시고, 새롭게 빚으시고, 새로운 하나님의 능력으로 채워서 예수님의 삶을 따라가는 삶을 살 수 있게 하는 것입니다. 그러므로 삼위일체 하나님의 축복은 예배를 통해서 이루어집니다.

성경은 사도행전 10장 1-46절에 나오는 고넬료의 이야기를 통해 예배를 통한 축복의 사건들에 대해 말하고 있습니다. 고넬료는 항상 하나님을 경외하고 기도하며 살았지만 사람들에게 들은 하나님, 자신이 생각하는 성부 하나님만 만났을 뿐이요 아직 육으로 친히 오신 성자 하나님을 만나지 못했습니다. 그런 고넬료가 베드로를 통해 예수 그리스도를 알게 되었고, 베드로와 예배를 드릴 때 축복의 사건들을 경험합니다.

"저에 대하여 모든 선지자도 증거 하되 저를 믿는 사람들이 다 그 이름을 힘입어 죄 사함을 받는다 하였느니라 베드로가 이 말 할 때에 성령이 말씀 듣는 모든 사람에게 내려오시니 베드로와 함께 온 할례 받은 신자들이 이방인들에게도 성령 부어주심을 인하여 놀라니 이는 방언을 말하며 하나님을 높임을 들음이러라"(행 10:43-46).

위의 성경본문에서 나타나듯이 예배를 통해 우리는 하나님께 예수님의 이름을 힘입어 죄 사함을 받습니다(행 10:43). 죄인 된 우리는 의의 빛이신 하나님을 도저히 볼 수 없기에 대제사장 되시는 예수님을 통해 죄 사함을 받아야만 하나님께 나아갈 수 있고, 하나님을 볼 수 있고, 만날 수가 있습니다. 그러기에 우리는 예배를 통해 예수님의 이름을 힘입어 매일매일의 죄를 사함 받아야 합니다. 또한 우리는 예배를 통해 성령의 기름부음을 받습니다(행 10:44). 우리는 삼위일체 하나님을 만남으로 진정 하나님을 만날 수 있고 예수님을 만날 수 있는데, 이것은 우리가 만들고 우리가 생각하는 하나님이 아니라 성령님이 비춰주시고 깨닫게 해주시는 하나님을 만나고 예수님을 만나야 합니다. 그러므로 예배를 통해 반드시 성령의 기름부음을 받아 성령의 충만으로 영육이 회복되고 능력을 받아 삼위일체 하나님을 만나야 합니다(행 10:38). 예배는 또한 우리의 언어를 변화시킵니다(행 10:46). 언어의 변화는 생각의 변화를 대변하는 것이며 꿈의 변화를 증거하는 것입니다. 삼위일체 하나님을 만난 사람은 성령님의 인도하심을 따라 예수님의 삶을 따라가는 삶을 살게 되므로 생각이 변하고, 행동이 변하고, 꿈이 변하게 됨으로 언어의 변화가 나타나게 됩니다. 이러한 축복을 받음으로 우리는 하나님을 높이는 삶을 살게 됩니다(행 10:46). 예배를 통해 죄 사함을 받고, 성령의 기름부음을 받고, 생각이 변화되고, 가치관이 변화된 사람은 하나님의 위대하심을 찬양하며 모든 삶에서 하나님을 높이는 삶을 살게 되는 것입니다.

예배를 통해 예수님의 보혈의 공로로 하나님으로부터 용서를 받고 성령의 기름부음을 받을 때 우리의 죽은 영은 산 영이 되고, 우리의 어리석은 영은 지혜로운 영이 되고, 우리의 죄악 된 영은 거룩한 영이 되는 것입니다. 그리하여 우리는 예배를 통해 삼위일체 하나님과 교제하고, 사랑을 알고, 능력을 받게 되며, 삼위일체 하나님을 만나게 될 때 비로소 건강한 자화상을 회복하게 되고, 건강한 가정을 만들고, 건강한 인간관계를 형성하여 행복하고 기적을 창조하는 성공적인 삶을 살게 되는 것입니다.

삼위일체 하나님을 어떻게 만나야 하는가

인생을 살면서 우리는 하루에도 수많은 사람들이나 사건들과 만납니다. 그러나 그런 만남은 형식적이고 일시적이며 표견적입니다. 그러나 이러한 만남들은 우리 인생에 특별한 영향을 주지 못하고 아무런 변화를 일으키지 않습니다. 인격적으로 깊이 만나는 만남만이 우리 인생에 영향을 끼치고 변화를 줄 수 있습니다. 하나님과의 만남도 마찬가지입니다. 많은 사람들이 교회에 출석하고 성삼위 하나님에 관해 듣고 신앙 고백도 합니다. 그러나 그 만남이 일시적이고 표면적인 것이라면 진정한 만남이 될 수 없습니다. 하나님과의 만남을 통해 우리의 삶이 성공적인 삶으로 변화되기 위해서는 진정한 만남, 인격적 만남이 되어야 합니다. 그래야만 삼위일체 하나님께서 우리의 인생에 변화를 일으켜 주십니다. 죽을 인생이 영생하는 인생으로, 저주의 인생이 축복의 인생으로, 실패의 인생이 승리의 인생으로, 어둠의 인생이 빛의 인생으로, 무의미한 인생이 의미 있는 인생으로, 무가치한 인생이 가치 있는 인생으로 변화되는 것입니다. 우리가 신앙생활하면서 이런 만남이 있어야 합니다. 마치 스파크가 일어나는 것처럼 말입니다. 이런 결정적인 만남의 순간이 많을수록 우리 인생은 놀랍게 변화됩니다.

예수님의 제자였던 베드로는 일생 중에 그런 만남을 여러 번 가졌습니다. 그럴 때마다 그는 인생의 큰 변화를 체험했고, 중요한 전환점을 맞이

했습니다. 베드로는 일생 동안 어부로 먹고 마시고 입는 것을 위해 살아갈 인생이었지만 성삼위 하나님을 만남으로 사람 낚는 어부가 되어 수많은 영혼을 하나님께 인도하는 기적 같은 인생으로 바뀌었습니다. 하나님을 인격적으로 만났던 바울도 잘못된 진리의 미로에서 방황하다가 삼위일체 하나님을 만나 사람들을 참된 진리의 빛으로 인도하는 기적을 창조하는 인생을 살게 되었습니다. 원수를 용서하지 못해 자신의 삶까지 파괴하던 사람이 삼위일체 하나님을 만나 원수를 사랑하는 기적을 창조하고, 영육의 병들어 고통 중에 있거나 실패의 늪에 빠져 희망이 없는 인생이 삼위일체 하나님을 만나 상상을 초월하는 위대한 삶을 사는 인생으로 변화되기도 합니다. 이렇듯 삼위일체 하나님을 인격적으로 만난 사람들, 그들은 모두 그 생애에 인간의 이성으로는 상상할 수 없는 기적을 창조하는 인생을 살게 되었습니다.

이것은 삼위일체 하나님을 인격적으로 만나면 하나님의 사랑과 예수님의 은혜와 성령님의 능력 속에서 살게 되기 때문에 죽은 영이 산 영이 되는 본질적 변화가 만들어지고, 가치관이 변하고, 목적과 목표가 변하고, 언어가 변하고, 인격이 변하는 기적을 창조하는 삶이 연출되기 때문입니다. 삼위일체 하나님과의 인격적인 만남을 통해 본질적 변화와 삶의 목적과 목표가 변화되고 가치관이 변화되고 인격과 능력이 변화된다면, 우리는 이것을 기적을 창조하는 만남이라 말할 수 있을 것입니다. 사람이 사람을 만나면 역사를 만들지만 사람이 삼위일체 하나님을 만나면 기적을 창조하게 됩니다.

제9장
건강한 자화상의 회복

　우리가 기도를 하고 성령의 충만을 받고 하나님 아버지의 집에 가서 예배를 드리는 것은 하나님을 영광스럽게 하기 위한 것이지만 또 한편 우리의 건강한 자화상을 회복하기 위함입니다. 예배를 통해 삼위일체 하나님을 인격적으로 만난 사람은 건강한 자화상을 회복하고, 그런 사람만이 하나님을 사랑하고, 자신을 사랑하고, 이웃을 사랑하며 행복한 삶을 살 수가 있기 때문입니다. 또한 건강한 자화상을 회복한 사람만이 행복한 가정을 이루고 행복한 부부의 삶을 살고 건강한 자화상을 가진 자녀를 양육할 수 있기 때문입니다. 하나님과의 깊은 사랑의 만남을 갖는 예배를 통해 우리는 하나님이 우리와 함께하시는 임재를 깨닫게 되고, 하나님의 크신 사랑을 알게 되고, 하나님은 약속하신 말씀대로 이루심을 확신하게 됩니다. 그러면 남들과 비교하여 열등감에 빠져 있거나, 하나님 뜻 안에 살지 못한 죄책감이나, 하나님과 사람들에게 버림받은 것 같은 소외감이나, 채워지지 않는 헛된 욕망이나, 자신의 수고와 노력이 인정받지 못함에 대한 분노나, 미래에 대한 불안과 두려움 등이 하나님의 사랑의 말씀들로 치유됨으로 자신이 하나님께 얼마나 소중한 존재인가를 알게 되어 건강한 자화상을 가질 수 있게 되는 것입니다.

네 종류의 사람

그렇다면 건강한 자화상이란 어떤 것일까요? 유명한 심리학자 토마스 하리스는 「I am O.K and You are O.K」라는 책을 통해 세상에는 네 종류의 사람이 있다고 말합니다. 우리는 이 네 가지 분류를 통해 건강한 자화상이 어떤 것인지 좀 더 자세히 살펴보고자 합니다.

첫 번째 사람은 "I am O.K but you are not O.K."라고 말하는 교만한 사람입니다. 교만한 사람은 배우지 못한 사람, 가난하거나 지위가 낮거나 아랫사람의 의견은 무시하고 자기 주장만을 내세우는 사람으로 '내 생각, 내 말, 내 선택, 내 결단, 내가 하는 일은 옳고, 나는 어떤 일이든 다 잘 할 수 있고, 나는 앞으로 잘 될 것이다' 라고 말하는 사람입니다. 그리고 네 생각, 네 말, 네 선택, 네 결단, 네가 하는 일은 틀렸고, 너는 잘 할 수 있는 일이 없고, 너는 앞으로 잘 안 될 것이다.' 라고 말하며 다른 사람을 무시하고 짓밟는 사람입니다. 이런 사람은 가정에서나 사회에서나 많은 사람에게 상처를 주기 때문에 행복할 수도, 성공할 수도 없는 인생을 살게 되는 유형입니다.

두 번째 사람은 "I am not O.K and you are not O.K, too."라고 말하는 부정적인 사람입니다. 이런 사람은 '나도 할 수 없고 너도 할 수 없고, 나도 허점투성이고 너도 허점투성이고, 나도 별 볼일 없고 너도 별 볼일 없다.' 고 여기며 냉소적이고 부정적인 인생을 사는 사람입니다. 언제나 나쁜 점, 불가능한 점, 환경이나 상황의 어려움만을 말하고, 모든 사람이나 사물에 부정적인 견해를 갖고, 부정적인 인생관을 갖고, 언제나 비판적이고, 비협조적인 삶을 살기에 불행과 실패의 늪에 빠져 허우적거리며 사는 사람입니다. 이들은 환경이나 사람을 보면서 언제나 부정적인 생각과 비판적인 마음을 가진 사람입니다.

세 번째 사람은 "I am not O.K but you are O.K."라고 말하는 열등의식에 빠진 사람입니다. 이 사람은 '나는 할 수 없고, 나는 가능성이 없고, 나는 틀렸지만 너는 잘 하고, 너는 무한한 가능성이 있고, 너는 다 옳고, 너는 성공할 사람이다.' 라고 생각하며 다른 사람과 비교하여 다른 사람을 질투하고 열등의식 속에 사는 사람입니다. 성경 사무엘상에 나오는 사울왕의 모습은 열등의식 속에 사는 사람의 모습을 잘 보여줍니다. "다윗이 블레셋 사람을 죽이고 돌아올 때에 여인들이 이스라엘 모든 성읍에서 나와 노래하며 춤추며 소고와 경쇠를 가지고 왕 사울을 환영하는데 여인들이 뛰놀며 노래하여 이르되 "사울이 죽인 자는 천천이요 다윗은 만만이로다 한지라 사울이 그 말에 불쾌하여 심히 노하여 이르되 다윗에게는 만만을 돌리고 내게는 천천만 돌리니 그가 더 얻을 것이 나라 말고 무엇이냐 하고 그 날 후로 사울이 다윗을 주목하였더라"(삼상 18:6-9). 본문에서 사울왕은 한 나라의 왕으로서 부와 권력과 수많은 신하와 땅을 가진 사람으로서, 다윗과는 비교가 되지 않을 만큼 많은 것을 가진 자였으나 사람들의 말에 의해 자신이 갖지 않은 것에 대한 열등감의 노예가 되어 시기와 질투로 인한 불행의 늪에 빠지게 됩니다.

마지막으로 네 번째 유형의 사람은 바로 "I am O.K and you are O.K, too."라고 말하는 긍정적 자화상을 가진 사람입니다. 이 사람은 나도 좋은 점이 있고 너에게도 좋은 점이 있으며, 나도 잘 할 수 있고 너도 잘 할 수 있다고 합니다. 그래서 어떤 상황에서도 가능성을 찾고, 어떤 상황에서도 좌절하고 낙심하기보다는 하나님의 뜻과 인도하심에 귀를 기울이는 사람입니다. 이 긍정적인 자화상을 가진 사람은 겸손함으로 다른 사람의 의견을 존중하고, 나쁜 점이나 불가능만 바라보지 않고 가능성을 찾는 긍정적인 생각을 갖고, 다른 사람과 비교하기보다는 자신에게 주어진 것에 감사하면서 '하나님을 영광스럽게 하려는' 삶의 목적이 분명하고, 무엇이 되고자 하는 인생이 아니라 하나님 앞에서 자신에게 주어진 은사와 재능을 따라 'Number 1'이 아닌 'Only 1'의 인생을 살아가는 사람입니다.

긍정적인 자화상을 가진 사람의 특징

이 긍정적인 자화상을 가진 사람이야말로 바로 건강한 자화상을 가진 사람입니다. 교만한 사람이나 부정적인 사람, 열등감에 빠져 사는 사람은 마음이 병든 사람입니다. 그들의 마음은 닫혀있고 비관적이며 삶은 늘 피폐하여 행복하고 성공적인 삶을 살 수가 없습니다. 그러나 긍정적인 자화상을 가진 사람은 다릅니다. 긍정적 자화상을 가진 사람은 겸손합니다. 겸손이란 남을 나보다 낮게 여기는 것입니다. 성경은 "오직 겸손한 마음으로 각각 자기보다 남을 낫게 여기고"(빌 2:3)라고 말합니다. 사실 우리는 아는 것보다 알지 못하는 것이 더 많고, 우리가 할 수 있는 것보다 할 수 없는 것이 더 많습니다. 그러나 세상에서 어느 분야에 성공하고, 지식이 많고, 지위가 높고, 세상의 것을 많이 가진 사람들은 자신의 생각과 경험에 맞지 않으면 다른 사람의 의견을 무시하고 업신여기는 교만한 모습을 보이곤 합니다. 하나님의 말씀인 성경은 교만을 경계하며 "그런즉 선 줄로 생각하는 자는 넘어질까 조심하라"(고전 10:12)고 말합니다. 물론 우리가 어떤 한 분야에서 남보다 조금 나은 것이 있을 수 있습니다. 하지만 다른 사람이 나보다 훨씬 더 뛰어난 것이 많기에 남을 외모로 평가하고 무시하는 것은 정말 교만한 자의 행동이며 이것은 패망의 앞잡이가 됩니다. 어떤 분야든 오랜 세월의 노력 끝에 얻어진 경험과 노하우가 있습니다. 그러므로 자기와 다른 분야의 사람들의 의견을 수용하고 다른 사람의 의견을 나보다 낮게 여기는 겸손한(빌 2:5) 삶의 태도를 가질 때 행복하고 성공적인 삶을 살 수 있습니다.

또한 긍정적인 자화상을 가진 사람은 나쁜 점이나 불가능만 바라보지 않고 가능성을 찾습니다. 민수기 13장을 보면 이스라엘 백성들이 젖과 꿀이 흐르는 땅인 가나안 땅으로 들어가기 전 가나안 땅을 정탐하러 가는 이야기가 나옵니다. 각 지파의 대표들이 40일 동안 땅을 정탐하러 다녀온 후 그들이 온 회중 앞에서 보고하는 모습을 보면 10지파의 정탐꾼들은 가나안 땅이 젖과 꿀이 흐르는 땅임을 시인하면서도 "이스라엘 자손 앞에서 그 정탐한 땅을 악평하여 이르되 우리가 두루 다니며 정탐한 땅은 그 거주민을 삼키는 땅이요 거기서 본 모든 백성은 신장이 장대한 자들이며 거기서 네피림 후손인 아낙 자손의 거인들을 보았나니 우리는 스스로 보기에도 메뚜기 같으니 그들이 보기에도 그와 같았을 것이니라"(민 13:32-33)고 말하며 스스로를 비하하고, 나쁜 환경만을 바라보면서 불가능을 말합니다. 그러나 여호수아와 갈렙은 나쁜 환경을 바라보지 않았습니다. "갈렙이 모세 앞에서 백성을 조용하게 하고 이르되 우리가 곧 올라가서 그 땅을 취하자 능히 이기리라"(민 13:30). 여호수아와 갈렙은 하나님의 사랑과 능력과 약속의 신실함을 믿고 의지함으로 가능성을 찾고 앞으로 나아갔기 때문에 무한한 가능성을 보게 되었습니다. 그리고 긍정적이고 적극적이며 창조적인 생각을 갖게 되었고 결국 젖과 꿀이 흐르는 땅인 가나안 땅으로 들어갈 수 있었던 것입니다.

또 긍정적인 자화상을 가진 사람은 다른 사람과 비교하기보다는 자신에게 주어진 것에 감사하면서 삽니다. 미국에 사는 흑인들이 가장 존경하는 사람을 꼽으라면 유명한 민권 운동가인 마르틴 루터 킹 목사와 흑인 해방운동가였던 말콤 엑스라는 사람일 것입니다. 이 말콤 엑스의 전기를 읽다 보면 비교의식에 대한 이야기가 나옵니다. 말콤 엑스는 어렸을 때 흑인으로 태어난 것이 너무 원망스러운 나머지 마음에 백인을 향한 증오심을 가지고 있었습니다. 그런데 재미있는 것은 백인을 미워하면서도 말콤 엑스의 마음 깊은 곳에서는 백인이 되기를 소원했다는 것입니다. 그래서 어린 시절 말콤 엑스는 혹시 백인처럼 하얗게 되지 않을까 하는 생각에 비누, 스킨 크림 등을 사다가 바르고 계속 자기 피부를 문질러댔습니다. 그러던 어느 날 말콤 엑스는 중요한 사실을 깨닫게 됩니다. 그것은 자신이 결코 백인이 될 수 없다는 것과, 그렇다면 자신은 철저한 흑인이어야 한다는 것입니다. 그리고 더 중요한 사실은 까만 흑인도 나름대로 아름다울 수 있다는 사실을 깨달은 것입니다. 이 깨달음으로 인해 말콤 엑스는 새로운 의식의 전환을 이루었고, 흑인 사회 가운데 '검은 것은 아름답다'(Black is beautiful)라는 말을 유행시켰습니다. 그는 자신이 가진 것에 감사하게 됨으로 흑인 해방운동의 지도자로, 흑인들에게 영웅으로 추앙받는 사람이 된 것입니다. 많은 사람들은 하나님이 자신에게 주신 엄청난 축복은 보지 못하고, 자신에게 주어지지 않은 것 때문에 불행해 하며 살고 있습니다. 그러나 나만이 가진 독특한 아름다움이 있고, 내가 가진 독특한 은사가 있고, 나만의 재능이 있기 때문에 주어진 것에 감사하며 인생을 산다면 행복하고 성공적인 삶을 살 수 있게 됩니다.

마지막으로 긍정적인 자화상을 가진 사람은 하나님이 자신과 함께 하신다는 믿음을 가지고 있습니다. 성경에 나오는 다윗은 선지자 사무엘이 이새의 아들 중에 왕의 후보를 선택하려고 아들들을 불러 달라고 했을 때 아버지에게 왕의 후보감으로도 인정받지 못해 그 자리에 참석조차도 못했던 인물입니다(삼상 16:11). 형들도 "나는 네 교만과 네 마음의 완악함을 아노니"(삼상 17:28)라고 하며 다윗을 교만하고 악하다고 평했습니다. 사울 왕도 "사울이 다윗에게 이르되 네가 가서 저 블레셋 사람과 싸울 수 없으리니 너는 소년이요 그는 어려서부터 용사임이니라"(삼상 17:33)며 다윗을 젖비린내 나는 어린아이 취급했습니다. 그렇지만 다윗은 자신감을 갖고 있었습니다. 다윗은 사자와 곰과의 싸움에서 이긴 경험이 있었습니다. "다윗이 사울에게 말하되 주의 종이 아버지의 양을 지킬 때에 사자나 곰이 와서 양떼에서 새끼를 물어 가면 내가 따라가서 그것을 치고 그 입에서 새끼를 건져내었고 그것이 일어나 나를 해하고자 하면 내가 그 수염을 잡고 그것을 쳐 죽였나이다"(삼상 17:34-35).

그러나 만약 다윗이 자신감만 가지고 있었다면 다윗은 교만한 사람이 되었을 것입니다. 다윗이 긍정적인 자화상을 가진 사람이 되었던 것은 사자와 곰과의 싸움에서 이긴 것이 하나님의 은혜 때문이라고 믿었기 때문에 블레셋 군의 골리앗도 이기도록 은혜를 주실 것이라는 믿음에 의한 자신감을 갖고 있기 때문입니다. "여호와께서 나를 사자의 발톱과 곰의 발톱에서 건져 내셨은즉 나를 이 블레셋 사람의 손에서도 건져 내시리이다"(37절)라고 고백하는 것처럼 다윗은 하나님께서 자신과 함께 하신다는 믿음에 의한 긍정적 자화상을 갖고 있었습니다. 다윗은 왕으로서 성령의 기름 부음 받음을(삼상 16:13) 통해서 자기는 하나님께 사랑받는 존재이며 하나님이 함께하는 존재라는 확신을 갖고 있었습니다. 다윗은 전지전능하신 하나님, 왕 중의 왕, 절대주권을 가지고 만물을 다스리시는 하나님이 자기와 함께하기 때문에 어떤 상황이 주어지든 승리할 수 있다는 자신감을 가졌기에 모든 사람이 골리앗에게 벌벌 떨고 있을 때 당당히 나아가 승리할 수 있었던 것입니다. 이렇듯 믿음에 의한 긍정적 자화상은 인생을 행복하고 위대하게 만드는 힘이 있습니다.

그리스도인은 하나님의 가장 귀한 걸작품

우리는 이제 긍정적 자화상, 하나님이 함께하신다는 믿음에 근거한 긍정적 자화상을 갖게 될 때 인생을 행복하고 위대하게 만들 수 있음을 알게 되었습니다. 그런데 이 믿음에 의한 긍정적 자화상은 자기 정체성이 확립되었을 때 생겨나게 됩니다.

일례로 다윗의 삶을 통해 보면 하나님께 사랑받는 존재이며, 하나님이 함께 해주는 존재라는 확신이 그에게 긍정적 자화상을 확립하게 해주는 원동력이었음을 봅니다. 그러므로 우리도 우리의 정체성에 대해 확실히 알아야 할 필요가 있습니다. 하나님의 말씀인 성경은 이사야서 43장을 통해 우리의 존재 가치에 대해 말하고 있습니다. "야곱아 너를 창조하신 여호와께서 지금 말씀하시느니라 이스라엘아 너를 지으신 이가 말씀하시느니라 너는 두려워하지 말라 내가 너를 구속하였고 내가 너를 지명하여 불렀나니 너는 내 것이라 네가 물 가운데로 지날 때에 내가 너와 함께 할 것이라 강을 건널 때에 물이 너를 침몰하지 못할 것이며 네가 불 가운데로 지날 때에 타지도 아니할 것이요 불꽃이 너를 사르지도 못하리니 대저 나는 여호와 네 하나님이요 이스라엘의 거룩한 이요 네 구원자임이라 내가 애굽을 너의 속량물로, 구스와 스바를 너를 대신하여 주었노라 네가 내 눈에 보배롭고 존귀하며 내가 너를 사랑하였은즉 내가 네 대신 사람들을 내어 주며 백성들이 네 생명을 대신하리니"(사 43:1-4)라는 말씀을 통해 하나님은 우리의 존재에 대해 '너는 내가 창조한 걸작품이다. 내가 너의 성품, 인격, 재능 등을 조성해 왔다. 내가 너를 그리스도의 보혈로 값 주고 구속했다. 내가 너를 천의 하나, 만의 하나 고르고 골라서 지명하여 내 것으로 만든 보배로운 존재다'라고 말씀하고 계십니다. '어떤 환난 가운데서도 너를 지킬 것이며 모든 것을 다 내어주고라도 너 하나를 구원할 것이다'라고 말씀하고 계신 것입니다. 즉 하나님께 구원받은 우리 그리스도인은 하나님에 의해 창조된 걸작품이며, 예수님의 보혈로 값 주고 산 예수님짜리요 하나님의 영이요 그리스도의 영인 성령님이 내주된 존재요 천사가 수종을 드는 존재인 것입니다.

여기서 주목해야 할 것은 우리가 하나님의 작품이라는 사실입니다. 작품은 상품과는 다른 특징을 가지고 있습니다. 상품은 동일한 것으로 대량생산이 가능하며, 다른 제품과 비교가 가능하며, 가격이 정해져 있고, 시간이 흐르면 하락하기도 합니다. 그러나 작품은 오직 하나 밖에 없는 것이며, 다른 것과 비교가 불가능하고, 만든 사람만이 가격을 정할 수 있고, 시간이 갈수록 가치가 상승되어져 갑니다. 마찬가지로 하나님의 작품인 우리도 닮은 사람은 있어도 똑같은 사람은 하나도 없는 유일무이한 존재입니다. 다른 사람과 비교가 불가능한 존재입니다. 하나님만이 가격을 정할 수 있는 '그 어떤 것과도 바꿀 수 없는 보배롭고 존귀한 존재' 입니다. 천국에 소장될 엄청난 가격의 걸작품인 것입니다. 우리가 우리 자신을 바라봄에 있어 '하나님의 창조된 걸작품으로 예수님이 보혈로 값 주고 살 만큼 보배로운 존재요 하나님의 영인 성령님이 내주한 존재요 왕 같은 제사장' 이라는 하나님의 말씀을 분명히 믿을 때 자기 정체성이 확립되고 건강한 자화상이 확립될 수 있는 것입니다. 내 존재 가치를 '사람들의 평가나 자신의 평가' 가 아닌 '하나님의 말씀에 의한 평가' 를 믿고 받아들일 때 우리는 건강한 자화상속에서 자신감을 갖고 열정적인 삶을 살 수 있게 되는 것입니다.

또한 우리는 우리가 하나님의 자녀임을 항상 기억해야 합니다. 어느 날 아침, 한 무리의 노예들이 일터로 끌려가고 있었습니다. 얼굴을 땅에 떨어뜨리고 가는 노예가 있는가 하면, 너무 허약해져 비틀거리는 자들도 있었습니다. 그런데 유독 한 젊은 노예는 머리를 꼿꼿이 세운 채 밝은 얼굴로 당당히 걸어가고 있었습니다. 이를 궁금히 여겨 주인에게 그 까닭을 물었더니 본래 그 젊은 노예는 아프리카 왕의 아들이었답니다. 그는 비록 낯선 땅에 잡혀 와서 노예 생활을 하고 있었지만 자신이 왕자라는 사실을 자나 깨나 잊지 않고 있었던 것이었습니다. 그런 신념과 자부심이 그를 늘 꿋꿋하고 당당하게 만들었습니다. 바로 여기에 진리가 있습니다. 우리는 때로는 환경이 좋지 않다거나 건강이 좋지 않다고 하여 의기소침해 합니다. 그리고 사소한 일에도 쉽게 좌절하고, 한숨을 쉬고, 비틀거리기도 합니다. 심지어 절망감때문에 자살하는 사람들도 있습니다. 그러나 우리가 하나님의 자녀라는 사실을 한 번 생각해 보십시오. 우리는 예수님을 믿음으로, 예수님을 통하여 하나님의 존귀한 자녀가 되었습니다. 그분은 한 나라의 왕보다 백 배, 천 배 위대한 분이십니다. 왕 중의 왕이십니다. 한 나라의 왕자라는 사실로도 머리를 꼿꼿이 세울 수 있는데 천지를 지으신 하나님의 자녀는 얼마나 당당한 자존심을 가져야 할까요? 오늘 우리에게 이러한 긍지가 필요합니다. 왠지 삶이 위축될 때 이 사실을 기억하십시오. 하나님은 오늘도 나를 향해 '너는 나의 사랑하는 아들이라' 고 말씀하십니다. '내가 너를 믿는다. 내가 네게 기대를 걸고 있다' 고 말씀하십니다. 고개를 드십시오. 우리는 왕의 자녀들입니다. 그러므로 우리는 기쁨과 거룩한 자존심을 가지고 살아야 합니다.

우리는 예배를 통해 기적을 창조하는 삼위일체 하나님을 만남으로 건강한 자화상을 회복할 수 있습니다. 하나님 아버지 집에 와서 예배 가운데 삼위일체 하나님을 만난 사람은 하나님이 나와 함께하신다는 믿음을 가지고 하나님의 걸작품이자 하나님의 귀한 자녀로서의 정체성을 확립하고 건강한 자화상을 갖게 되어 가정에서나 사회에서나 사람과의 만남을 창조적으로 만들고 사람들을 칭찬하고 격려하고 섬기며 살 수 있는 무한한 힘을 갖게 됩니다. 그리고 그런 건강한 자화상을 가진 사람은 행복한 가정을 만들 수 있으며, 건강한 부부생활을 하며, 하나님이 기업으로 주신 자녀를 훌륭한 자녀로 키울 수가 있습니다. 사회에서 성공적인 삶을 살 수 있는 자신감과 열정을 갖게 됩니다. 예배를 통한 삼위일체 하나님과의 만남, 건강한 자화상 회복, 건강한 인간관계는 분리할 수 없는 그리스도인의 축복의 산실이며 통로입니다.

제10장
신기한 연합

　한 때 모 방송국에서 할아버지와 할머니를 모셔 놓고 할아버지에게 한 단어를 먼저 보여 주면 할아버지는 할머니에게 그 단어를 설명하고, 할머니는 그 단어를 맞추는 게임이 있었습니다. 예를 들어 '사과'라는 단어가 나오면 할아버지는 "내가 좋아하는 과일"이라고 설명하고 할머니는 "사과!"라고 답변을 하면 되고, 또 '제주도'라는 단어가 나오면 할아버지는 "당신하고 내가 신혼여행 갔던 곳"이라고 설명하고 할머니가 "제주도!"라고 답변하면 점수가 올라가는 게임이었습니다. 화기애애한 가운데 '천생연분'이라는 마지막 단어가 질문으로 나왔습니다. 할아버지는 이 단어를 보고 만면에 웃음을 띠고 할머니에게 설명했습니다. "당신과 우리 사이의 관계"라고 설명하자 할머니는 지체하지 않고 "웬수!"라고 답했습니다. 할아버지는 살짝 당황했지만 다시 "농담하지 말고 우리가 사랑하며 살아온 관계를 사자성어로 뭐라고 하지?"라고 물었습니다. 그러자 할머니는 잠깐 고민을 하시는 듯 하더니 즉시 확신에 찬 큰 목소리로 "평생웬수!"라고 답을 합니다. 순간 할아버지는 당황하고 장내는 웃음바다가 되었습니다.

부부간에 서로 엄청난 착각을 하며 살고 있다는 것을 풍자한 재미있는 이야기지만 실제로도 많은 부부들이 서로 최선을 다 한다고 하면서도 서로에게 만족하지 못하고 갈등 속에서 원수로 살고 있습니다. 결혼 전에는 '당신 없이는 못살아'가 결혼 후에는 '당신 때문에 못살아'로 바뀌고, 결혼 전에 매력적이었던 점들이 '맹목적 사랑'이라는 눈꺼풀이 벗겨지면서 오히려 단점으로 느껴지고, 결혼 전 '나의 배우자는 나의 모든 것을 다 이해해 주고 받아 줄 사람일거야'라는 기대는 처참히 무너집니다. '내가 눈짓만 해도 나의 마음을 다 알아서 척척 처리해 줄 최첨단 고감도·고지능 로봇'으로 기대했던 배우자는 '최첨단은 커녕 한참 구형일 수도 있고, 고감도·고지능이 아니라 나의 마음도 제대로 읽지 못하는 수신 불능의 엉터리 고철덩어리'일 수도 있습니다. 그리하여 부부들은 상대방에 대해 실망하고 분노하고, 서운해 하면서 자꾸만 부정적인 막힌 담을 쌓게 됩니다. 이 막힌 담은 의사소통의 동맥경화증을 가져오게 되고, 이러한 상태로는 결코 부부간에 진정한 행복이 존재할 수 없는 평생원수의 삶을 살게 되는 것입니다.

왜 갈등이 생기는가

그렇다면 결혼 전 그렇게 사랑하고 '당신 없이는 못 살아'라고 말했던 사람들이 왜 그렇게 '당신 때문에 못 살아'라고 달하는 평생원수가 되는 것일까요? 그것은 남편과 아내가 각각 다른 의견, 가치관, 철학, 방법론, 생활습관, 서로 다른 가정환경, 서로 다른 성격 등을 가지고 있기 때문입니다.

　대다수 부부들 간에 나타나는 갈등을 살펴보면 가장 먼저 살펴볼 수 있는 것이 바로 서로 다른 **가치관의 충돌**입니다. 사람마다 자기가 소중하게 여기는 것과 우선적으로 여기는 절대적 가치들이 있습니다. 그러므로 부부간에 서로 다른 가치관을 갖는 것이 이상하거나 나쁜 것은 아닙니다. 그러나 자신의 가치관이 반드시 옳고 상대방의 가치관이 나쁘다고 생각하는 사람들이 의외로 많다는 데 갈등 요인이 있습니다. 자기 방식이 아니면 불편하고 결국 다른 사람의 가치관은 수용하지 못하기 때문에 갈등이 유발되는 것입니다.

　둘째, 어떤 일에 대한 **시각의 차이**가 있기 마련입니다. 이것은 옳고 그름의 문제가 아니라 자라온 환경이나 몸에 밴 습관들로 인해 어떤 일에 대해서 보는 시각이 판이하게 다르기 때문에 상황을 다르게 해석하는 경우를 우리는 종종 봅니다. 이러한 시각차는 아주 사소한 일에서부터 자녀 양육, 물질관 등 여러 분야에 대해 현격한 차이로 나타나게 됩니다. 시각은 보는 관점에 따라 다를 수 있기에 어떤 물체를 왼쪽에서 보았는가, 아니면 오른쪽에서 보았는가에 따라 판이하게 다른 결과를 얻을 수가 있음에도 불구하고 서로 다른 평가가 나올 수밖에 없다는 것을 인정하지 못하기 때문에 갈등이 생기게 됩니다.

　셋째, **살아가는 방법의 차이**도 부부들에게 갈등의 요소로 등장합니다. 신혼부부들이 가장 처음 싸우게 되는 것이 치약 짜는 방법에 대한 것이라는 우스개 소리가 있습니다. 성장 과정이 다르기에 문화적 차이가 있을 수밖에 없고 익숙해진 습관이 정당화되어 있기에 많은 살아가는 방법의 차이가 나타날 수밖에 없는 것입니다. 치약을 짜는 방법도 다르고, 양치하는 방법도 다릅니다. 당연히 잠을 자는 방법도 다르고, 시간도 다를 수 있습니다. 식사 습관, 좋아하는 옷 색깔, 좋아하는 음식, 심지어는 감정의 표현 방법도 다릅니다. 그러나 이러한 상대방의 살아가는 방법의 차이를 이해하지 못하기 때문에 갈등이 생기기 마련입니다.

넷째, 부부들은 당연히 관심사에서도 차이가 납니다. 우선 남녀차이로 인한 관심사도 다르지만 각 개인의 취향이나 성품에 따라 관심사는 당연히 다를 수밖에 없습니다. 그래서 TV의 채널 선택부터 영화 관람, 여가 생활 등에서도 다양한 갈등이 나타나게 되는 것입니다. 한 사람은 산을 좋아하고 한 사람은 바다를 좋아하고, 한 사람은 더운 여름여행을 좋아하고 한 사람은 추운 겨울여행을 좋아할 수 있습니다. 그런데 그 다른 의견을 통합하려는 노력없이 일방적으로 한 사람에 의해 어떤 일이 결정되고, 다른 사람의 의견을 무시할 때 점차 감정의 골이 깊어지게 되는 것입니다.

다섯째, 배필로서의 이기적 바람이 무엇보다 갈등의 골을 깊게 합니다. 자기중심적인 태도가 부부간의 하나 됨을 가로막는다는 것은 두말 할 나위가 없습니다. '돕는 배필'의 개념이 아니라 철저히 '바라는 배필'이기 때문에 부부간의 친밀감이 형성되지 않게 됩니다. 자기 방식만을 바라고 고집하고 성취하려 할 때 필연적으로 갈등을 유발하게 됩니다. '서로 섬기고, 서로 사랑하고, 서로 이해하고, 서로 감사하고, 서로 돕는 관계' 가 되어야 하는데 서로 상대가 먼저 잘해 주길 바라고, 상대가 하는 것은 당연하게 생각하면 부부관계는 행복할 수 없습니다.

이렇듯 부부간에는 서로 다른 생각과 시각의 차이, 관심사의 차이, 삶의 목적의 차이가 있기에 처음 가졌던 사랑마저 의심하게 되는 깊은 감정의 골이 만들어지게 되는 것입니다. 어찌 보면 각기 다른 환경에서 다른 습성을 가지고 성장한 독특한 개성을 지닌 두 사람이 하나의 삶을 살아가는데 있어서 갈등은 필연적인 것일 수도 있습니다. 그래서 사람들은 결혼생활을 예술이라고도 합니다. 그만큼 서로 다른 두 사람이 하나의 친밀한 연합으로 들어가는 것이 어렵다는 말입니다.

어떻게 갈등을 조정할 것인가

많은 사람들이 다른 사람에게는 잘하면서도 정작 부부간에는 소홀한 점이 참으로 많습니다. 서로 사랑하는 마음이 있으면서도 그 표현에는 서툴거나 무관심하기도 합니다. 그러나 행복한 삶을 위해 절대적으로 중요한 것은 부부간의 사랑을 구체적인 표현하고 실천해야 한다는 것입니다. 인간에게는 모두 '사랑의 그릇'이라는 것이 존재하는데 이 그릇은 가득 채워져서 흘러 넘칠 수도 있고, 아예 텅 빈 상태일 수도 있습니다. 이 그릇이 가득 차고 텅 비는 상태의 여부는 서로 간에 사랑의 언어로 교류하고 충족되어 있느냐에 달려 있습니다. 이곳이 비어있으면 누구나 갈등과 갈증을 느끼게 되기에 논쟁을 하기도 하고, 말이나 힘으로 폭력을 사용하기도 합니다. 그러나 이 그릇이 가득 차 있을 때는 기꺼이 차이점을 인정하고 문제점을 극복하려는 노력을 하게 됩니다. 그러기에 사랑의 언어를 활용하여 건강한 대화를 하는 것은 갈등을 조정하며, 건강한 부부관계를 만들어 행복한 삶을 살아가게 하는 가장 중요한 요소입니다.

저명한 기독교 상담가이며 40년 이상 부부들을 위한 결혼상담 사역을 하고 있는 세계적인 카운셀러인 게리 채프먼(Gary Chapman)은 부부관계의 대화를 돕는 다섯 가지 사랑의 언어를 다음과 같이 제시하고 있습니다.

사랑의 제1언어: **배우자를 칭찬하고 인정하기** - 인간에게 가장 심오한 욕구는 누군가로부터 인정받고 싶은 욕구입니다. 배우자의 칭찬은 다른 어떤 사람의 칭찬보다 크게 들리게 되고 감동하게 됩니다. 그러므로 잘한 일이 있다면 말없이 넘어가지 말고 구체적으로 칭찬해 주십시오. 또 친절한 행동에는 감사를 표현해야 합니다. 부부간에는 많은 부분에서 서로 도움을 주고받게 되지만 오랜 시간 지내다 보면 어느새 그 모든 친절한 행동들은 당연한 것이 되고 무반응일 때가 많게 됩니다. 그러나 작은 일에도 반드시 고맙다는 표현을 해야 합니다. 그래야 서로 간에 기쁨이 있고, 다음에 또 도와주고 싶은 마음이 생기게 됩니다.

상대방의 잠재력에 무한한 격려와 용기를 북돋아 주는 것도 필요합니다. 결혼 생활을 하다 보면 결혼 전에 가졌던 꿈을 접고 살기도 하고, 미처 알지 못했던 재능을 뒤늦게 발견하게도 됩니다. 이럴 때에 배우자의 격려와 지지가 절대적으로 필요합니다. 배우자의 격려는 상대에게 많은 용기가 됩니다. 또한 온유하게 말하는 습관을 길러야 합니다. 사랑은 실수를 기억하지 않습니다. 과거의 실수를 처리하는 가장 좋은 방법은 과거를 과거로 끝내는 것입니다. 비록 화가 나더라도 큰 소리를 지르기보다 차분하게 자신의 생각과 느낌을 말로 표현하는 것이 좋은 방법이고 효율적인 것입니다. 과거의 실수를 반복하여 들춰내고 비판해서는 안 됩니다. 더욱이 상대에 자존감을 짓밟는 언어의 폭력을 사용해서는 안 됩니다.

그리고 정중하게 부탁하는 법을 배워야 합니다. 사랑은 상대방에게 부탁하는 것이지 요구하는 것이 결코 아닙니다. 당신의 바람과 필요를 요구하지 말고 정중하게 부탁해야 합니다. 정중하게 부탁하는 것은 상대방의 인격과 가치와 능력을 인정하는 것이며, 선택권을 상대방에게 주는 것이 되기 때문에 해 주면서도 기분이 좋은 것입니다. 정중한 부탁은 사랑을 표현할 수 있는 기회를 주지만 무례한 요구는 그 반대의 처신입니다. 자기 뜻대로 따라주지 않는다고 짜증을 내거나 회유적인 방법을 사용해서 억지로라도 수락하도록 하는 것은 결코 바람직하지 않을 뿐 아니라 부정적인 관계와 결과를 만들게 됩니다. 명령하는 것은 더더욱 좋지 않은, 건강한 부부관계를 깨뜨리는 비생산적 방법입니다. 마지막으로 배우자를 축복하는 언어를 사용해야 합니다. 배우자가 없을 때 다른 사람에게 배우자를 칭찬하십시오. 다른 사람 앞에서 배우자를 결코 비판해서는 안 됩니다. 시집 식구나 친정식구들 앞에서 또는 친구나 자주 만나는 사람들 앞에서 비판하고 흉보는 일은 삼가야 되고, 비판은 부부간에 단 둘이서 해야 합니다.

사랑의 제2언어: 함께하는 시간 – 대화란 꼭 말을 주고받아야만 하는 것은 아닙니다. 배우자와 소중한 시간들을 둘만의 공간에서 함께하는 것도 귀중한 대화 방법입니다. 함께하는 시간은 단순히 함께 같은 공간에 있었다는 것을 의미하는 것이 아니라 서로가 감정적으로 관심을 집중시키면서 시간을 보내는 것을 말합니다. 이것은 누군가에게 온전히 관심을 집중시킴으로 각자의 마음을 잘 전달하고, 상대방으로 하여금 사랑과 고마움을 깊이 느끼게 하는 매우 중요한 의사 전달 방법입니다. 이 방법의 가장 일반적인 형태는 두 사람이 그들의 경험과 사상, 감정이나 희망을 아무런 해석 없이 서로 주고받는 진정한 대화입니다. 진정한 대화란 상대방이 내가 사랑 받고 있음을 감정적으로 느끼게 하는 것을 말합니다. 진정한 대화는 느낌에 교류가 있어야 하며 감정과 접촉할 때 가능합니다. 결혼생활은 과제나 문제를 해결하는 것보다 '함께 사랑을 나누는 관계'가 중요합니다. 그렇기에 문제에 대한 충고보다는 먼저 상대방의 이야기를 듣고 서로의 감정을 이해하는 것이 필요합니다. 부부만이 함께하는 즐거운 활동의 시간을 만들어 여러 가지 추억을 쌓아 가는 것도 중요한 대화입니다. 함께하는 활동은 무엇인가를 함께하면서 관심을 배우자에게 집중하는 것입니다. 이것의 목적은 '그가 나를 아껴준다. 그는 내가 좋아하는 것에 관심을 갖고 함께하려 하고 적극적으로 한다.' 라는 감정을 느끼게 하기 위한 것입니다. 이것이 바로 사랑입니다.

사랑의 제3언어: 선물 – 선물을 주는 것도 사랑의 마음을 전하는 귀중한 언어 전달방법입니다. 선물은 '내가 당신을 사랑하고, 당신을 행복하게 하기 위해, 당신이 좋아하고 소중하게 여기는 것을 나의 마음을 담아 당신에게 준다' 는 무언의 언어입니다. 문화를 초월하여 사랑을 전하는 데 선물을 주고받는 일은 매우 중요한 것입니다. 선물은 상징에 불과하지만 선물을 준 사람과 그때의 느낌은 오래오래 기억됩니다. 생일 선물, 결혼기념일 선물, 처음 만난 날이나 큰 질병을 치료하여 기쁨과 감사를 준 특별한 날을 기억하였다가 선물하는 것은 상대를 감동시키는 언어가 될 것입니다. 마음이 중요하다고 생각하여 선물하지 않으면 나중에는 마음까지 멀어지고 맙니다. 선물은 꼭 비싼 것이 아니어도 사랑과 정성이 깃든 것이면 무엇이든지 좋으며, 상대가 원하는 것이면 더욱 좋습니다. 선물만 간단히 전하지 말고 감사의 마음과 사랑하는 마음을 말로 표현한다면 상대방을 더욱 감동하게 하는 선물이 될 것입니다.

사랑의 제4언어: 섬김과 봉사 – 배우자를 위한 섬김과 봉사도 귀중한 언어입니다. 섬김(봉사)이란 배우자가 당신에게 원하는 바를 해 주는 것입니다. 섬김을 위해 남편이나 아내의 고정관념을 바꿀 필요가 있습니다. 예를 들면 설거지나 집안 청소는 여자가 해야 된다든지 시장은 여자가 가야 하고 요리는 여자가 해야 한다는 등 남자가 하는 일과 여자가 해야 하는 일에 대한 고정관념을 깨는 것은 배우자의 감정적인 욕구를 만족시켜주는 데 놀랄 만한 효과가 있습니다. 배우자를 섬기는 것은 관심과 사랑입니다. 도움을 청했을 때 수동적으로 돕는 것이 아니라 자발적으로 이러한 일을 하면 정말 놀라운 사랑의 표현이 될 수 있고, 상대를 감동하게 하여 사랑을 느끼게 합니다. 예수 그리스도는 제자들의 발을 씻어주심으로 이것을 보여주셨습니다(요 13:3-17). 사도 바울은 이 진리를 "오직 사랑으로 서로 종노릇 하라"(갈 5:13)라고 말했습니다. 섬김은 억지로 하는 것이 아니라 언제나 마음으로부터 우러나와서 행해야 서로에게 기쁨과 행복이 됩니다. 사랑은 상대방에게 요구하거나 강요하는 것이 아닙니다.

사랑의 제5언어: **육체적인 접촉** – 아동발달과정을 연구한 많은 보고서에 따르면, 육체적인 접촉을 전혀 갖지 않고 지낸 아이들보다 안아주거나 키스를 해 준 아이들이 훨씬 건강하게 자란다고 합니다. 유대인들은 "예수의 만져 주심을 바라고"(막 10:13) 자기 아이들을 데리고 나왔고, 예수님은 어린아이들을 안고 안수하고 축복하셨습니다(막 10:14-16). 부부간에도 손을 잡아주거나, 키스를 하거나, 껴안거나, 성관계를 갖는 것은 배우자에게 사랑을 전달하는 매우 중요한 방법입니다. 접촉은 성관계처럼 온 정성을 다 기울여야 하는 경우도 있고, 잠시 만지는 등의 가벼운 접촉도 있습니다. 부부간에 키스를 하거나 포옹하는 것, 산책을 할 때 손을 꼭 잡아 주거나 힘들고 지쳐 있을 때 다리를 씻어 주거나 안마를 해 주는 것 등은 서로 간에 행복을 느끼는 시간이 될 수 있도록 돕는 중요한 접촉들입니다. 이러한 접촉은 서로 사랑하고 있고, 사랑 받고 있다는 느낌을 갖게 해 줍니다.

사랑은 선택이고 노력입니다. 부부간에도 갈등을 해결하기 위한 노력이 필요합니다. 그리고 그 첫 번째 단계로 우리는 사랑의 언어를 사용하여 대화를 시작해야 합니다. 그런데 여기서 한 가지 기억해야 할 것은 자신이 사랑 받고 있다고 느끼는 제1의 사랑의 언어가 저다다 다르다는 점입니다. 예를 들어 어떤 사람에게는 '함께하는 시간'이 제1의 사랑의 언어가 될 수 있습니다. 이 사람은 누군가와 함께 시간을 보내고 감정적으로 집중해 마음을 전달함으로 사랑을 느낍니다. 반면 다른 사람은 '선물'이 제1의 사랑의 언어가 될 수 있습니다. 이 사람에게 '인정하는 말'이나 '함께하는 시간'은 그다지 큰 영향을 주지 못할 수 있습니다. 때문에 무엇보다 나의 제1의 사랑의 언어가 무엇인지 알고 더불어 내가 사랑하는 상대의 제1의 사랑의 언어는 무엇인지 파악해야 합니다. 서로가 서로의 사랑의 언어를 알고, 그에 맞는 사랑의 언어로 응답할 때 콩깍지가 벗겨지고 난 후에도 사랑을 이어갈 수 있는 원동력이 되어 각자의 사랑의 그릇이 가득 찰 수 있고, 서로간의 갈등을 잘 조정해 나갈 수 있습니다.

남녀 간에는 커다란 차이가 있습니다

존 그레이 박사가 쓴 「화성에서 온 남자 금성에서 온 여자」의 내용과 스켄조니 부부(Scanzonis 1988), 폴 투르니에 박사(Pcl Tournier), 정동섭 교수 등이 쓴 글들을 보면 남자와 여자는 근본적인 성향, 기질적인 면, 대화 방식, 성에 대한 부분까지 너무나도 많은 차이를 가지고 있습니다. 이러한 차이를 좀 더 비교해 보고자 합니다.

	남자	여자
성향	· 독립적이면서 어리광을 삼감 · 힘든 일은 혼자서 해결하려고 함 · 경쟁적, 성공 지향적 · 잘못했을 땐 죄의식을 느낌 · 지배적이고 우월적 · 왼쪽 뇌 발달, 시공간 능력 좋음 · 포괄적인 일에 관심 · 추리적이고 이성적 · 유행에 무관심 · 독립적으로 결단 · 일에서 만족을 찾음 · 직장이나 직업을 통해 자아 실현 · 승패를 중시 · 서열과 위계질서에 관심 · 모험적	· 의존적이고 어리광을 부림 · 힘든 일은 다른 사람에게 부탁함 · 수용적, 행복 지향적 · 잘못했을 땐 수치심을 느낌 · 복종적이고 열등감을 느낌 · 오른쪽 뇌 발달, 언어적 능력 뛰어남 · 작은 일에 관심 · 직관적이고 감성적 · 유행에 민감 · 타인의 암시나 시사에 의해 결정 · 관계 속에서 만족을 누림 · 가정이나 관계를 통해 자아 실현 · 화목한 관계를 중시 · 수평적이고 대등한 관계 선호 · 안정 지향적
기질	· 존경 받고 싶어하는 욕구 · 사업의 성공이나 권력에 야심 집중 · 대화보다는 신문이나 TV에 관심 · 결혼이 중요하나 생활의 전부는 아님 · 부부관계에 중점, 둘만으로 만족 · 선물은 큰 것으로 해야 한다고 생각 · 논리적이고 종교성이 약함	· 사랑 받고 싶어하는 욕구 · 가정과 자녀를 양육하는 데 집중 · 대화와 애정표현, 관심 받기를 원함 · 결혼에 인생의 의미를 둠 · 가족이나 자녀에 중점을 둠 · 선물의 크기에 관계 없음 · 감적이고 종교성이 강함
대화방식	· 백 마디 말을 한 마디 말로 요약 · 대화에서 결론을 찾으려 함 · 문제의 해답을 찾기 위함 · 공석에서 말이 많음 · 사실과 정보를 나누기 위함이 목적 · 말은 설득의 무기나 수단 · 경쟁심과 지배심이 중심 · 문제 발생시 해결이 목적 (문제해결로 긴장과 스트레스 해소) · 머리의 언어를 사용	· 한 마디 말을 백 마디 말로 늘림 · 대화자체에 의미를 둠 · 감정의 긴장을 풀기 위함 · 사석에서 말이 많음 · 감정적인 지지와 공감 얻음이 목적 · 관계를 위한 다리로 사용 · 친밀감과 동등감이 중심 · 이해와 동정을 얻기를 원함 (자신이 느끼는 문제를 이야기로 해소) · 가슴의 언어, 마음의 언어를 사용
성	· 섹스 자체를 원함 · 사랑하고 사랑 받고 있는 느낌을 가짐 · 시각적으로 먼저 끌리기에 육체적 관심이 있은 후 내면적 관심	· 로맨스를 원함 · 사랑의 느낌을 갖기 위해 오히려 대화를 필요로 함 · 내면적 관심이 있은 후 육체적 관심

이렇듯 남자와 여자는 근본적으로 여러 가지 부분에 있어서 현저한 차이가 있습니다. 남자는 흙으로 창조되고, 여자는 아담의 갈비뼈로 만들어졌습니다. 각기 다르게 창조되었고 재능도 다르고 사명도 다릅니다. 그런데 이러한 차이에 대한 이해가 부족하기 때문에 상대방의 행동이나 말 등에 상처를 받게 되고 점점 더 갈등의 골이 깊어지는 것입니다. 그러므로 남자와 여자의 차이를 알고 서로에 대해 이해한 것은 갈등의 해결책을 쉽게 모색할 수 있게 하며, 행복하고 성공적인 풍성한 삶을 사는 커다란 지혜가 될 것입니다.

하나로 연합해야 합니다

우리가 먹는 소금은 대단히 중요합니다. 소금은 음식의 맛을 내고 방부제 역할을 하기도 합니다. 더욱이 소금을 전혀 먹지 않으면 죽을 수도 있습니다. 그러나 이렇게 중요한 소금이 극히 나쁜 두 가지의 독소로 구성되어 있다는 사실을 아십니까? 소금은 '소디움'과 '크로라이드'라는 두 가지 원소가 합하여 만들어 집니다. 그런데 사람이 이 소디움과 크로라이드를 각각 따로 먹으면 죽게 된다고 합니다.

또 물은 산소와 수소, 이 두 가지가 합하여 된 것인데 산소는 불이 붙으면 아주 뜨겁게 타는 물질이며, 수소도 불에 타는 물질인데 이 두 가지가 합해지면 정 반대로 불을 끄는 물이 됩니다. 비슷한 예로 자석 중에도 가장 강력한 영구자석은 알리코 자석인데 이 자석은 알미늄, 니켈, 코발트를 합해서 만든 자석입니다. 알미늄이나 니켈이나 코발트는 자석에 붙지도 않는 쇠붙이인데 신기하게도 세 가지가 결합하면 가장 강력한 자석이 됩니다. 앞에서 말한 소금이나 물, 알리코 자석은 모두 다른 성분이 하나로 결합하면서 완전히 새롭고 신기한 물질이 된 것들을 보여줍니다. 부부 관계 또한 마찬가지 입니다. 부부는 전혀 다른 성향의 사람들이 하나로 결합되어 가장 강력하고 신기한 역사를 이루는 존재입니다. 즉 부부란 갈등 속에서도 신기한 연합을 통하여 새로운 창조적 관계를 만들어가는 것입니다.

그러므로 부부는 갈등을 극복하고 연합하기 위한 노력을 해야 합니다. 오늘날 세상에 공짜는 없습니다. 노력하지 않고, 심지 않고 얻어지는 것은 없습니다. 행복은 건강한 부부관계를 통해 시작되고 완성됩니다. 하나님을 만나 하나님의 사랑을 알고, 하나님의 사랑 안에 거하는 사람들이 가정의 소중함을 누구보다 깊이 깨닫게 되는 것은 가정이 하나님이 주신 소중한 보금자리이며 안식처이기 때문입니다. 부부간의 행복이 없이는 하나님의 축복의 문을 열 수가 없습니다. 무엇보다 기도가 되지 않고, 하나님의 음성을 듣지 못합니다. "남편들아 이와 같이 지식을 따라 너희 아내와 동거하고 그를 더 연약한 그릇이요 또 생명의 은혜를 함께 이어받을 자로 알아 귀히 여기라 이는 너희 기도가 막히지 아니하게 하려 함이라"(벧전 4:7) 했습니다. 가정의 행복이 최우선입니다. 가정이 행복하지 않고는 신앙의 성공도 기약할 수 없습니다. 왜냐하면 하나님은 가정을 행복의 보금자리로, 산실로 계획하셨기 때문입니다.

사랑을 받으려고만 하는 마음으로 살면 살수록 인생은 불행해집니다. '받는 사랑' 보다 '베푸는 사랑' 에 더 큰 행복을 느끼고 "주는 것이 받는 것보다 복이 있다"(행 20:35)는 성경 말씀처럼 진정 상대방을 사랑할 때 자신이 더 행복해집니다. 상대방에게 일방적으로 요구하기보다는 자신이 상대방을 위해 해줄 수 있는 것을 먼저 찾아보고, 비판보다는 칭찬과 격려를 하고, 다른 사람과 비교하면서 불평불만을 하기보다는 자신에 대한 성찰을 먼저 하며, 부부간에 차이를 바르게 인식하고 사랑의 대화를 통해 갈등을 잘 극복해 나갈 때 참된 행복을 누릴 수 있는 건강한 부부관계가 창조될 것입니다.

제11장
하나님이 맡겨 주신 기업

나라마다 자식을 사랑하는 부모의 마음은 다 같겠지만 한국의 부모들만큼 자녀들을 사랑하고, 자녀들을 위해 자신을 희생하고, 헌신하는 부모는 없는 것 같습니다. 그러나 정말 중요한 것은 방법입니다. 아무리 희생과 헌신이 크다 해도 그것이 자녀에게 미칠 영향, 그들의 미래에 끼칠 영향을 생각할 때 유익이 되지 않는다면 그것은 진정한 사랑이 아닌 것입니다. 그런 의미에서 우리는 진정한 자녀 사랑의 원리를 깨달아야 합니다.

그러기 위해서 무엇보다 먼저 자녀에 대한 바른 인식이 필요합니다. '부모에게 자녀란 무엇인가?'를 생각해 보아야 합니다. 자녀는 하나님이 부모에게 맡겨주신 기업입니다. 시편 127장 3절 말씀을 보면 "자식들은 여호와의 기업이요 태의 열매는 그의 상급이로다"라고 했습니다. 여기서 '기업'이라는 말은 원래 물려받은 재산, 곧 유산이라는 뜻입니다. '유산'이란 엄밀히 말해서 자기의 것이라고 할 수 없습니다. 그것은 물려준 사람의 것이요 자신은 그것을 맡아 관리하는 사람일 뿐입니다. 우리가 우리들의 자녀를 생각할 때도 이런 청지기 의식을 가져야 합니다. 우리는 흔히 자녀를 내 것으로 착각하기 쉽습니다. 그래서 자녀를 통해 나의 만족을 찾고, 나의 목적을 이루려고 할 때가 많습니다. 또 때로는 아이들을 내 성격과 내 감정대로 대할 때도 있습니다. 그러나 아이들은 내 것이 아닙니다. 하나님이 잠시 나에게 맡겨 주신, 나와 똑같이 하나님의 형상을 따라 지음을 받은 하나님의 자녀입니다. 나의 자녀이기에 앞서서 하나님의 자녀인 것입니다. 그래서 우리는 우리 자녀들을 대할 때 그들이 나의 소유가 아니라 하나님의 기업이라는 생각, 다시 말해 청지기 의식을 가져야 합니다. 마치 예수님의 부모 요셉과 마리아가 아기 예수를 키울 때 자신들이 그의 부모였지만 자신들의 아들 예수는 그 이전에 하나님의 아들이라는 사실을 늘 인식하면서 그 아이를 키웠던 것 같이, 오늘 우리도 우리의 아이들에 대해 이런 인식을 갖고 키워야 합니다.

그뿐만 아니라 자녀는 '하나님의 상급'입니다. 시편 127편 3절에 보면 "태의 열매는 그의 상급이로다"라고 했습니다. 자녀가 우리 것이 아니라 하나님의 것이라는 사실을 강조하다 보면 자칫 자녀에 대한 애착이 약해지기 쉽습니다. 내 것이 아니므로 소홀히 하기 쉽습니다. 그러나 성경은 또한 자식이 우리의 상급이라고 했습니다. 그 말은 우리가 받은 것 가운데 가장 귀한 것, 가장 좋은 것이라는 말입니다. 하나님이 우리에게 주신 것들이 많습니다. 생명, 건강, 물질, 사람 … 그 가운데 제일 큰 상급이 무엇이겠습니까? 말할 것도 없이 자녀입니다. 창세기 33장 5절에 보면 야곱이 형 에서를 만난 자리에서 자기 자녀들을 가리켜서 "하나님이 주의 종에게 은혜로 주신 자식들이니이다"라고 말하고 있습니다. 자녀들은 하나님이 은혜로 주신 가장 큰 상급입니다. 장차 하늘나라에서도 그렇고, 이 땅에서도 그렇습니다. 하나님이 아브라함에 주신 축복 중에 이삭보다 귀하고 보배로운 것이 있었겠습니까? 자녀들은 우리의 행복의 근간이요 희망이요 기쁨입니다.

또한 자녀는 "장사의 수중의 화살 같다"(시 127:4)고 했습니다. 옛날에 장사는 활을 쐈습니다. 그 장사가 힘을 많이 쓸수록 화살은 많이 필요했습니다. 그래서 5절에 보면 "화살이 그 전통에 가득한 자는 복이 있다"고 했습니다. 자녀가 많은 것이 복이라는 말입니다. 자녀가 많으면 힘들고 경제적으로 어렵기도 하지만 그 자녀의 힘으로 얻는 것이 많다는 의미에서 그런 말을 한 것입니다. 그런데 화살이라는 것에는 특징이 있습니다. 화살은 활을 쏜 사람이 원하는 방향으로 나아갑니다. 그래서 잘못 쏘면 그로 말미암아 큰 해를 입게 됩니다. 우리가 자녀들을 잘 키우지 못하면 그 아이들이 장차 어떤 사람이 되어 이 사회에 어떤 해를 끼칠지 모른다는 말입니다.

요즈음 우리 사회에 청소년 문제가 심각합니다. 그런데 그 청소년 문제는 어떻게 일어납니까? 무책임한 부모들 때문에 일어나는 것 아니겠습니까? 화살이란 쏘는 사람에 의해서 방향이 결정됩니다. 우리 자녀들이 지금 내 품 안에 있을 때는 그 아이가 어떤 사람이 될지 모르지만, 한 가지 확실한 것은 그 아이의 장래는 우리 손에 달려 있다는 사실입니다. 그러므로 우리가 책임감을 가지고 자녀들을 잘 키워야 합니다. 나중에 남 탓 하지 말고, 하나님 탓 하지 말고, 아직 내 품에, 내 영향권 안에 있을 때 바르게 지도해야 합니다. 그래서 바른 방향을 향해서 잘 날아가 바른 목적을 달성하는 인생이 되도록 해야 합니다.

가장 귀중한 유산

현대 사회는 매우 빠른 속도로 변화되어가고 있습니다. 이에 따라 가정도 사회적 추이에 따라 변모하고 있습니다. 오늘날에 와서 가정에 많은 문제가 발생하게 되는 것도 이런 시대의 조류와 뗄 수 없는 것이라 하겠습니다. 그리스도인의 가정도 예외가 될 수 없습니다. 그렇기 때문에 이러한 시대에 자녀들을 건강한 인격을 갖춘 바른 사람으로 키우는 것은 점점 어려운 일이 되어가고 있습니다.

이러한 때에 자녀를 훌륭하게 키우기 위해서 우리가 할 수 있는 일은 아이들에게 신앙을 전해주는 것입니다. 하나님의 말씀인 성경은 "아비들아 너희 자녀를 노엽게 하지 말고 오직 주의 교훈과 훈계로 양육하라"(엡 6:4). "마땅히 행할 길을 아이에게 가르치라 그리하면 늙어도 그것을 떠나지 아니하리라"(잠 22:6)라고 말합니다. 자녀를 양육함에 있어서 오직 주의 교양과 훈계가 필요함을 말하고 있는 것입니다.

신앙은 가정에서 출발합니다. 예수 그리스도는 한 가정의 머리이십니다. 그를 정점으로 하여 이루어진 가정은 어떠한 시련에도 꺾이지 않고 오히려 그것의 극복을 통하여 화목과 깊이를 더하게 됩니다. 하나님을 예배하는 한 가정은 모든 것을 아름답게 변화시킬 수 있는 힘을 가지고 있습니다. 이처럼 가정과 신앙은 서로 밀접한 관계 속에서 가정은 신앙이 성숙되는 터전으로, 신앙은 가정을 지켜주는 행복으로 이끌어가는 힘이 되어 줍니다. 그래서 호레스 부쉬넬은 "가정과 신앙은 같은 말이다. 왜냐하면 가정은 신앙의 터전이고, 신앙은 가정의 신성한 요소이기 때문이다. 신앙이 없는 가정은 지붕이 없는 집과 마찬가지이다."라고 하였습니다. 또 가정에서 다져진 하나님에 대한 사랑은 폭넓게 이웃에 적용될 것입니다. 하나님은 사랑의 근원이시기 때문에 이 사랑은 이웃을 향한 사랑으로 자연스럽게 표출되어 사랑의 열매를 맺도록 해줍니다. 또한 이 사랑은 남편과 아내, 어버이와 자식, 형제간의 결속을 더욱 긴밀히 해주고 나아가서는 친구나 이웃, 국가와 민족에게까지 확대 되게 됩니다. 그러므로 부모들이 자녀에게 물려주어야 할 귀중한 유산은 하나님께 대한 사랑과 그리스도를 구세주로 믿는 신앙입니다. 모든 부모들이 자기 자녀들을 형식적인 그리스도인이 아니라 실천하는 그리스도인으로 인도할 때 자녀는 행복하고 성공적인 인생을 살게 될 것입니다.

우리가 자녀들에게 물려주어야 할 가장 귀중한 유산인 신앙을 효과적으로 전달할 수 있는, 아이들에게 참 그리스도를 알게 하고 그리스도와 밀접한 관계를 갖도록 해줄 수 있는 방법 중 가장 좋은 것은 가정예배를 드리는 일입니다. 아무리 비도덕적이고 윤리적 타락현상이 깊어가는 사회일지라도 서로서로 따뜻하게 감싸주며 이웃을 위하는 기도가 그치지 않는다면 이 사회는 변화될 수밖에 없습니다. 파괴를 조장하는 어떠한 것도 예배드리는 가정에 영향을 줄 수 없습니다. 그렇기 때문에 가정예배는 매우 가치 있는 일이 아닐 수 없습니다. 마르틴 루터는 "가정은 그리스도인의 인격을 훈련시키기 위하여 하나님께서 규정해 놓으신 곳이다."고 말하면서 가정예배의 중요성을 강조하였습니다.

가정예배는 하나님의 축복의 통로

또한 가정예배는 자녀들에게 엄청난 교육적 효과를 줄 수 있습니다.

첫째, 자녀들에게 하나님을 경외하는 태도를 가르칠 수 있습니다. 가정예배에 임하는 부모의 진지한 태도나 신앙적 자세를 통하여 자녀들은 하나님을 경외하는 태도를 배우게 됩니다. 자녀들은 가정생활을 하면서 부모의 모습을 통하여 처음으로 삶과 인생의 의미를 배우게 되며, 부모를 인생의 모델로 생각하고 그 모습을 닮아가고자 합니다. 때문에 어린 시절의 자녀들은 부모의 성격, 삶의 태도, 분위기 속에서 자기인생의 토대를 형성해 나가게 되는 것입니다.

둘째, 하나님의 권위에 복종해야 함을 가르치고, 자녀들은 부모의 말씀에 순종하는 것이 성경의 교훈임을 가르칠 수 있습니다. 가정예배를 통하여 하나님의 말씀을 배우고 그 말씀에 따라 부모들이 살아가는 모습을 보여줌으로써 자녀들은 부모가 하나님의 권위와 말씀에 복종하는 것을 실제로 보고 배울 수 있게 됩니다. 부모들은 자녀들에 대한 교육적 효과를 고려해서라도 하나님에 대한 진지하고도 성실한 신앙적 태도를 보여 주어야 하며, 이러한 신앙적 태도는 자녀들에게 뿐만 아니라 부모님 자신들에게도 유익한 결과를 가져옵니다.

셋째, 가정예배는 부모와 자녀 사이를 밀착시키게 됩니다. 가정예배에 함께 참여하면서 서로 공동체의식을 갖게 되고, 그 안에서 부모와 자녀는 동질성을 느끼게 됩니다. 또한 부모와 자녀들은 하나님 앞에서 솔직하게 자기 자신을 드러내 보임으로써 서로를 잘 이해할 수 있게 됩니다. 특히 가정예배의 민주적 운영은 전통사상으로부터 물려받은 폐단, 즉 가부장적 권위와 무조건적 복종이라는 부모와 자녀간의 흔하게 있는 대화의 단절 등을 극복하게 해 줍니다.

넷째, 가정예배는 자녀들이 스스로 자신의 신앙을 고백하고 예수 그리스도를 삶의 주인으로 모시며 살도록 도와주게 됩니다. 대표기도는 자녀들이 그리스도를 믿고 따르는 신앙을 고백하게 되며, 예배의 경건한 분위기는 자녀들이 신앙을 결단할 수 있도록 향상시켜 주게 됩니다. 부모들은 자녀들의 어린 시절 가정예배의 경험이 일생을 신앙 가운데서 살아가는데 크게 영향을 미치게 된다는 사실을 명심해야 합니다.

마지막으로 가정예배는 자녀들의 신앙만이 아니라 인격 형성과 또 인간관계의 소중함, 대화하는 방법, 섬김과 나눔을 통한 풍성한 삶을 배워 지도자로 키우는 교육과 훈련의 장이 될 것입니다. 매일매일 드린다면 더할 나위 없이 좋겠지만 현대의 삶의 구조상 어렵다면 한 주간에 한 번씩만이라도 가정예배를 드린다면 건강한 가정 훌륭한 자녀를 키우는 최상의 길이 될 것입니다.

가정예배는 가정의 신앙생활에 있어서 매우 중요한 비중을 차지하고 있으며 또 경건한 삶을 살아가게 하는 데 근본적인 힘이 됩니다. 특별히 현재와 같이 가정이 여러 가지의 문제점을 갖고 있는 때에 영육 간에 건강한 자녀, 훌륭한 자녀를 키우기 위해서는 이 예배의 중요성을 아무리 강조해도 지나치지 않습니다. 가정은 '부르너'의 말대로 "하나님의 창조에 의해서 주어진 한 신성한 질서"이며 '부쉬넬'의 말대로 가정은 "은총을 매개로 한 언약공동체"이기에 더욱더 가정예배는 필요하다고 하겠습니다. 행복한 부부생활, 또 영육 간에 건강하고 훌륭한 자녀를 키우기 위해서 가정예배는 너무나 소중한 것입니다. 행복한 삶을 살기 위해 우리는 선택과 결단, 가치 있는 일에 투자와 헌신이 필요합니다. 가정예배는 그 어떤 것보다 백 배, 천 배, 만 배의 결실을 거두는 가장 효율적인 것이 될 것입니다. 가정예배를 통해 우리의 자녀들은 21세기에 각 분야의 리더들의 필요

충분조건인 건강한 인격 그리고 인간관계의 성숙함, 대화하는 방법, 갈등의 조정능력 등을 자연스럽게 훈련하고 취득하게 될 것입니다.

독서 토론의 정례화

현대인은 대화의 단절 속에 살기에 자녀가 어떤 생각을 하며, 어떤 아픔을 갖고 있으며, 어떤 일에 두려움과 염려를 갖고 있는지를 모르며, 더욱이 자녀의 재능은 무엇이며, 자녀의 꿈은 무엇인가를 모르는 경우가 많습니다. 그러나 무조건 공부만을 강조하거나 공부를 못하면 아예 사람 취급도 하지 않는 부모 밑에서는 훌륭한 자녀로 성장할 수 없습니다. 독선과 권위주의 속에서 성장하는 자녀들은 자신을 자학하고, 꿈을 상실하게 되며, 의지와 열정이 무너지게 됩니다.

그러나 부모와 함께 같은 책을 한 주에 한 권씩 아니면 두 주에 한 권씩을 읽고 자신이 느낀 점, 비판할 점, 배울 점들을 서로 나누는 시간을 갖게 되면 부모는 자녀들의 생각과 성장을 알게 되고, 자녀는 부모의 인생관과 가치관을 알게 되면서 부모에게 자연스럽게 배우고, 인격을 형성하게 될 것입니다. 저는 자녀들과 어려서부터 함께 독서 토론회를 갖고 많은 대화를 나누면서 자녀를 키웠기에 자녀들 스스로 하나님이 주신 사명을 발견했고, 자신의 재능과 자신의 삶의 목적을 향해 열정을 갖고 삶을 살게 되었습니다. 어릴 때는 위인전을 읽고 토론하고, 성장해서는 신앙서적을 자녀의 눈높이에 맞춰 서로 읽고 토론하고, 대학생이 되어서는 성경 66권을 한 주에 한 권씩 읽고 서로 토론회를 가진 것이 자녀들의 신앙교육에 커다란 도움이 되었습니다. 또 인격 형성과 사람들과 관계에서 섬김과 나눔의 중요성 그리고 서로 다른 의견과 갈등을 조정하는 능력을 함양하게 되었고, 가족이 화목하고 부모와 자녀 간에 벽이 생기지 않는 건강한 관계를 갖게 되었습니다. 어떤 이유에서 독서 토론회를 도저히 가질 수 없다면 자녀에게 독서를 적극 권장하고 독서할 수 있도록 특별한 배려를 해 줄 것을 권면합니다.

독서의 중요성

1. 책은 자녀에게 훌륭한 멘토 역할을 해주게 됩니다. 인생에서 멘토는 반드시 필요하지만 훌륭한 멘토를 만나는 것이 쉽지 않습니다. 자녀에게 책은 인생의 지혜를 얻고, 참된 진리의 길을 찾고, 사람을 만나고, 축복된 관계를 형성해 가게 합니다. 또한 사건과 사물과 역사의 흐름을 올바르게 판단하고 중요한 일을 선택하는 일을 정확히 결단하는 일에 절대적 멘토입니다. 무엇을 시작하고자 할 때 어떤 어려움에 봉착할 경우 앞이 보이지 않고 답답할 때 책은 자녀에게 훌륭한 스승 역할을 하게 될 것입니다.

2. 책은 자녀의 잠재능력을 향상해 줄 것입니다. 하나님은 사람이 태어날 때 재능을 주시고, 거듭나고 성령의 침(세)례를 받을 때 각자에게 여러가지 은사를 주십니다. 이 재능과 은사를 발견하고 개발하는 데 필요한 지식을 책을 통해 얻을 수 있습니다. 더욱이 사람에게는 엄청난 잠재능력이 있음에도 불구하고 부정적인 환경과 사람들로 인해 자신의 꿈과 미래 그리고 능력에 대해 부정적인 생각을 갖

게 되는 경향이 있습니다. 그런데 책을 통해 역경을 극복한 위인들의 생애, 인간의 의지, 사람이 꿈을 이루는 것이 아니라 꿈이 사람을 만들어가는 이 위대한 진리를 배울 수 있습니다. 그러므로 긍정적이고 창조적이며 도전적인 삶을 살게 됩니다. 그리고 무엇보다 삶의 분명한 목적과 목표를 정립하게 됨으로 요동하지 않고 세상 유혹에 넘어가지 않는 주체성이 있는 사람이 되어 갑니다.

3. 책은 자녀들의 생각과 생활을 건전하게 만들 것입니다. 위대한 사람들에게는 반드시 그들을 위대하게 만든 책이 있습니다. 자녀들은 위인들의 운명을 바꾸게 한 책들이 있음을 발견할 수 있을 것입니다. 세상은 자녀들에게 부정적인 생각을 심지만 책은 긍정적이고 창조적인 생각을 심게 될 것입니다. 인생에는 자신의 모델을 만나는 것이 중요한데 책을 읽으면서 자신과 동질의 성장 과정과 환경, 자신과 비슷한 성격의 사람의 성공을 보게 되면서 모델을 만나게 되고, 그런 사람과 닮은 삶은 살기를 소망하게 되면서 바르게 성장할 수 있게 됩니다. 마치 그리스도인들이 예수님이나 베드로, 바울을 닮아가길 소망하는 것처럼 말입니다.

4. 책은 자녀들에게 건강한 습관을 만들어 줄 것입니다. 좋은 책을 잘 선택하고 읽게 된다면 엄청난 상상력과 창의력과 열정을 갖게 될 것입니다. 그렇게 되면 사람은 자연히 반복하여 생각하게 되고 일정한 생활패턴을 형성하게 될 것입니다 좋은 책을 읽으면 더 좋은 책을 읽게 되고 나아가 자녀는 책을 통해 좋은 습관을 만들게 될 것

입니다. 20세기 초 미국 하버드대학 심리학 교수인 윌리암 제임스 박사는 "생각이 바뀌면 행동이 바뀌고, 행동이 바뀌면 습관이 바뀌고, 습관이 바뀌면 인격이 바뀌고, 인격이 바뀌면 운명이 바뀐다."는 유명한 말을 남겼습니다. 축복된 습관이 쌓여져야 행복하고 성공할 수 있습니다. 겸손하고, 섬기고, 나누며, 감사하는 삶의 승리를 책을 통해 계속 확인해 갈 때 몸에 배인 습관이 되고 인격이 되어 위대한 인물이 되는 것입니다.

5. 책은 자녀들의 인생관과 가치관을 건강하게 만들고, 인생을 깊이 있게 만들 것입니다. 책을 통해 건강한 인생관과 가치관이 형성되면 다양한 간접 경험을 갖게 되며 단시간 내에 체계적으로 정확하게 배울 수 있고 경험할 수 있게 됩니다. 위대한 위인들의 인생을 책을 통하여 배우며 그들이 한 평생 걸어온 귀중한 교훈들을 한 권의 책으로 알게 되고 성공적인 인생을 살다간 사람들을 통해 "나도 이렇게 살아야겠다."는 꿈을 갖게 됩니다. 불행과 실패의 경우를 통해서도 교훈을 배우게 됩니다.

6. 책을 통해 관계의 소중함을 배우게 될 것입니다. 사람은 혼자서는 살 수 없고, 혼자서는 아무것도 할 수 없습니다. 사회구조가 개인화 되어 가지만 일은 혼자서 할 수 있다 할지라도 삶은 혼자서는 행복할 수도 성공할 수도 없습니다. 그러기에 결국 관계의 중요성 속에서 살게 되는 것입니다. 하나님과의 관계의 소중함을 통해 자신의 연약함을 배우고, 삶의 목적과 누구를 의지하고 섬기며 살아야 할

것인가를 배우게 되고, 사람들과의 관계의 소중함을 통해 사랑과 이해와 인내 그리고 예의와 배려의 중요성을 훈련하게 되고 자신과의 관계를 통해 자신의 정체성과 꿈과 사명을 발견하게 되어지는 것입니다. 이런 관계들의 소중함을 독서를 통해 배우고 함께 대화를 통해 나눌 때 자녀는 건강하고 훌륭한 인격을 소유하여 지도자로 성장하게 됩니다.

7. 책은 자녀들에게 자기 성찰의 기회를 갖게 합니다. 책은 간접경험을 유발하기에 책을 읽으면서 자신의 모습과 비교하게 됨으로 자연스럽게 자기 성찰의 기회를 제공받게 됩니다. 자기 성찰은 반드시 인생관과 가치관에 지대한 영향을 끼치게 합니다. 자기 성찰이 없이는 참된 인생관과 가치관을 가질 수 없습니다. 사람들은 누구나 실패와 성공의 경험을 반복하게 되는데 이 때 사람들은 열등감과 교만이라는 복병과 암초를 만나게 됩니다. 독서를 통해 자기를 성찰함으로 겸손하게 되고 자신감과 용기를 갖게 될 것입니다. 자녀에게 독서의 습관만 갖게 한다면 처음은 미약할지라도 끝은 창대할 것입니다. 독서는 사람을 생각하게 하고, 자신을 보게 하고, 세상과 사람들을 보게 함으로 지혜롭고 행복한 인생을 반드시 살게 할 것입니다.

제12장
감사는 행복의 시작과 완성

　세상이 공평하다고 생각하십니까, 아니면 불공평하다고 생각하십니까? 우리는 삶을 살아가면서 이해할 수 없고 받아들일 수 없는 실패와 불행을 경험할 때가 있습니다. 열심히 살았는데 사기를 당하거나, 예기치 않은 사고를 당하거나, 억울한 누명을 쓰고 고난을 겪거나, 피나는 노력으로 열심히 사업했는데 도산하기도 하고, 정직하게 살았는데 부정한 자에게 짓밟히기도 하는 등 정말 말로 다 설명할 수 없는 불행들이 있습니다. 부모 잘 만나서 편안하게 사는 사람도 있는가 하면, 열심히 일하고도 정당한 노력의 대가를 받지 못하는 사람도 있고, 선한 자가 거듭되는 고난을 겪는가 하면 악한 자가 어려움 없이 부자로 살기도 합니다. 그래서 많은 사람들은 세상이 불공평하다고 말합니다. 하나님이 계시다면 어떻게 이럴 수 있냐고, 하나님은 불공평한 분이라고 말하기도 합니다. 심지어 그리스도인들조차도 세상이 불공평하다고 말하기도 합니다. 그러나 우리가 믿는 하나님은 공평하신 하나님입니다.
　그런데 가만히 생각해보면 아주 이상한 일이 하나 있는데 그것은 세상 사람들 누구에게나 한 가지씩 약점이나 걱정이나 아픔이 있다는 사실입니다. 우리가 흔히 생각하기를 '저 사람은 정말 아무 걱정도 없을거야.' 라고 생각되는 사람이라도 막상 그 사람의 사정을 알고 보면 고민이나 걱정이나 약점이 있고, 아픈 부분이 있는 것을 알게 됩니다. 그때마다 우리가 다시금 생각하게 되는 것은 이 세상에 걱정이 하나도 없는 사람은 없구나 하는 것입니다. 모두가 다 나름대로의 삶의 아픔을 가슴에 품고 그리고 또 무거운 인생의 짐을 지고 세상을 살아가고 있다는 것입니다. 어느 가정이든 근심이 하나도 없는 집은 없습니다. 모든 가정들이 다 문제를 안고 세상을 살아가고 있습니다. 그래도 그 수많은 사람들 중에 한 사람쯤만은, 한 가정쯤만은 예외가 있을 수 있을 법한데 그 누구도, 그 어떤 가정도 여기에 예외가 없는 것 같습니다. 이점에 있어서 하나님은 참으로 공평하시다고 말할 수 있을 것입니다. 그런데 왜 하나님은 이렇게 모든 사람들에게 근심이나 걱정, 아픔을 주시는 것일까요? 하나님이 실수하시는 건 아닐까요? 아닙니다. 우리가 믿는 하나님은 실수하시는 하나님이 아닙니다.

하나님은 실수하지 않으신다네

A.M 오버튼

내가 걷는 이 길이 혹 굽어 도는 수가 있어도
내 심장이 울렁이고 가슴 아파도 내 마음 속으로
여전히 기뻐하는 까닭은 하나님은 실수하지 않으심일세
내가 세운 계획이 혹 빗나갈지 모르며 나의 희망 덧없이 쓰러질 수 있지만
나 여전히 인도하시는 주님을 신뢰하는 까닭은

주께서 내가 가야 할 길을 잘 아심일세

어두운 밤 어둠이 깊어 날이 다시는 밝지 않을 것 같아 보여도

내 신앙 부여잡고 주님께 모든 것 맡기리니 하나님을 내가 믿음일세

지금은 내가 볼 수 없는 것 너무 많아서 너무 멀리 가물가물 어른거려도

운명이여 오라 나 두려워 아니하리 모든 것을 주님께 내어 맡기리

차츰차츰 안개는 걷히고 하나님 지으신 빛이 뚜렷이 보이리라

가는 길이 온통 어둡게만 보여도 하나님은 실수하지 않으신다네

때때로 우리는 우리의 삶이 불행한 것 같고, 모든 희망이 사라진 것 같고, 어둠이 깊어 다시는 밝지 않을 것 같아 보입니다. 우리에게 남아있는 것은 아무것도 없는 것 같습니다. 그러나 이때도 하나님은 나를 위한 계획을 쉬지 않고 계십니다. 그러므로 바로 이때가 우리가 주님을 신뢰하고 감사를 시작해야 할 때입니다.

행복은 감사의 문으로

행복은 감사의 문으로 들어오고 불평의 문으로 나간다는 말이 있습니다. 불행한 사람이라도 감사하면 행복한 사람이 됩니다. 행복한 사람이라도 불평하면 그는 불행한 사람입니다. 일본의 유명한 신학자 우찌무라 간죠 씨는 "하나님의 형벌은 사업의 실패가 아니요 생활의 곤란도 아니며 육체의 질병도 아니며 가정의 불화도 아니다. 오직 하나님의 형벌은 하나님을 알지 못하고 미래의 천국이 보이지 않는 것이다. 성경을 읽어도 그 뜻을 알 수 없는 것이다. 감사의 마음이 없는 것이다. 이것이 참으로 재난

이요 가장 무서운 형벌이다."라고 하였습니다. 그렇습니다. 감사가 없으면 그것은 가장 불행하고 가장 무서운 형벌입니다. 우리는 늘 우리 삶에 없는 부족한 것을 먼저 봅니다. 그리고 다른 사람과 비교하며 자신 스스로 불행의 늪에 빠집니다. 그러나 인생을 비참하게 만드는 것은 가난에서 오는 슬픔도 아니고, 실패에서 오는 고통도 아닙니다. 재능이 모자라서 내뱉는 탄식도 아닙니다. 가장 큰 불행은 '비교'로부터 오는 불평불만 입니다. 하와는 모든 좋은 것이 풍성한 에덴동산에서 살았지만 감사가 없이 지냈기 때문에 시험에 들었고, 결국 그 모든 에덴동산의 복을 다 잃어버리는 주인공이 되었던 것입니다. 이렇듯 우리의 행복과 성공은 감사에 의해 결정됩니다.

헨리 휘센은 믿음의 가정에서 태어난 사람이었습니다. 범사에 감사하라는 가훈처럼 어린 시절을 기쁨과 감사 속에서 살았습니다. 신앙심이 두터웠던 헨리의 아버지는 하나님의 은혜가 크고도 큼을 항상 말씀하셨고, 가정형편도 부유하여 하나님의 축복으로 믿고 감사하면서 자랐습니다. 그러나 그러던 어느 날 헨리는 사고로 아버지의 엽총에 맞아 앞을 못 보는 소경이 되었습니다. 헨리는 너무 괴로워 자살을 시도하기도 하고, 아버지를 원망하기도 했습니다. 헨리의 아버지 또한 자괴감에 몸부림치며 술을 마시고 고통가운데 살았습니다. 아버지가 괴로워하는 모습을 보면서 헨리에게는 아버지를 기쁘게 하려는 마음이 생겼습니다. 그는 그 악조건 속에서도 국회의원이 되겠다는 결심으로 열심히 공부하고 노력해서 캠브리지 대학을 졸업하고 국회의원에 입후보했지만 세 번이나 낙방을 합니다. 그러나 그는 실망하지 않고 가훈처럼 '범사에 감사' 하면서 사람을 만날 때마다 웃으며 친절하게 대하고 꾸준히 노력하여 드디어 네 번째 만에 국회의원에 당선됩니다. 당선 후에도 그는 끈질기게 계속 노력했습니다. 언제나, 어떤 사람을 만나든, 어떤 비웃음을 당하든, 어떤 어려운 상황에 처하든 범사에 감사하며 긍정적인 생각으로 행복을 만들어 가며 살았습니다. 그리하여 삼림 보호법, 저축은행 설립, 아동학비의 국가부담 등의 의제를 통과시키며 찬란한 의정활동을 했습니다. 결국 헨리 휘센은 앞을 못 보는 소경이었으나 영국의 위대한 글래드 스톤 정부의 체신부 장관까지 되었습니다. 이 이야기를 통해 우리가 가슴에 새겨야 할 교훈은 헨리 휘센이 체신부 장관이 되어서 행복한 것이 아니라 감사하면서 행복하게 살았기 때문에 체신부 장관이 되었다는 사실입니다. 무엇 때문에 행복하고 무엇이 되어서 행복하다면 우리는 늘 행복할 수 없습니다. 늘 만족함이 없고, 더 큰 것을 바라고, 다른 사람과 비교하면서 불행한 삶을 살 수 밖에 없습니다. 그러나 우리가 먼저 감사하고 행복한 삶을 시작하면 성공적인 삶을 살 수 있습니다.

감사의 시작

사람들은 감사할 일이 없다고, 웃을 일이 없다고, 내 인생에는 고난만 있다고 말합니다. 무엇으로 감사해야 하냐고, 행복한 일이 없는데 어떻게 웃을 수 있냐고 반문합니다. 그러나 윌리엄 제임스는 "우리는 행복하기 때문에 웃는 것이 아니고 웃기 때문에 행복하다."고 했습니다. 환경 때문에 감사하고 환경 때문에 행복하다면, 요즘 행복한 사람을 찾기란 쉽지 않을 것입니다. 여기저기에서 우울한 소리만 들려오기 때문입니다. 「질병의 거부」의 저자 노먼 커즌스는 "웃음은 유효기간이 없는 최고의 약"이라고 했습니다. 실제로 그는 희귀성 퇴행 관절염에 걸려 얼마 살지 못할 것이라는 진단을 받았었습니다. 하지만 웃음이 병을 고칠 수 있을 거라고 생각한 그는 그날부터 각종 코미디 영화와 유머집을 보기 시작했습니다. 영화를 보면서 배를 잡고 웃었고, 재미있는 책을 읽으며 하루 종일 웃었습니다. 그 결과 진통제와 수면제 없이도 편히 잠을 잘 수 있었으며, 결국 완쾌될 수 있었습니다. 행복해지고 싶으면 먼저 웃어 보세요. 감사할 일이 생기길 원하면 먼저 감사하여 보세요. 감사는 또 다른 감사를 낳는 법, 기적을 바라지만 말고 먼저 감사부터 시작하여 보세요. 살아 있음부터 감사해 보세요. 어제 죽은 사람이 가장 가지고 싶어 한 것이 있다면 '오늘'일 것입니다. 여러분은 바로 그 오늘을 갖고 있는 것입니다. 생명을 갖고 있는데 무엇이 더 필요합니까? 죽은 사자보다 살아 있는 개가 낫습니다. 살아 있으면 언젠가 은혜를 받기 때문입니다(시 27:13). 살아 있음부터 기뻐하고 감사합시다. 노래는 부를 때까지 노래가 아니며, 종은 울릴 때까지 종이 아니고, 사랑은 표현할 때까지 사랑이 아니며, 축복은 감사할 때까지 축복이 아닙니다. 감사한다고 당장 환경이 바뀌는 것은 아닙니다. 그러나 감사할 때 우리 자신의 생각과 삶의 태도가 바뀌고 환경이 변화되기 시작합니다. 감사할 때부터 우리의 마음이 풍요로워지며, 인생을 보는 시각과 깊이가 달라지게 됩니다.

사람들은 다른 사람과 자신을 비교하기 때문에 감사할 조건을 찾기가 힘듭니다. 그러나 감사는 무(無)에서 시작해야 합니다. 무에서 출발하면 모든 것이 감사합니다. 옷 한 벌, 밥 한 끼, 숨 쉬는 공기, 따스한 햇빛, 아름다운 자연, 이 모두가 감사의 조건이 되기 시작하면 하나님의 뜻을 깨닫게 됩니다. 지금 내가 가지고 있는 모든 것은 진짜 내 것이 아닙니다. 살아

있는 동안 잠시 빌려 쓰고 있을 뿐입니다. 그래서 늘 감사하는 마음으로 살아야 합니다. 주신 작은 것에 감사해 보세요. 생각지 못한 기적을 체험하게 될 것입니다. 있는 것으로 감사해 보세요. 사무엘을 드린 한나에게 일곱 자녀를 주시듯 더 좋은 것으로 주실 것입니다. 부족할 때 감사해 보세요. 오병이어의 은혜를 경험하게 될 것입니다(요 6:1-15). 그리고 고난 중에도 감사해 보시기 바랍니다. 옥문이 열리고 착고가 풀리고 복된 만남이 있을 것입니다(행 16:23-28). 감사가 없는 마음은 채울 길이 없습니다. 감사가 없는 마음은 돈이 있어도 불평이고, 돈이 없어도 불평입니다. 그 마음은 관심을 기울여 주어도 불평이고, 관심이 없어도 불평입니다. 우리들은 감사하는 마음이 되어야 합니다. 같은 물이라도 젖소가 마시면 우유가 되고, 독사가 마시면 독이 됩니다. 똑같은 환경 속에서 감사가 없는 사람은 만족하지 못하고 불평하나, 감사가 있는 사람은 희망을 발견하고 감사합니다. 우리는 감사를 연습해야 하겠습니다. 환경이 나에게 감사할 수 있는 조건을 만들어 주는 것이 아니라 내가 감사를 드림으로 환경을 변화시킬 수 있는 것임을 깨달아야 하겠습니다.

감사의 세 가지 종류

우리의 감사에는 세 가지가 있습니다.

첫째로, 하나님께서 허락하신 축복, 좋은 것을 주신 것에 감사하는 '장점 감사' 가 있습니다.

다니엘 디포의 장편 소설 「로빈슨 크루소」는 평범한 뱃사람이 배가 파선되어 표류하다가 무인도에 이른 로빈슨 크루소의 이야기를 적고 있습니다. 그는 무인도에 이르러 처음엔 절망하다가 노트에 두 칸을 그린 후 한 칸에는 좋은 것을 기록하고 다른 칸에는 나쁜 것을 기록하기 시작합니다. 로빈슨이 외로운 섬에 던져진 것은 나쁜 것이었지만 다른 사람들처럼 익사하지 않은 것은 좋은 것이었습니다. 인간사회에서 추방된 것은 나쁜 것이었지만 굶어 죽지 않은 것은 좋은 것이고, 옷이 없는 것은 나쁜 것이지만 옷이 필요 없을 정도로 날씨가 따뜻한 것은 좋은 것이었습니다. 방어도구가 없는 것은 나쁜 것이었지만 야수들이 없는 것은 좋은 것이고, 말할 상대가 없는 것은 나쁜 것이었지만 하나님께서 파선된 배를 해안 가까이에 보내주셔서 그가 필요한 것들을 구할 수 있었던 것은 좋은 것이었습니다. 크루소는 좋은 것과 나쁜 것을 모두 열거한 다음 이 세상에는 부정적인 일이든 긍정적인 일이든 너무 비참해서 감사할 수 없는 것은 아무것도 없다는 결론을 내렸습니다. 크루소는 어떤 상황도 좋은 면과 나쁜 면이 있다고 보고 좋은 면에 대해서 믿음으로 '장점 감사'를 드렸습니다.

둘째로, '원점 감사'가 있습니다.

원점으로 돌아가서 주님이 주인이심을 고백하며 드리는 감사입니다. 빈손으로 왔다는 것입니다. 주인이 하나님이라는 것입니다. 극작가 버나드 쇼는 모든 책이 다 없어진다고 해도 꼭 하나 갖고 싶은 책이 있는데 그것은 「욥기」라고 했습니다. 그 이유는 욥이 곤욕과 질고를 겪으면서도 하나님께 대한 믿음을 저버리지 않고 '원점 감사'를 드렸기 때문이라고 했습니다. 욥은 상상할 수 없는 참담한 현실 앞에서도 하나님을 원망하지 않고 오히려 찬송하며 "내가 모태에서 알몸으로 나왔사온즉 또한 알몸이 그리로 돌아가올지라 주신 이도 여호와시요 거두신 이도 여호와시오니 여호와의 이름이 찬송을 받으실지니이다"(욥 1:21)라며 굳건한 믿음으로 '원점 감사'를 드리고 있습니다.

셋째로, 범사에 드리는 감사가 있습니다.

감사함을 넘치게 한다는 것은 우리의 영혼 깊숙한 심령으로 하나님의 은혜를 깨닫고 감사드리는 것입니다. 이것을 '만점 감사'라고 이름 붙입니다. 영국의 종교가요 유명한 기도의 사람 윌리암 로우는 "만족과 행복을 가장 빠르게 찾는 비결은 범사에 감사하는데 있다."라고 말했습니다. 존 밀러는 말하기를 "사람이 얼마나 행복한가는 그의 감사의 깊이에 달려 있다."라고 하였습니다. 범사에 감사함으로 주님의 축복의 세계에 도달하는 '만점 감사'의 사람들이 되어야 하겠습니다.

진정한 감사

시인 송명희 씨는 뇌성마비로 한 번도 정상적인 삶을 살지 못했습니다. 태어날 때부터 뇌성마비로 온 몸이 비비 꼬여서 말 한마디를 하려고 하면 죽다 살아나는 그런 고통을 겪어야 하는 1급 장애인입니다. 그런 그녀가 예수님을 만나고 나서 얼마나 많은 시를 썼는지 모릅니다. 그 시 하나하나를 읽을 때마다 가슴에 저미어 오는 감동이 있지 않습니까? 그녀가 쓴 시 가운데 「나」라는 시가 있습니다.

나 가진 재물 없으나
나 남이 가진 지식 없으나
나 남에게 있는 건강 있지 못하나
나 남이 없는 것 있으니

나 남이 못 보는 것 보았고
나 남이 듣지 못한 음성 들었고
나 남이 받지 못한 사랑 받았고
나 남이 모르는 것 깨달았네
공평하신 하나님이
나 남이 가진 것 나 없지만
공평하신 하나님이
나 남이 없는 것 갖게 하셨네

가령 몸이 건강하고, 사업이 잘 되고, 좋은 학교에 들어가고, 승진하고, 평안한 것 때문에 감사를 드려야 한다면, 송명희 시인은 하나님께 감사하기보다는 원망해야 할 것입니다. 그런데 그녀는 감사하고 있습니다. 하나님이 공평하다고 말하고 있습니다. 도대체 무엇을 감사하고 있는 것입니까? 무엇 때문에 감격하고 있는 것입니까? 뇌성마비로서 남이 가진 것의 90퍼센트를 못 가진 자매입니다. 그렇지만 예수님을 만났습니다. 예수님이 그의 마음을 가득히 채웠습니다. 그러자 무엇이라고 감사합니까? 남이 갖지 못한 것 내게 있고, 내가 가진 것 남이 없다고 노래하며 오히려 "주님, 나는 세상 사람이 가지고 즐기는 것이 없어도 예수님 한 분, 그분의 사랑을 받고, 그분을 눈으로 보고, 그분의 음성을 듣는 것만으로 나는 행복합니다. 감사합니다."라고 고백하고 있지 않습니까? 많이 가졌다고 감사하는 사람을 보셨습니까? 건강한 사람 중에 감사하는 사람을 보셨습니까? 자기 뜻대로 다 소원성취 하는 사람 입에서 감사가 나오는 것을 보셨습니까? 없습니다.

진짜 감사는 바로 예수님을 아는 사람에게서 나옵니다. 예수님을 우리 마음에 모시면 진정한 감사가 나옵니다. 예수님 때문에 감사할 수 있습니다.

우리는 늘 공기를 마시고 햇볕을 쪼이고 살면서도 그것에 대해서 감사한 마음은커녕 내가 공기를 마신다는 것, 햇볕을 받으며 산다는 사실조차도 알지 못하고 사는 사람들입니다. 우리는 하나님의 말할 수 없는 사랑과 은혜 속에 살면서도 하나님의 은혜와 사랑을 감사하지 못하고 사는 사람들입니다. 그러나 우리의 삶 속에 하나님이 주신 것을 생각해 보십시오. 그리고 하나님을 향해 감사하고, 곁에 있는 사람 때문에 감사하고, 보는 것마다 감사하십시오. 감사하면 내가 행복해 집니다. 마음으로 감사합니까? 입으로 감사하십시오. 내 인생의 오늘 상황이 아무리 어둡고 답답해도 기도할 수 있는 특권을 주시고 하나님을 아버지로 부르게 하신 하나님, 그 하나님의 변함없는 사랑이 나와 함께 있을진대 오늘도 우리의 삶의 주인 되신 그리스도 예수를 붙들고 성령님의 도우심과 교통하심을 힘입어 내일을 향해서 나아가는 삶을 살아야 할 것입니다.

성경에 감사에 대한 깊은 영감과 도전을 갖게 하는 말씀이 있습니다. "비록 무화과나무가 무성하지 못하며 포도나무에 열매가 없으며 감람나무에 소출이 없으며 밭에 먹을 것이 없으며 우리에 양이 없으며 외양간에 소가 없을지라도 나는 여호와로 말미암아 즐거워하며 나의 구원의 하나님으로 말미암아 기뻐하리로다 주 여호와는 나의 힘이시라 나의 발을 사슴과 같게 하사 나를 나의 높은 곳으로 다니게 하시리로다 이 노래는 지휘하는 사람을 위하여 내 수금에 맞춘 것이니라"(합 3:17-19). 본문은 남들이 나의 삶을 보기에는 아무런 감사할 조건이 없는 것처럼 보이지만 나를 구원하시고 나의 여호와 되시는 하나님이 계시기에 이로 인하여 기뻐하고 감사한다는 고백입니다. 이 세상의 모든 것은 사라져도 우리의 창조주 하나님께서는 영원히 우리와 함께 계시기에 소망과 기쁨이 넘친다는 고백인 것입니다.

이러한 하박국 선지자의 고백은 동방의 의인이었던 욥의 모습을 생각나게 합니다. 욥은 온갖 고난과 고통 속에서도 하나님을 원망하거나, 불평하거나, 저주하지 않았습니다. 그는 오히려 "오직 주신 자도 여호와시요 거두시는 자도 여호와이시라"는 신앙의 고백을 드립니다. 이러한 욥의 신앙고백은 하나님께 자신의 삶을 전적으로 맡기며 살아가는 하나님 중심의 신앙을 보여 주고 있습니다. 사람이 무엇으로 인하여 기뻐하고 행복해 하느냐는 그 사람의 수준을 증명해 줍니다. 어떤 사람은 세상의 쾌락을 통해 기뻐하지만 어떤 사람은 다른 사람에게 봉사할 때 행복해 하기도 하고, 어떤 사람은 하나님의 사랑으로 인해 기뻐하고 행복해 하는 수준이 있습니다. 우리 그리스도인이 하나님의 사랑으로 인해, 예수님의 은혜로 인해, 성령님의 역사하심으로 인해 기뻐하고 행복해 한다면 우리는 반드시 행복하고 성공적인 인생을 살게 될 것이며 그야말로 위대한 신앙이며 감사의 모습입니다.

결국 하박국 선지자나 욥의 삶의 유형은 조금씩 달라 보여도 자신들의 삶 가운데 역사하시는 하나님의 섭리를 믿으며, 평안하거나 환난 가운데 있거나 모든 삶 가운데 감사하며 사는 삶이었음을 우리에게 보여주고 있는 것입니다. 그런데 너무도 놀라운 것은 이러한 삶을 사는 자들에게 주시는 하나님의 축복입니다. 하박국 3장 19절의 말씀을 보면 "하나님은 우리의 힘이 되시고 나로 나의 높은 곳에 다니게 하실 것"이라고 기록합니다.

이러한 하박국 선지자의 기록은 세상적이고 인간적으로 보기에는 단 하나도 감사할 조건이 없는 것처럼 보이지만, 믿음을 가진 신앙인의 눈으로 삶을 조명해 보면 항상 하나님께서 우리와 함께 동행하시며 인도해 주시고 힘이 되시기 때문에, 우리의 삶이 항상 승리의 삶을 살게 될 것임을 선포하는 신앙의 고백인 것입니다. 그러기에 우리는 우리의 삶을 항상 승리의 삶으로 이끌어주실 하나님을 믿고 신뢰하며 "범사에 감사하라 이는 그리스도 예수 안에서 너희를 향하신 하나님의 뜻이니라"(살전 5:18)는 말씀대로 범사에 감사하는 삶을 살아야 하는 것입니다. 범사에 감사를 너무나 잘 표현한 내용이 들어있는 찬송입니다.

　　　　날 구원하신 주 감사 모든 것 주심 감사
　　　　지난 추억 인해 감사 주 내 곁에 계시네
　　　　향기로운 봄철에 감사 외로운 가을날 감사
　　　　사라진 눈물도 감사 나의 영혼 평안해
　　　　응답하신 기도 감사 거절하신 것 감사
　　　　헤쳐 나온 풍랑 감사 모든 것 채우시네
　　　　아픔과 기쁨도 감사 절망 중 위로 감사
　　　　측량 못할 은혜 감사 크신 사랑 감사해
　　　　길가에 장미꽃 감사 장미꽃 가시 감사
　　　　따스한 따스한 가정 희망 주신 것 감사
　　　　기쁨과 슬픔도 감사 하늘 평안을 감사
　　　　내일의 희망을 감사 영원토록 감사해

이것이 바로 이 세상의 사람들 앞에서 하나님의 자녀가 보여 주어야 할 인격이요 삶인 것입니다. 유대인의 지혜서인 「탈무드」에 이런 글이 실려 있습니다.

"참으로 지혜로운 자는 어떤 사람인가? 그것은 모든 경우에 있어서 배우는 사람이다. 참으로 강한 자는 누구인가? 그것은 자신을 절제할 줄 아는 사람이다. 그러면 정말 부자는 어떤 사람인가? 그것은 자신이 가진 것에 감사할 줄 아는 사람이다."라는 말입니다.

감사할 수 있다는 것은 인간을 고귀하게 만듭니다. 그래서 존슨은 "감사는 위대한 인격의 결실"이라고까지 말했습니다. 감사할 수 없다는 것, 그것은 그 사람의 영혼이 병들었다는 것을 뜻합니다. 감사의 경험과 감사의 표현은 사람을 사람 되게 하는 조건이 됩니다. 인간은 언제나 하나님께서 주시는 것을 받아야만 살아갈 수 있는 존재입니다. 우리가 하나님께 드릴 수 있는 것은 단 한 가지, 감사하는 것밖에 없습니다. 그러므로 하나님께 감사하며 사십시오. 감사는 받는 것으로부터 시작되지 않습니다. 현재 주신 은혜를 깨닫는 것이 감사의 출발점입니다. 행복은 소유에 있지 않고 관계에 있는 것입니다. 내가 무엇을 많이 소유해서 행복한 것이 아니라 나와 하나님의 관계가 사랑의 관계로 회복되었기 때문에 행복하고 감사한 것입니다. 내가 지위가 높아져서 행복한 것이 아니라 하나님이 나의 주인이시기 때문에 행복하고 감사한 것입니다. 내가 하나님으로 인하여 즐거워하고, 구원으로 인하여 감사하면 하나님은 나의 힘이 되어 나의 발을 사슴과 같게 하여 나를 높은 곳으로 인도할 것입니다.

2부
실패에서 성공을 향한 로드맵

제13장
겸손은 성공의 주춧돌

    세상의 모든 사람들은 성공하길 원하는데 행복과 성공은 동전의 양면처럼 분리될 수 없는 것으로 행복한 삶에서 성공이 잉태되고, 성공적인 삶에서 행복의 열매를 맺게 됩니다. 사람들이 행복과 성공을 갈망하는 것처럼 하나님도 구원받은 자녀들이 행복하고 성공적인 삶을 살기를 뜨겁게 원하시며, 성공적인 삶을 살도록 무한정 축복하고 계십니다. 그런데 성공적인 인생을 살기 위해서는 무엇보다 겸손해야 합니다. 겸손에는 처세술에 의한 겸손이 있는데 이것은 강자에게, 또 어떤 목적을 위해, 자신을 은폐하기 위해 자신을 낮추는 겸손입니다. 물론 이 사람의 마음에는 자신이 부족하다는 생각은 전혀 없습니다. 예의상 또는 처세상 겸손한 척 할 뿐이기에 마음에는 내 생각이 옳고, 내가 저보다 낫다는 교만한 마음이 그대로 있습니다. 반면 성경에서 말하는 겸손은 자신이 죄인이며, 연약하며, 어리석은 존재라는 인식하에 하나님의 은혜를 사모하고, 자신보다 더 지혜로우시며 능하신 하나님께 순복하는 삶의 자세를 말합니다.

하나님의 은혜를 받는 사람

하나님의 말씀인 성경은 "하나님이 교만한 자를 물리치시고 겸손한 자에게 은혜를 주신다"(약 4:6)고 약속하고 있습니다. 우리는 하나님이 은혜를 주셔야 성공적인 삶을 살 수 있는데 하나님은 겸손한 자에게 은혜를 주신다고 약속하고 있습니다. 다윗의 삶을 통해 이러한 사실을 확인해 볼 수 있는데 다윗의 삶을 한 마디로 요약할 때 성경은 "성실과 공의와 정직한 마음으로 주와 함께 주의 앞에서 행하므로 주께서 저에게 큰 은혜를 베푸셨고"(열상 3:6)라고 기록하고 있습니다. 다윗이 왕이 된 것은 하나님이 큰 은혜를 베푸셨기 때문이라고 말씀하고 있습니다. 다윗이 왕이 되려고 노력한 것이 아니라 겸손함으로 자신의 삶에서 성실하고 정직한 삶을 살았더니 하나님이 왕이 되도록 은혜를 주신 것입니다.

이처럼 세상 사람들은 자신의 지혜와 자신의 수단과 방법으로 성공하려고 하지만 하나님의 사람들은 겸손함으로 하나님 뜻에 순종함으로 하나님이 높이시는 것입니다. 교만한 자는 자신이 높아지려 힘쓰지만 겸손한 자는 하나님이 높여 주실 때까지 하나님 앞에서 하나님이 맡겨주신 일에 성실하게 최선을 다합니다. 그리하여 자기에게 맡겨주신 일이 무엇이든, 그것이 자기가 원하지 않은 일일지라도 성실하게 최선을 다할 때 하나님께서 축복하시는 것입니다. '다윗에게 양 한 마리를 지킬 때에도 최선을 다하는 성실함' 이 있었기에 하나님이 성령의 기름(삼상 16:13)을 부어 주시고, 고난을 통한 영적인 훈련을 한 후 때가 차매 왕으로 높여 주셨음을 기억해야 합니다.

겸손한 사람은 여호와를 목자(주인)로 삼습니다. 어리석거나 교만한 사람은 세상의 물질이나 권력을 좇아 살거나 자신의 지식이나 경험을 좇아 살기에 사람들에게 이용당하고 어리석은 판단으로 패가망신하지만 하나님을 인생의 주인으로 여기며 사는 사람은 다윗처럼 "여호와는 나의 목자시니 내가 부족함이 없으리로다"(시 23:1)는 아름다운 신앙 간증을 하게 될 것입니다. 다윗은 한 나라의 왕이 된 후 권력과 부, 수많은 도울 자들이 있었음에도 불구하고 스스로를 한 치 앞도 보지 못하고, 갈 곳도 모르고, 아무리 약한 적과도 싸워 이길 능력이 없는 양과 같은 존재로 생각하고, 사람도 아니고, 권력도 아닌 오직 하나님만이 자신의 영원한 목자, 인도자, 도움자로 여기며 사는 겸손함이 있었기에 하나님이 그를 높이셨던 것입니다. 그렇습니다. 사람이나 돈이나 권력이나 다른 그 어떤 것도 우리의 목자가 될 수는 없습니다. 오직 하나님만을 우리의 영원한 인도자로 모시고 살아가는 겸손이 우리를 성공하게 만들 수 있습니다.

성경은 다윗이 늘 오직 하나님만을 그의 인도자로 모시고 살았던 모습들을 보여줍니다. "그 후에 다윗이 여호와께 여쭈어 아뢰되 내가 유다 한 성읍으로 올라가리이까 여호와께서 이르시되 올라가라 다윗이 아뢰되 어디로 가리이까 이르시되 헤브론으로 갈지니라"(삼하 2:1). "다윗이 하나님께 물어 이르되 내가 블레셋 사람들을 치러 올라가리이까 주께서 그들을 내 손에 넘기시겠나이까 하니 여호와께서 그에게 이르시되 올라가라 내가 그들을 네 손에 넘기리라 하신지라 이에 무리가 바알브라심으로 올라갔더니 다윗이 거기서 그들을 치고 다윗이 이르되 하나님이 물을 쪼갬 같이 내 손으로 내 대적을 흩으셨다 하므로 그 곳 이름을 바알브라심이라 부르니라"(대상 14:10-11), "다윗이 또 하나님께 묻자온대"(대상 14:14), "이에 다윗이 하나님의 명령대로 행하여"(대상 14:16) 이렇듯 다윗은 언제나 모든 일을 하나님께 묻고 또 물어서 오직 여호와만을 자신의 목자요 주인으로 여기며 살았습니다. 그리하여 하나님께서 그를 축복하시고 은혜를 주사 왕으로 세워 주셨던 것입니다. 우리 그리스도인들도 마찬가지입니다. 우리는 예수님을 우리의 죄를 대속하신 구속주로 믿기만 하면 영혼이 구원받아 영생을 얻는 축복을 얻었습니다. 그러므로 이제 예수님을 내 삶의 주인으로 모시고 언제나 그 분께 묻고 순종하는 겸손한 삶을 살면 범사에 하나님의 인도와 도움으로 성공적인 인생을 살게 되는 것입니다.

하나님의 은혜임을 고백하는 것이 겸손입니다

사도 바울은 고전 15장 10절에 "내가 나 된 것은 하나님의 은혜로 된 것이니 내게 주신 그의 은혜가 헛되지 아니하여 내가 모든 사도보다 더 많이 수고하였으나 내가 한 것이 아니요 오직 나와 함께하신 하나님의 은혜로라"고 고백했습니다. 세상 사람들 모두가 하나님께 은혜를 받지만 대부분의 사람은 그것을 헛되이 합니다. 은혜를 받을 때는 감사하며 하나님 말씀에 의지하여 살기를 다짐하였다가도 세상의 유혹이 오면 뿌리치지 못하고, 이 세상이나 이 세상에 있는 것들을 사랑하며 살아갑니다. 그래서 대부분의 사람들은 받은 은혜를 헛되이 하고 맙니다. 그러나 한나는 자녀를 낳지 못하다가 하나님의 은혜로 사무엘을 낳았을 때, 은혜를 헛되이 하지 않고 사무엘을 하나님께 드렸습니다. 그랬더니 하나님이 사무엘을 높이시고 한나에게 일곱 자녀를 축복으로 주셨습니다.

또한 바울은 하나님이 값없이 구원의 은혜를 주셨을 때 그것을 헛되이 하지 않고 죽도록 충성했습니다. 그는 "내가 모든 사도보다 더 많이 수고

하였다"고 말합니다. 그런데 내가 모든 사도보다 더 많이 수고한 것이 하나님의 은혜라고 증거하고 있습니다(고전 15:10). 이렇듯 은혜가 헛되지 않는 사람은 주의 복음을 위해 더 많이 수고를 하게 됩니다. 그러나 더 많이 수고하는 것도 내 의지나 노력이 아니라 하나님의 은혜라는 사실을 우리는 기억해야 합니다. 대부분의 사람들은 이것을 기억하지 못합니다. 그리고 내가 한 것, 내가 힘쓴 것만 생각합니다. 하나님은 이것은 염려하셨습니다. 신명기 8장 17-18절에 "그러나 네가 마음에 이르기를 내 능력과 내 손의 힘으로 내가 이 재물을 얻었다 말할 것이라 네 하나님 여호와를 기억하라 그가 네게 재물 얻을 능력을 주셨음이라 이같이 하심은 네 조상들에게 맹세하신 언약을 오늘과 같이 이루려 하심이니라"고 말씀하셨습니다.

세상 사람들이 사업이 잘 되고, 세상적으로 성공하면 자신의 능력과 노력으로 재물을 얻었다고 생각하지만 믿음의 사람들은 '하나님이 재물 얻을 능을 주신 은혜'를 잊지 않아야 합니다. 이것이 겸손이며, 하나님은 이런 사람을 축복하시고 성공하게 하십니다. 농부가 씨를 선택하고 거름을 주고 잡초를 제거하고 아침부터 밤늦게 까지 수고하여 농사를 짓기에, 농부가 자기 힘으로 농사를 짓는다 생각하지만 하나님이 햇빛과 바람과 비를 주지 않으면 농부의 수고는 헛될 것입니다. 마찬가지로 사람들이 선택하고 판단하고 결정하고 집중적인 노력을 통해 성공하는 것 같지만 하나님이 때를 따라 생각나게 하시고, 지혜를 주시고, 인도해 주시고, 복된 사람을 만나게 하시고, 소망과 열정을 주지 않으면 어떻게 성공할 수 있겠습니까? 그러므로 하나님의 은혜를 알면 알수록 겸손하게 되고, 겸손하면 할수록 하나님을 높이게 되고, 높이심을 가슴에 새기고 살게 되면 인생에서 성공하게 됩니다.

자신이 어떤 존재인지를 아는 것이 겸손입니다

성 프랜시스(St. Francis, 1181-1226)의 제자가 환상 중에 하늘나라에 갔습니다. 많은 보좌들이 있었는데 그 중 한 보좌는 눈에 띄게 높은 보좌였습니다. 그래서 그는 천사에게 물었습니다. "저건 누구 것입니까?" 천사가 대답했습니다. "세상에서 가장 겸손한 성 프랜시스가 앉을 보좌이지요." 그 말을 듣고 그는 부러워하는 마음이 들었습니다. 그러다 환상을 깼습니다. 그 제자가 어느 날 조용한 시간에 스승에게 물었습니다. "선생님, 선생님께서는 스스로 어떤 분이라고 생각하십니까?" 그러자 스승은 주저 없이 대답했습니다. "이 세상에서 가장 악한 사람이라고 생각하지." 그 말을 듣고 제자는 기회를 놓치지 않고 말했습니다. "선생님! 그렇게 말씀하시는 것은 교만입니다. 그건 바로 위선입니다. 많은 사람들이 선생님을 성자라고 부르고 있지 않습니까?

세상에는 수많은 강도, 살인자 등 온갖 악인들이 득실거리는데 어떻게 선생님께서는 스스로 가장 악하다고 말씀하십니까? 그게 바로 위선이 아닙니까?" 환상 중에 본 보좌에 은근히 시기하는 마음도 들었기 때문에 따진 것입니다. 그러자 성 프랜시스는 빙그레 웃으면서 "그건 자네가 나를 몰라서 그래. 정말 나는 악한 놈이지. 하나님께서 내게 이렇게 많은 은혜를 부어주셨으니까 오늘날 내가 된 것일 뿐이라네. 만약 내게 주신 은혜를 다른 사람에게 주었더라면 그 사람은 나보다 몇 배나 훌륭한 사람이 되었을 것일세." 하고 진심에서 우러나는 말로 이야기했습니다. 그 제자는 그때에야 스승을 제대로 알아보고는 무릎을 꿇어 큰 절을 했다고 합니다. 그렇습니다. 우리 모두는 하나님의 은혜만큼 성숙하고 성장한 사람들입니다.

이것을 명심하고 날마다 하나님께 무한 감사를 드리며, 하나님 앞에서 더 낮아지는 것이 바로 성공의 지름길입니다.

에딘버러대학의 제임스 심프슨 교수에게 한 학생이 "선생님의 생애에서 가장 뜻 깊은 발견은 무엇입니까?" 라는 질문을 던졌습니다. 심프슨 교수는 환자들에게 고통 없이 수술을 받을 수 있도록 하는 마취제 클로로프롬을 발견하여 세계 의학계에 위대한 혁명을 일으킨 사람으로 칭송받는 의학자였습니다. 그래서 주위 사람들은 심프슨 교수가 당연히 그 마취제의 발견을 들 것이라고 예상했습니다. 그런데 심프슨 교수는 이렇게 대답했습니다. "나의 생애에 있어서 가장 소중한 발견은 나는 죄인이며 예수님이 나의 구주시라는 사실을 자각한 것입니다."

우리는 흔히 겸손을 자신의 능력이나 지식을 드러내지 않고 낮추는 것으로 생각합니다. 그러나 성경이 말하는 겸손은 하나님 앞에서 자신의 보잘것없음을 자각한 사람들이 그 낮아진 마음으로 다른 사람들을 대하는 것입니다. 그러므로 진정한 겸손은 하나님과 우리 주 예수 그리스도의 십자가에 대한 경험 위에서 꽃피는 덕목인 것입니다. 즉, 겸손은 하나님을 경외하며, 하나님의 절대주권을 인정하고, 하나님의 말씀대로 죄인 된 자신을 구원하신 예수님을 삶의 주인으로 섬기며, 예수님을 높이는 것입니다.

남을 자기보다 낫게 여기는 것이 겸손입니다

성경은 "아무 일에든지 다툼이나 허영으로 하지 말고 오직 겸손한 마음으로 각각 자기보다 남을 낮게 여기고"(빌 2:3)라고 말씀합니다. 아람군

대 장관인 나아만은 크고 존귀한 권세자였지만 엘리사에게 가면 문둥병을 고치리라(왕하 5:3)는 포로 된 별 볼일 없는 계집종의 말을 듣고 적군인 이스라엘에 갔습니다. "엘리사가 사자를 그에게 보내 이르되 너는 가서 요단강에 몸을 일곱 번 씻으라 네 살이 회복되어 깨끗하리라 하는지라"(왕하 5:10)고 했을 때 말도 되지 않는 말이기에 되돌아가려 했지만 하인들의 말을 듣고 "나아만이 이에 내려가서 하나님의 사람의 말대로 요단강에 일곱 번 몸을 잠그니 그의 살이 어린 아이의 살 같이 회복되어 깨끗하게 되었더라"(왕하 5:14)고 했습니다. 계집종은 노예요 몸종에 불과한 천한 신분이지만 나아만 장군이 겸손함으로 그녀의 말을 들었을 때 문둥병이 치료되었으며 하나님이 나아만을 높여 주신 것을 볼 수 있습니다. 우리가 알면 무엇을 얼마나 알며, 우리가 할 수 있으면 무엇을 얼마나 할 수 있겠습니까? 아는 것보다 알지 못한 것이 더 많고, 할 수 있는 것보다 할 수 없는 것이 더 많음을 고백하지 않을 수 없는 우리입니다. 이런 우리에게 남을 나보다 낮게 여기는 겸손함이 있을 때 하나님이 역사하시고 높여 주심을 마음에 새깁시다.

또한 자기의 능력이나 지식이나 지위를 자랑하지 않는 것이 겸손입니다. 한 나무꾼이 산에 가서 도끼로 나무를 잘랐습니다. 나무꾼이 집으로 돌아오자 도끼는 연장들이 많은 창고에 들어가서 자신이 그 큰 나무를 잘랐다고 큰 소리로 자랑했습니다. 나무꾼은 연장을 둔 창고 안이 시끌벅적하자 창고에 가서 "왜 이렇게 소란이냐?"고 물어 보았습니다. 그러다 그는 도끼 때문에 시끄러운 것을 알게 되었습니다. 나무꾼은 시끄러운 도끼에게 "너를 날카롭게 만든 것도 나고 너를 사용한 것도 나다.", "너를 창고에 놓아두는 순간부터 너는 고철에 불과하다."라고 말했습니다. 우리의 능력으로 이 세상을 산다고 생각하면 그것은 큰 착각입니다. 우리는 매순간 하나님의 능력으로 살고 있음을 기억하고 겸손해야 합니다. 하나님이 계속적으로 쓰시는 사람이 되려면 늘 우후죽순처럼 불쑥불쑥 피어오르는 교만의 잡초를 뽑아버리고 그분 앞에 겸손히 무릎 꿇고 엎드리는 시간이 필요합니다. 우리의 위대함은 하나님과 가까워짐에 있고, 우리의 위대함은 내가 연약한 죄인이라는 것을 알 때 있습니다.

헨리 나우웬이 그 유명한 하버드대학의 교수직을 버리고 지체 장애 우들에게 가기로 했을 때 주위에 있는 자들이 왜 그런 결정을 하였냐고 물었습니다. 그때 그는 이렇게 말했습니다. "내가 세상적으로 유명해지고 높은 자리에 앉아 있었을 때는 예수님을 발견하지 못했습니다. 오히려 내가 공원에서 지체 장애인을 만났을 때 그에게서 예수님을 발견하였습니다. 그래서 나는 예수님이 계신 그 장소로 갑니다." 사회적으로 유명해지고 높은 자리에 오르는 것이 인생의 최대 목표인 사람들이 많이 있습니다. 그러나 유명해지기보다, 높은 자리에 오르기보다 겸손히 하나님을 의지하는 자가 되려고 해야 합니다.

우리 주위에 보면 자신에게는 하나님의 큰 능력이 나타나지 않는다고 불평하는 사람들이 있습니다. 그럼 과연 어떤 사람에게 하나님의 큰 능력이 나타나는 걸까요? 이것은 수력 에너지가 발생하는 원리와 같습니다. 수력발전소는 수차가 크면 클수록 큰 에너지를 가집니다. 이 원리는 우리에게도 적용됩니다. 하나님이 높아지시고 우리가 낮아지면 낮아질수록 큰 능력이 나타나는 것입니다. 즉 가장 겸손한 사람에게 가장 큰 능력이 나타나고 그 능력이 계속 유지되는 것입니다. 교만하면 사탄과 가까워지고, 겸손하면 하나님과 가까워지는 것입니다.

모든 영광을 하나님께 드리는 것이 겸손입니다

　오스트리아 작곡가 하이든(Joseph Franz Haydn: 1732-1809)은 많은 교향곡, 실내악, 소나타 등을 작곡하였습니다. 특히 '황제', '놀람', '고별', '시계', '군대' 등 100여 편의 많은 교향곡을 남겨 '교향곡의 아버지'라고 불립니다. 그는 독실한 기독교 신자로 세계 3대 오라토리오 중의 하나인 '천지창조'를 작곡하였습니다. 그의 음악은 밝고 즐거워 사람의 마음에 생기를 넣어주는 특징을 갖고 있습니다. 1808년 비엔나에서 그가 작곡한 '천지창조'가 연주되었습니다. 연주가 끝나자 감격한 청중들은 모두 일어나 지휘자에게 열렬한 박수를 보냈습니다. 그때 지휘자는 청중들의 박수를 중단시키면서 뒷좌석 발코니에 앉아 있는 하이든을 가리키며 말했습니다. "저 분입니다. 저 분이 이 놀랍고 아름다운 노래를 작곡했습니다." 사람들이 다시 고개를 돌려 하이든을 바라보며 일제히 일어나 박수를 치기 시작했습니다. 그러자 하이든이 갑자기 청중들을 중단시키면서 말합니다. "아닙니다." 그는 손을 들어 하늘을 가리키며 말했습니다. "나는 아무것도 아닙니다. 그분이 하신 것입니다. 이 모든 것은 하늘로부터 온 것입니다. 주님께서 나의 연약함을 아셨기 때문에 주님께서 나에게 지혜를 주셨습니다. 그분께만 영광을 돌리십시오!" 하이든의 위대한 작곡만이 하늘로부터 온 것이 아닙니다. 우리가 가진 작은 지혜나 재능 그리고 생각하고 말하며 행동하는 모든 기능, 건강 그리고 물질까지도 하나님께로부터 온 것을 우리는 알아야 합니다.

　하나님은 우리의 마음과 생각을 알고 계십니다. 그래서 하나님께서는 우리가 '입술로만, 또 남들 앞에서만 처세술로 하는 겸손이 아니라 진심으로 하는 겸손'을 축복하십니다. 겸손은 성공의 주춧돌입니다. 하나님은 겸손한 사람을 높이시고 축복하십니다. 겸손은 신앙생활의 시작이며 완성입니다. 성경은 "이는 내 생각이 너희의 생각과 다르며 내 길은 너희의 길과 다름이니라 여호와의 말씀이니라 이는 하늘이 땅보다 높음 같이 내 길은 너희의 길보다 높으며 내 생각은 너희의 생각보다 높음이니라"(사 55:8-9)라고 기록하고 있습니다. 이렇듯 하나님은 우리와 차원이 다르니 그 분의 뜻에 순종하는 것이야말로 겸손 중의 겸손입니다.

제14장
하나님이 주신 꿈

사람은 꿈이 있어야 합니다. 왜냐하면 사람이 꿈을 이룩하는 것이 아니라 꿈이 사람을 만들기 때문입니다. 꿈이 있는 사람은 꿈에 의해 움직여지고, 꿈에 의해 생각하고, 꿈에 의해 말하게 되고, 꿈에 의해 준비되어지고, 꿈에 의해 고난을 극복할 힘을 얻습니다. 그래서 세상 사람들은 자신의 명예와 영광과 유익을 위해 이 세상에서 무엇이 되고, 무엇을 이룩하고자 하는 꿈들을 갖고 삶을 삽니다.

내가 꾸는 꿈을 품은 사람

그런데 세상에서 자신의 권익을 위해 무엇이 되고, 무엇을 이룩하고자 하는 꿈을 꾸는 사람들은 성공률보다 실패율이 높고, 성공했다 해도 진정한 행복을 누리지 못하고 삶을 마감하게 됩니다. 왜 자신의 권익을 위한 꿈은 실패율이 높고 불행한 삶을 살 확률이 높을까요? 그것은 내 권익을 위해 꾸는 꿈은 내가 이룩해야 하기 때문입니다. 내 머리와 내 능력을 필요로 하기 때문입니다. 내가 꾸는 꿈은 내 선택과 내 판단에 의해 좌우되는데 우리는 미래를 예측할 수도 없고, 사람의 마음도 알 수 없기에 미래를 보증할 수가 없으며, 내가 사람을 움직여야 하고 설득해야 하는데 사람마다 이해관계가 다르기에 다른 사람에게 잘 협력하지 않기 때문입니다. 내가 꾸는 꿈은 다른 사람과 경쟁해야 되고, 다른 사람을 짓밟기도 해야 하며, 사람을 사랑의 대상이 아닌 이용의 대상으로 여기고 살기에 진정한 사랑의 관계도 신뢰의 관계도 맺을 수가 없습니다. 그래서 자신이 무엇을 이룩하려고 하고, 자신이 무엇이 되고자 하는 사람은 언제나 엄청난 스트레스 속에서 살게 됩니다.

스트레스는 만병의 근원일 뿐 아니라 모든 불행과 실패의 요인이기도 한데 자신의 권익을 위해 꿈을 꾸는 사람들은 끊임없이 건강치 못한 스트레스 속에 살기 때문에 그로 인해 많은 질병과 관계의 끊어짐 속에서 불행을 자초하고 하나님과의 관계도 사람들과의 관계도 올바르지 않은 불행한 삶을 삽니다. 그리하여 하나님이 주신 것을 누리며 살지 못하고 하나님이 원하시는 성공적인 삶을 살지 못하고 있는 것입니다.

하나님이 주신 꿈을 품은 사람

그렇다면 하나님이 주신 꿈을 가진 사람들은 어떨까요? 여기 성경에 나오는 몇 명 인물들의 삶을 통해 하나님이 주신 꿈을 가진 사람들을 살펴보고자 합니다. 요셉은 하나님이 주신 꿈을 가진 사람이었습니다. 요셉은 하나님이 주신 꿈을 가슴에 품었기에(창 37:5-9) 고난 속에서도 슬퍼하지 않고, 기쁨으로 열정을 갖고 성실하게 살 수 있었고(창 39:1-6), 보디발

장군 아내의 유혹(창 39:7-12)을 뿌리칠 수가 있었습니다. 하나님이 주신 꿈이 있었기에 감옥 속에서도 좌절하지 않고, 긍정적이고 적극적으로 다른 사람을 섬기며 도왔고(창 40:1-23), 하나님과 더 깊은 사랑의 밀어를 나눌 수 있었습니다. 감옥 생활이 아무리 고달프고 미래가 불투명해도 하나님이 주신 꿈이 있기에 인내하며(창 41:1), 하나님의 때를 기다릴 수가 있었습니다. 이러한 고난의 과정 중에서도 요셉은 애굽의 총리가 되기 위해서나 자신이 무엇을 이룩하기 위해서 몸부림치지 않았습니다. 다만 요셉은 어떤 극한 상황에서도 감사하며, 성실하게 사람들을 섬기며, 하나님 앞에서 하나님과 함께 살았을 뿐입니다. 그러자 하나님께서 하나님의 때에, 하나님의 방법으로, 요셉에게 주셨던 꿈대로 애굽의 총리로 높여 주셨습니다. 이렇듯 하나님은 꿈을 주실 때 약속도 함께 주시는데 그 약속을 믿고 순종하면 그 사람의 믿음과 순종을 통해 하나님의 때에 하나님이 꿈을 이루어 주십니다.

이스라엘의 왕이었던 다윗도 하나님이 주신 꿈을 가진 사람이었습니다. 다윗에게 성령의 기름부음을 주신 것은(삼상 16:13) 하나님이 왕으로 세우리라는 약속된 꿈을 주신 것이었습니다. 다윗은 하나님이 약속하시고 보증하여 주신 꿈을 꾸며, 양을 치면서도 기쁘고, 혼자 있어도 기쁘고, 곰과 사자가 와도 무섭지 않고, 아무도 없는 들판에 혼자 있어도 외롭지 않았습니다. 다윗은 하나님이 약속하시고 보증하여 주신 꿈을 꾸며 살아가기에 사울 왕에게 계속 쫓기면서도 자신을 죽이려는 사울 왕을 계속 용서하며 하나님의 때를 기다리며 살았습니다. 성경은 이러한 다윗의 삶을 이렇게 요약해 놓았습니다. "다윗이 성실과 공의와 정직한 마음으로 주와 함께 주 앞에서 행함으로 주께서 그에게 큰 은혜를 베푸셨고 주께서 또 그를 위하여 이 큰 은혜를 항상 주사"(왕상 3:6) 라고 기록합니다. 다윗 자신이 무엇이 되려고 몸부림치지 않았습니다. 다윗이 스스로 왕이 되려고 했으면 사울과 싸워 이겨야 했고, 사울을 죽여야 했기에 불가능했을 뿐 아니라 많은 어려움을 겪었을 것입니다. 그러나 다윗은 자신의 꿈을 이루려고 몸부림치지 않고 하나님만을 기쁘고 영광스럽게 하려는 삶을 살았기 때문에 하나님께서 하나님의 때에, 하나님의 방법으로 다윗을 성공하게 하시고, 왕이 되게 하신 것입니다. 그렇습니다. 내가 내 성공을 위해 살면 사람과 경쟁해야 되고 때로는 열등감에, 때로는 조급함에, 때로는 두려움과 불안감에, 스트레스 속에 살지만 하나님이 꿈을 주시고 약속을 주시면 그 약속 붙잡고 성실하게 정직하게 최선을 다하고 있노라면 하나님이 약속하신 꿈을 이루어 주십니다. 다만 우리는 하나님이 주신 꿈을 가슴에 품고 살면서 성실과 공의로 행하면 하나님께서 우리를 승리하게 하시는 것입니다.

모세 또한 하나님이 주신 꿈을 가진 사람이었습니다. 하나님은 모세에게 "이제 내가 너를 바로에게 보내어 너에게 내 백성 이스라엘 자손을 애굽에서 인도하여 내게 하리라"(출 3:10)는 꿈을 주셨습니다. 모세는 자신이 이스라엘 백성을 애굽에서 인도하여 낼 꿈을 꾼 것이 아니었습니다. 하나님이 모세에게 위대한 꿈을 주신 것입니다. 모세는 자신의 나이가 80살이기에 도저히 불가능하다 여겼지만 하나님은 애굽 왕 바로의 완악함을 무너뜨리셨고, 홍해바다를 갈라 이스라엘 백성들이 건너가게 하셨고, 만나와 메추라기로 먹이시고, 낮에는 구름기둥으로 밤에는 불기둥으로 지키시며, 끊임없는 원망과 불평이 가득했던 백성들의 마음을 녹이고, 반석에서 샘물 나게 하는 기적의 역사를 보여 주시며 이스라엘 백성들을 애굽에서 인도하여 내셨습니다. 이렇듯 하나님은 '모세를 통해' 하나님의 꿈을 이루어 주셨고, 하나님은 영광을 받으시고 사랑하는 백성들에게는 유익을 주셨습니다.

하나님이 주신 꿈을 가진 사람들의 사례는 단지 성경에만 나오는 이야기가 아닙니다. 우리가 잘 아는 프랑스의 화학자인 루이 파스퇴르는 자기의 모든 정열과 시간을 바쳐 오직 미생물 연구에만 몰두하여 마침내 미생물 연구와 예방 접종 분야에서 의학계의 신기원을 이룬 사람입니다. 그는 너무나 지나친 실험과 연구에 몰두하다가 그만 반신불수가 되었습니다. 그럼에도 그는 자기의 명성보다는 사회에 기여하여 다른 사람들에 유익을 끼치는 참된 삶을 살겠다는 하나님이 주신 꿈을 품은 사람이었습니다. 자신의 안위나 명예보다 인류에게 무언가 유익이 되는 삶을 살길 소망했던 위대한 과학자였던 그는 언제나 사람들에게 "세상언 빵 이상의 세계가 있다. 영원한 세계의 상급을 바라보며 나에게 주어진 재능과 은사를 통해 사람들에게 봉사하며 살겠다."고 자신의 소신을 밝혀 왔습니다.

한번은 어떤 사람들이 그의 장애가 오히려 불편하고 연구에 장애가 되지 않았느냐고 물었을 때 그는 이렇게 말했다고 합니다. "아니오. 신체장애가 오히려 연구에 몰입하는 데 아주 큰 도움을 주었습니다. 그리고 무엇보다 장애우들에게 희망과 용기를 주어야겠다는 마음으로 더 열정을 쏟을 수 있었습니다." 루이 파스퇴르는 장애를 가졌지만 그것으로 인해 눈물과 후회의 삶을 살며 인생을 자학하지 않았습니다. 오히려 그는 자신의 환경, 신체적, 배경적 장애 요소를 자신을 채찍질 하는 데 사용하였습니다. 자신의 장애를 장애로 여기지 않고 다른 사람들에게 행복을 주고자 하는 하나님이 주신 꿈을 가슴에 품고 살았던 루이 파스퇴르는 위대한 생애를 살았고, 하나님의 꿈을 이루어 인류에 봉사하게 된 것입니다.

이렇듯 하나님이 주신 꿈은 다른 사람을 유익하게 합니다. 나의 높아짐과 나의 부유함을 위함이 아니라 다른 사람을 유익하게 하는 하나님의 꿈을 가진 사람은 하나님이 축복하시고 하나님의 때에 하나님의 방법으로 꿈을 이루어 주십니다.

내 꿈이 아닌 하나님의 꿈으로 바뀌면

스위스의 장 앙리 뒤낭이라는 사람은 유명한 은행장이었는데 그의 꿈은 프랑스의 황제 나폴레옹을 만나 스위스와 프랑스 간에 경제협력관계를 체결함으로 자신의 명성을 드러냄과 동시에 사회적으로 자신의 위치를 공고히 하는 것이었습니다. 그러던 그의 꿈이 이루어질 기회가 왔습니다. 스위스의 경제 사절로 프랑스에 간 그에게 황제를 만날 기회가 주어진 것입니다. 그러나 프랑스에 도착한 날 나폴레옹은 전쟁터에 떠나갔습니다. 이를 안 뒤낭은 나폴레옹을 만나기 위해 이탈리아 북부의 솔페리노 전쟁터까지 달려갔습니다. 나폴레옹 황제를 만나면 자기의 명성이 올라가 성공의 밑거름이 될 것이라는 기대를 가지고 있었기 때문입니다. 그런데 하나님께서 그곳에서 뒤낭에게 보게 하신 것은 피투성이가 되어 뒹굴고 있는 수많은 시체와 전쟁의 참혹함, 인간 생명의 허무함이었습니다.

얼마 지나지 않아 전쟁은 끝이 났지만 뒤낭은 더 이상 나폴레옹을 만날 생각은 하지도 않은 채 그곳에 머물면서 오랫동안 의사를 도와 부상병을 돕고 시체들을 치우는 작업을 계속했습니다. 그리고 성공하고 명성을 드높이겠다는 자신의 꿈은 버린 채 하나님이 주시는 새로운 꿈 하나를 싹

틔우게 됩니다. 그것은 바로 평화에 대한 꿈이었습니다. 그리고 전쟁에서 부상당한 사람을 위해 봉사해야 한다는 결의를 다졌습니다. 그의 결의는 국제적십자 운동의 시작이 되었고, 그 꿈의 결실로 뒤낭은 첫 번째 노벨평화상의 주인공이 되었습니다. 뒤낭이 자기 꿈을 버렸을 때 그는 실패한 것 같고 은행장이라는 세상의 부와 명예를 버렸지만 하나님께서는 그에게 더 큰 꿈을 주셨고, 더 큰 성공을 이루게 하셨습니다.

하나님이 주시는 꿈을 가슴에 품고 삶을 사십시오. 하나님이 당신을 의의 일꾼으로 만드실 것이며, 하나님의 놀라운 축복과 상급이 당신을 기다리고 있을 것입니다.

예수님이 나를 사용하시면

내가 청소년 시절에 꾸던 꿈이 능력의 한계와 환경과 상황의 악화로 산산조각이 났지만 예수님을 주인으로 모시면 하나님은 더 귀한 꿈으로 이루어 주심을 체험했습니다.

세 그루의 나무가 있었습니다. 세 그루의 나무는 각기 자신의 꿈이 있었습니다. 첫 번째 나무는 왕의 으리으리한 침대가 되기를 원했습니다. 멋있는 침대가 되어 왕이 매일매일 그 위에 누울 생각을 하면 절로 웃음이 나왔습니다. 두 번째 나무는 왕을 태우는 커다란 배가 되어 세계의 바다를 누비고 싶었습니다. 세 번째 나무는 크고 멋진 목상이 되어 모든 사람들이 우러러 보는 큰 대로에 세워지고 싶은 꿈을 가지고 있었습니다. 그러던 어느 날 나무꾼이 와서 세 그루의 나무를 베었습니다. 좀 아프긴 했지만 앞으로 자신들의 꿈이 이루어지길 바라면서 세 그루의 나무는 어디론가 실려

갔습니다.

첫 번째 나무를 목수가 잡고 무엇인가를 만들었습니다. 왕의 침대가 될 것을 기대하며 좋아했는데 알고 보니 마구간의 말구유가 되었습니다. 너무나 실망스러웠습니다. 동물들의 냄새나는 음식을 매일 담고 있어야 한다고 생각하니 한숨이 절로 나왔습니다. 두 번째 나무를 목수가 만지기 시작했습니다. 멋있는 큰 배가 될 것을 꿈꾸고 있었는데 막상 다 만들어지고 보니 작은 볼품없는 고기잡이 조각배였습니다. 이런 작은 배에 어부를 태우고 비린내 나는 생선을 매일 담을 생각을 하니 한숨이 절로 나왔습니다. 세 번째 나무도 목수가 만들기 시작했습니다. 큰 길에 세워질 목상이 될 것을 꿈꾸고 있었는데 다 만들어지고 보니 글쎄 십자가형에 처하는 십자가였습니다. 두 친구들보다 더욱더 실망이 컸습니다. 정말 끔찍했습니다. 사람을 죽이는 십자가가 되다니 정말 내 인생이 비참하게 되었다고 생각하였습니다.

말구유가 된 첫 번째 나무가 자신의 신세를 한탄하고 있던 어느 날 누군가가 찾아왔습니다. 젊은 부부였는데 잘 곳이 없어 마구간에 머무는 것 같았습니다. 부인은 만삭이었는데 갑자기 밤에 진통을 하더니 아기가 태어난 것이었습니다. 그러더니 그 아기를 말구유에 누이는 것이었습니다. 천사들과 목자들까지 와서 구유에 누인 아기께 경배하며 말하기를 이스라엘의 왕이 나셨다는 것입니다. 그렇다면 나는 왕의 침대가 된 것이 아닌가? 첫 번째 나무는 너무나 감격했습니다. 그 소원대로 왕의 침대가 된 것입니다. 보잘것없는 말구유였고 냄새 나는 말구유, 멸시 천대받는 말구유였지만 예수님이 그 안에 누우시니 왕의 침대가 된 것이었습니다.

두 번째 나무는 고기잡이 배로 비린내 나는 생선을 싣고 다녀야 했습니다. "왕을 태우려고 했는데 이게 무슨 꼴이람. 정말 한심하군." 그런데 어느 날 누군가가 와서 그 배에 탔습니다. 그의 앞에는 수천 명의 사람들이 있었습니다. 사람들이 너무 많이 몰려드니까 그 분은 배를 물에 띄워 올라타시고는 무슨 설교 같은 것을 하셨습니다. 그런데 그 하시는 말씀마다 너무나 지혜롭고 귀해서 모든 사람들이 기쁨에 넘치고 놀라워하였습니다. 고기잡이 배는 무척 기뻤습니다. 수천 명의 사람들이 자기를 보는 것만 같아 저도 모르게 어깨가 으쓱하였습니다. 그런데 알고 보니 유대인의 왕이라는 것입니다. 그토록 지혜로운 그분이 왕이었다는 겁니다. 두 번째 나무는 너무나 감격했습니다. 그의 소원대로 그는 왕을 태우는 배가 된 것입니다. 냄새나고 보잘것없는 배였지만 예수님이 그 안에 들어오시자 수천 명에게 복음을 전하는 귀한 도구가 된 것입니다.

세 번째 나무는 십자가가 되어 사람들을 죽이는 도구로 사용되었습니다. 그럴 때마다 못이 박히고 피가 묻고 정말 처참했습니다. '어쩌다가 내 운명이 이렇게 되어 잔인한 십자가가 되었을까? 어쩌다가 나쁜 인간들을 처형하는 수단이 되었을까?' 그는 생각할수록 기가 막혔습니다. 그러던 어느 날 어떤 분이 그 십자가에 못 박히게 되었습니다. 다른 때보다 더 크고 더 녹슨 못이 박혔습니다. 그분은 나쁜 사람 같지 않아 보였는데 이상하게도 십자가형을 당하게 되었습니다. 그분이 못 박히시는 것을 보며 많은 사람들이 울었습니다. 그런데 십자가 위의 팻말에 이렇게 쓰여 있었습니다. '유대인의 왕 예수' "그렇습니다! 그분은 왕이었습니다. 그리고 그분은 하나님이었습니다. 그분이 내 몸에서 돌아가신 것입니다. 나는 너무나 슬펐습니다. 죄도 없는 분을 내가 죽게 하다니…" 세 번째 나무는 그 어느 때보다도 처참한 기분이 들었습니다. 그런데 그날 이후 3일이 지났을 때 놀라운 일이 일어났습니다.

그분이 살아나신 것입니다. 못자국은 그대로였지만, 그분은 죽음을 이기고 살아나셨습니다. 십자가에는 그분의 피가 여전히 묻어 있습니다. 사람들은 그 빈 십자가를 보며 그분이 살아나신 것을 찬양합니다. 나무는 너무나 기쁘고 행복했습니다. 세 번째 나무는 이렇게 고백합니다. "그분은 내 몸에서 돌아가셨고, 내 몸에서 다시 사신 것입니다. 사람들이 나를 보며 예수님의 부활을 믿습니다. 나를 보며 예수님이 다시 사신 것을 깨닫습니다. 내 몸에서 예수님의 모습을 발견합니다. 나는 내가 십자가가 된 것이 너무나 자랑스러웠습니다. 처음에는 정말 처참하게 사람을 죽이는 십자가였지만 예수님이 내 안에 오신 후, 예수님이 나를 사용하신 후에 나는 전에도 없고 후에도 없을 세상에서 가장 귀한 하나밖에 없는 십자가가 되었습니다. 그 후로 사람들은 나의 모양을 따서 목걸이도 하고 다니고, 귀걸이도 하고 다닙니다. 나는 아무것도 아니지만 예수님 때문에 정말 귀하게 되었습니다. 예수님 때문에 나는 세상 사람들에게 예수님을 알리는 귀한 존재가 되었습니다."

우리는 아무짝에도 쓸모없는 그런 사람이라고 생각할지도 모릅니다. 가진 것도 없고, 배운 것도 없고, 잘난 것도 없는, 그런 가치 없는 사람이라고 생각할지 모릅니다. 저 말구유 같고, 저 고기잡이 배 같고, 심지어는 사람을 처형하는 십자가 같은 존재라고 생각할지도 모릅니다. 어쩌다가 내가 이렇게 태어났고, 이렇게 되었는지 원망스럽고 슬프고 한숨이 나올지도 모릅니다. 그러나 내 안에 예수님이 들어오시면 우리는 완전히 다른 사람이 됩니다. 우리는 왕 같은 제사장이 됩니다. 왕께서 쓰시는 사람이 되는 것입니다. 내 안에 예수님을 모시면 우리는 예수님같이 존귀해집니다. 말구유와 고기잡이 배와 십자가의 모습은 달라지지 않았습니다. 여전히 냄새나고, 지저분하고, 피가 묻고, 못이 박힌 모습입니다. 그러나 그 영광스러움과 고귀함은 그 모습 때문이 아니라 누가 사용하시는가에 따라 달라지는 것입니다. 여러분의 인생을 지금 누가 사용하고 계십니까? 보통 사람인 내가 주관하고 있습니까? 가난하고, 못 배우고, 못생긴 내가 사용하고 있습니까? 아니면 만물과 우주의 주인이신 예수님이 사용하고 계십니까? 예수님을 구주로 영접하면 내 안에 오셔서 '너희 안에서 행하시는 이는 하나님이시니 자기의 기쁘신 뜻을 위하여 너희에게 소원을 두고 행하게 하시나니"(빌 2:13) 라고 하셨습니다. 하나님이 당신의 기쁘신 뜻을 위하여 우리에게 소원을 두시고 행하시도록 역사하여 우리를 축복되게 하는 하나님의 꿈을 이루어 가시는 것입니다.

하나님은 언제나 하나님의 사람에게 꿈을 주시그 그 꿈을 이루어 주십니다. 포도나무 가지가 몸부림친다고 열매를 맺을 수 있는 것이 아니라 포도나무에 붙어있으면 열매를 맺듯 우리가 성공하려고 몸부림치는 삶이 아니라 하나님이 주신 꿈을 붙잡고 "성실과 공의와 정직한 마음으로 주와 함께 주의 앞에서 행하면"(왕상 3:6) 하나님이 은혜 주셔서 높여 주시는 것입니다. 하나님이 주신 꿈을 붙잡고 살면 하나님이 하나님의 때에, 하나님의 방법으로 하나님의 꿈을 이루어 우리를 존귀하지 축복으로 역사하십니다. 내가 무엇이 되려고 힘쓰고 애쓰지 말고, 내가 하나님 앞에서 어떻게 살 것인가를 생각하며, 내게 주신 재능과 은사로 하나님을 기쁘게 하는 일에 힘을 쓰면 하나님은 우리를 통해 영광 받으시고 우리는 존귀하게 되는 것입니다.

제15장
믿음에 의한 긍정적 태도

커밍 워크(Cumming Walk)라는 사람은 성공의 요인을 네 가지로 요약해서 말한 적이 있습니다. 첫째는 머리(IQ)가 좋아야 하며, 둘째는 지식(Knowledge)이 있어야 하며, 셋째는 기술(Technique)이 있어야 하고, 넷째는 태도(Attitude)가 중요하다고 했습니다. 그런데 이 네 가지 요인 중에서 성공적인 삶에 적어도 93퍼센트 이상으로 결정적인 영향을 주는 것은 바로 '태도'라고 했습니다. 부정적 태도를 갖느냐 긍정적 태도를 갖느냐에 따라 인생의 실패와 성공이 좌우된다고 할 수 있는 것입니다.

어떤 일에 부정적인 태도를 갖는 사람은 삶에 열정도 가질 수 없고, 의지를 불태울 수도 없으며, 위험을 감수하면서 도전할 수도 없기 때문에 성공할 수 없습니다. 그러나 어떤 일에 긍정적인 생각과 태도를 갖는 사람은 그 일을 '할 수 있다'고 생각하기 때문에 적극적인 태도를 갖게 되고, 그 일에 집중하고 열정을 쏟으며 어려움을 극복하려는 강한 의지를 갖고 최선을 다하기에 성공할 수밖에 없는 것입니다. 어떤 사람(자녀, 직원, 상관 등)에 대해 부정적인 생각과 태도를 갖는 사람은 그에 대해 비판적이고, 단점만 보게 되고, 멀리하게 되며, 그의 의견이나 친절을 잘 받아들이지 않고, 그 사람의 진심도 왜곡하여 생각하기 때문에 관계도 악화되고 협력할 수도 없어 실패의 결과를 가져오게 됩니다. 그러나 어떤 사람에 대해 긍정적인 생각과 태도를 갖는 사람은 그의 장점을 보고 칭찬하고, 그의 잘못을 이해하고, 그의 의견을 경청하고, 그와 건강한 관계를 갖게 되기 때문에 성공적인 삶을 살게 됩니다.

신발을 만드는 두 회사가 있었다고 합니다. 국내 시장의 판매과열로 경영위기에 직면하자 두 회사는 시장을 넓히기 위해 해외로 판매원을 파견했습니다. 문명과 접한 적이 없는 아프리카 오지에 도착한 판매원은 지역상황을 확인한 후 각기 자신이 속한 회사에 전보를 날렸습니다. A회사의 판매원은 "원주민은 모두 맨발임, 도저히 신발을 판매할 수 없음"이라는 내용이었고, B회사의 판매원은 "원주민은 모두 맨발임, 무한한 가능성이 있으므로 신발을 급히 선적 바람"이라고 하였습니다. 아프리카의 원주민은 맨발로 생활하고 있으며, 맨발의 불편함과 단점을 모르므로 신발판매가 불가능하다는 판단이 정확할 수 있습니다. 그러나 신발의 편리함과 그 장점을 그들이 경험할 수 있다면 아마 그들은 엄청난 규모의 신발수요자가 될 수 있을 것입니다. 즉 이 이야기는 관점의 차이 그리고 생각의 차이에 따라 신발회사의 미래가 좌우되는 것처럼 우리의 미래도 우리가 어떤 생각과 태도를 갖느냐에 따라 달라질 수 있음을 이야기하고 있습니다.

부정적인 사람 vs 긍정적인 사람

사람은 크게 부정적인 사람과 긍정적인 사람으로 나누어집니다. 참

이상하고도 재미있는 현상인데 부정적인 사람은 항상 비관적이고, 긍정적인 사람은 항상 낙관적입니다. 부정적인 사람은 항상 절망적이고, 긍정적인 사람은 항상 희망적입니다. 출애굽기 14장 11-12절을 보면 이스라엘 백성들은 또 모세를 향해 불평하고 원망합니다. 어제까지는 이집트에서의 종살이가 힘들고 서러워서 못살겠다고 아우성이더니, 이제는 다시 옛날 이집트 생활이 훨씬 더 낫다고 볼멘소리를 합니다. 부정적인 사람일수록 과거 지향적이고, 현실 거부적이며, 미래 포기형입니다. 긍정적인 태도의 사람은 어떤 상황에서도 하나님의 큰 역사를 기대하며 그분께 맡기는 용기를 가지고 살아갑니다.

출애굽기 14장 13-14절에는 하나님을 믿는 믿음으로 인하여 긍정적 생각과 태도를 가진 모세를 보게 됩니다. "너희는 두려워하지 말고 가만히 서서 여호와께서 오늘 너희를 위하여 행하시는 구원을 보라 너희가 오늘 본 애굽 사람을 영원히 다시 보지 아니하리라 여호와께서 너희를 위하여 싸우시리니 너희는 가만히 있을지니라"라고 했습니다. 또 부정적인 사람일수록 '왜'(why)라는 절망적 단어를 사용합니다. 왜 나에게 이런 일이 일어났는가? 왜 나는 일이 이렇게 안 되는가? 그러나 긍정적인 사람은 항상 '어떻게'(how)라는 희망적인 단어를 선호합니다. "이번 일은 하나님께서 어떻게 역사하실까? 이번에는 또 어떤 역사가 일어날까?"를 기대합니다.

M. 아우렐리우스가 말한 대로 '사람의 일생은 자기가 생각하는 대로 되기 마련'입니다. 그러므로 우리는 부정적인 생각을 긍정적인 생각으로 바꾸어야 하며, 절망적인 생각을 희망적인 생각으로 바꾸어야 합니다. 부정적인 생각은 올가미나 함정과 같아서 과거의 상처와 분노감정에 노예가 되게 합니다. 그러나 긍정적인 생각은 언제나 앞을 바라보게 합니다. 그리

스도인은 한밤중에도 아침을 생각하는 사람이요 깊은 밤일수록 새벽을 기다리는 사람입니다. 그리스도인은 썰물의 때에 밀물이 밀려오는 환상을 보고, 구름이 하늘을 덮을 때 구름 너머에 있는 태양을 보며, 절망스러운 상황에 처했을 때 상황을 역사하시는 하나님을 바라보는 사람입니다. 그러므로 우리는 어떤 상황에서도 하나님의 큰 역사를 기대하는 믿음의 긍정적 태도를 가질 수 있어야 합니다.

믿음이 긍정적인 태도를 만듭니다

그렇다면 어떻게 긍정적인 태도를 가질 수 있습니까? 긍정적인 태도는 믿음에 기반합니다. 성경을 하나님의 말씀으로 믿느냐 못 믿느냐가 내 인생, 내 가정의 축복을 좌우합니다. 성경을 하나님의 말씀으로 믿고, 성경을 믿음으로 하나님의 실존 · 사랑 · 능력 · 약속의 신실하심 · 영원하심을 믿는 사람은 어떤 상황에서도 긍정적 태도를 갖게 되어 있습니다. 이스라엘 백성들이 가나안 땅을 정탐하고 돌아왔을 때 열 지파는 견고한 여리고성의 난공불락이라는 환경과, 네피림족의 넘볼 수 없는 사람과, 메뚜기 같은 자신만 보고 낙심하고, 원망 불평했지만 갈렙과 여호수아는 하나님의 사랑과 능력과 약속의 신실함을 믿었기에 "여호와를 거역하지는 말라 또 그 땅 백성을 두려워하지 말라 그들은 우리의 먹이라"(민 14:9)는 믿음에 의한 긍정적 태도를 가질 수 있었던 것입니다.

성경을 하나님의 말씀으로 믿는 사람은 믿는 만큼 행복하고, 믿고 행하는 만큼 성공합니다. 약속된 말씀을 믿을 때 비로소 어떤 환난 가운데도 요동하지 않고 지속적인 긍정적 태도를 갖게 됩니다. 대다수의 사람들은 평소에는 낙관적이고 긍정적인 태도를 취할 수 있지만 결정적일 때 즉, 어떤 환난이나 예기치 않은 상황에 처할 때, 불치의 병에 걸릴 때, 감당할 수 없는 절망의 때, 인생의 중요한 선택과 결단의 때에는 부정적인 생각과 태도를 취할 가능성이 많습니다. 그러나 참 믿음을 가진 사람들은 극한 상황에서도 긍정적 태도로 하나님을 영광스럽게 하는 선택과 결단을 함으로 행복하고 성공적인 삶을 살게 됩니다. 성경에 나오는 사드락과 메삭과 아벳느고는 풀무 불에 빠져 죽음에 이르는 절망스러운 때에도 "왕이여 우리가 섬기는 하나님이 계시다면 우리를 맹렬히 타는 풀무불 가운데에서 능히 건져내시겠고 왕의 손에서도 건져내시리이다 그렇게 하지 아니하실지라도 왕이여 우리가 왕의 신들을 섬기지도 아니하고 왕이 세우신 금 신상에게 절하지도 아니할 줄을 아옵소서"(단 3:17-18)라고 말합니다. 금신상에 절하지 않겠다는 믿음이 그들이 풀무 불 가운데 던져졌을 때도 긍정적이고 낙관적인 태도를 취할 수 있게 만들었던 것입니다. 하나님이 살아 역사하시기에 하나님의 말씀에 의지하여 살면 모든 환난 가운데서 나를 지키시며 축복하실 것이고, 그리하지 아니할지라도 천국에서 상급으로 축복하실 것이라는 이 확실한 믿음이 그들을 승리하게 하는 긍정적 사람으로 만들어 그들의 삶을 성공적인 삶으로 만든 것입니다.

또한 내세에 대한 분명한 믿음이 절망과 죽음 앞에서도 긍정적 삶의 태도로 살게 합니다. 예수님을 믿음으로 모든 죄를 사함 받고 이제 하나님의 자녀가 되었다는 구원에 대한 확실한 믿음이 사람들로 어떠한 환경 가운데서도 좌절하거나 낙심하지 않고, 하나님을 의지하여 기도하며, 긍정적 삶의 태도로 감사 속에 살면 하나님이 승리의 기적을 만들어 내는 것입니다. 그러므로 예수 안에 있으면 실패도 성공이요 예수 밖에 있으면 성공도 실패입니다. 하나님의 자녀가 된 것을 정말 믿으십니까? 인간의 생사화복이 하나님의 절대주권에 달려 있음을 믿으십니까? 죽으면 천국에 가서 상급을 받고 영원히 누리게 됨을 정말 믿으십니까? 그렇다면 우리는 어떤 상황 속에서도 긍정적 삶의 태도를 갖고 살아야 할 것입니다.

일반적 믿음과 계시적 믿음

믿음은 일반적 믿음과 계시적 믿음이 있습니다. '일반적 믿음'은 어떠한 가치관, 종교, 사람, 사실 등에 대해 다른 사람의 동의와 관계없이 확고한 진리로 받아들이는 개인적인 심리 상태입니다. 국립국어원의 표준국어대사전에는 '일반적 믿음'이란 '어떠한 사실이나 사람을 믿는 주관적 마음'으로 설명되어 있습니다. 철학, 사회, 정치 등의 분야에서는 일반적으로 신념이라고도 합니다. '일반적 믿음'은 믿음의 주체가 인간이며 나 자신입니다. 내가 믿을 수도 있고, 믿지 않을 수도 있습니다. 그러나 '계시적 믿음'은 하나님이 들려주시고, 보여 주시고, 알게 해 주셔서 믿게 되는 내적인 확신입니다.

예수님께서 가이사랴 빌립보 지방에 이르러 제자들에게 "너희는 나를 누구라 생각하느냐"고 물었을 때 베드로가 "주는 그리스도시요 살아계신 하나님의 아들이시니이다"(마 16:16)라고 고백했을 때 예수님은 "바요나 시몬아 네가 복이 있도다 이를 네게 알게 한 이는 혈육이 아니요 하늘에 계신 내 아버지시니라"(마 16:17)라고 하시면서 '믿음'에 대한 정의를 내려주셨습니다. "주는 그리스도시요 살아계신 하나님의 아들이십니다"라는 고백은 사람이 알게 해준 것이 아니라 하나님이 알게 해주셨다는 것입니다.

그리고 이 '계시적 믿음'을 소유한 사람은 음부의 권세도 이기지 못한다는 것입니다(마 16:18). '음부의 권세'란 사탄의 역사를 말하는데 사탄은 끊임없이 "너는 할 수 없다, 너는 못났다, 너는 안 된다, 너는 실패할 것이다, 너는 하나님께 버림받은 자다, 너는 쓸모없는 자다."라고 정죄하지만 계시적 믿음을 가진 사람은 하나님이 '내가 너를 선택하여 자녀 삼아 주셨음'을 알게 해 주시기 때문에 사탄의 정죄를 이길 수 있다는 것입니다. 사탄은 환경과 상황을 통해 우리를 낙심케 하고 불안하고 절망하게 하려 하지만 하나님이 알게 해주시고, 약속해 주시고, 확신을 주시는 '계시적 믿음'을 가진 사람은 불행한 환경 가운데서도 소망을 갖고 더 긍정적이고 적극적인 태도를 갖고 살게 된다는 것입니다. 그래서 성경은 "무릇 하나님께로부터 난 자마다 세상을 이기느니라 세상을 이기는 승리는 이것이니 우리의 믿음이니라"(요일 5:4)라고 기록해 놓았습니다. 무릇 하나님께로부터 '계시적 믿음'을 선물로 받은 사람들은 이 세상의 어떤 환경이나 상황에서도 자신의 삶이나 미래에 대해 부정적인 생각을 갖지 않게 되는 것입니다.

'일반적 믿음'을 가진 사람은 자신이 주체가 되기 때문에 사람에 따라서, 상황에 따라서, 환경에 따라서 흔들리게 되어 부정적인 생각과 판단을 하게 됩니다. 그러나 '계시적 믿음'을 가진 사람은 하나님이 주체가 되어 성령님으로 하여금 보여 주시고, 들려 주시고, 알게 해주시기 때문에 어떠한 사람이나 상황이나 환경에 좌우되지 않고 언제나 긍정적인 생각과 판단을 하게 되는 것입니다. 내가 억지로 긍정적인 생각을 하고 긍정적인 판단을 하려고 해서 하는 것이 아니라 긍정적으로 보여지고, 들려지고, 알게 되어지기 때문에 긍정적이 되는 것입니다. 사람들은 부정적인 환경에서 자랐고, 사람들에 의해 부정적인 말들을 듣고 자랐고, 부정적인 상황에 처해 있기 때문에 부정적인 태도를 취할 수밖에 없는 것입니다. 그러나 하나님께 '계시적 믿음'을 받은 사람은 매사가 긍정적으로 보여지기 때문에 긍정적인 태도를 취하게 되는 것입니다. 그래서 '계시적 믿음'에 의한 긍정적 태도를 갖고 사는 사람들은 행복하고 성공적인 삶을 살 수 밖에 없는 것입니다. 하나님의 말씀인 성경에 "우리가 알거니와 하나님을 사랑하는 자 곧 그의 뜻대로 부르심을 입은 자들에게는 모든 것이 합력하여 선을 이루느니라"(롬 8:28)는 말씀이 있습니다.

이 말씀은 하나님의 주권적 섭리와 뜻에 의해 하나님의 자녀로 부르심을 입은 자들에게는 모든 것(실패, 어리석음, 연약함, 심지어 죄 됨까지도)이 합력하여 선(하나님의 축복)을 이룬다는 것입니다. 그러기에 '계시적 믿음'을 소유한 사람은 긍정적인 삶의 태도를 갖고 살며, 모든 일에 능동적이고 적극적이며 실패나 어려움에 좌절하거나 낙심하지 않고 기쁨과 감사함으로 살게 되는 것입니다.

하나님을 신뢰함으로 계시적 믿음을 구합시다

그러나 '계시적 믿음'은 그냥 어느 날 하늘로부터 뚝 떨어지는 것이 아닙니다. 제자들은 "우리에게 믿음을 더하소서"(눅 17:5)라고 간구합니다. 우리가 다른 사람을 위해 헌신하고, 교회를 위해 충성할 수 있는 것은 하나님이 '계시적 믿음'을 주셔야 되기에 우리도 제자들처럼 믿음을 더해 달라고 기도해야 하는 것입니다.

창세기를 보면 야곱은 열두 아들에게 자신이 '벧엘에서 하나님을 만난 일과 얍복강에서 천사와 씨름한 이야기'를 수없이 하는 것을 봅니다. 그런데 열두 아들 중 열 한명은 한 귀로 듣고 한 귀로 흘려 버립니다. 그러나 요셉은 아버지 야곱을 신뢰하고 그 이야기들을 사실로 믿습니다. 열한 아들은 야곱이 '알려 주어도' 받아들이지 못하지만 요셉은 '알려 줄 때' 사실로 받아들입니다. 요셉은 아버지를 신뢰하기 때문에 아버지께서 '알려 주시는 것'을 사실로 받아들일 수 있었습니다. 그렇습니다. 하나님의 실존과 절대주권성 그리고 하나님의 사랑과 능력을 믿는 사람만이 하나님이 '알려 주시는 것'을 사실로 받아들일 수 있습니다. 요셉은 아버지 야곱의 말을 사실로 믿고 자신도 아버지가 만난 하나님을 만나길 원하며 기도하였을 때 "내가 또 꿈을 꾼 즉 해와 달과 열 한 별이 내게 절하더이다"(창 37:9)라고 말한 것처럼 하나님이 꿈으로 미래를 알려 주심으로 '계시적 믿음'을 받았습니다.

또 다른 예로 이스라엘 백성들 중 열두 지파를 대표하는 사람들이 가나안 땅을 정탐하고 돌아와서 열 지파의 사람들은 '견고한 성과 네피림족의 거민들의 상황만 보고 또 자신의 메뚜기 같음'을 이유로 가나안 땅에 들어갈 수 없음을 보고 했을 때 여호수아와 갈렙은 "이스라엘 자손의 온 회중에게 말하여 이르되 우리가 두루 다니며 정탐한 땅은 심히 아름다운 땅이라 여호와께서 우리를 기뻐하시면 우리를 그 땅으로 인도하여 들이시고 그 땅을 우리에게 주시리라 이는 과연 젖과 꿀이 흐르는 땅이니라 다만 여호와를 거역하지는 말라 또 그 땅 백성을 두려워하지 말라 그들은 우리의 먹이라 그들의 보호자는 그들에게서 떠났고 여호와는 우리와 함께 하시느니라 그들을 두려워하지 말라"(민 14:7-9)고 말합니다. 갈렙과 여호수아는 출애굽 사건이나, 홍해를 건너게 하신 사건이나, 구름기둥과 불기둥으로 인도하신 하나님의 위대하신 사랑과 능력을 믿었기에 "그들은 우리의 먹이이고 하나님은 우리와 함께하심"을 알려 주시는 '계시적 믿음'을 받을 수 있었던 것입니다.

절대긍정, 절대희망

마인드 콘트롤에 의해 노력해서 의지적으로 갖는 긍정적 태도는 한계가 있습니다. 의지에 의한 태도는 환경이 계속 악화되고 어려움이 커지게 되면 부정적 태도가 나타나게 됩니다. 그때 악한 사탄은 우는 사자와 같이 삼킬 자를 찾아 성도들의 믿음과 소망과 사랑을 도적질해 가고 성도들과 하나님과의 관계를 단절시켜 끝내는 멸망케 하여 지옥의 삶(절망 · 원망 · 비판 · 미움 · 포기 · 자살 · 부정적 생각과 태도)을 살도록 끊임없이 역사하고 있습니다.

그렇기 때문에 하나님께서는 우리에게 성령님을 보내사 우리가 성령으로 인도받고 도움을 받도록 계획해 두셨습니다. 우리가 성령님의 도우심을 받기 위해서는 성경 말씀을 하나님의 말씀으로 믿고, "창세로부터 그의 보이지 아니하는 것들 곧 그의 영원하신 능력과 신성이 그가 만드신 만물에 분명히 보여 알려졌나니"(롬 1:20)라는 말씀대로 만물을 통해 나타나는 하나님의 실존과 능력, 그 절대주권을 믿고 신뢰함으로 하나님께서 성령님을 통해 알게 해주시는 '계시적 믿음'을 받아들여야 하는 것입니다.

사도 바울은 사울이었을 당시 가말리엘의 수제자로 하나님을 믿었기에 하나님께서 다메섹에서 '예수님이 주님이심'을 알게 해 주시고 보여 주시는 '계시적 믿음'을 받아들였고, 그 후 사도 바울은 모든 환난과 역경 속에서도 "내게 능력 주시는 자 안에서 내가 모든 것을 할 수 있느니라"(빌 4:13)라는 절대긍정, 절대희망의 삶을 살 수 있었던 것입니다. 요셉 또한 여러 가지 환란 가운데서도 '명작 인생'을 살 수 있었던 것은 겸손한 마음으로 아버지의 영적 체험을 받아들이고, 야곱처럼 기도할 때 하나님이 주시는 꿈을 '계시적 믿음'으로 받았기 때문에 애굽에 팔려가 종살이할 때나 억울하게 누명을 쓰고 감옥살이 할 때나 절대긍정, 절대희망의 삶을 살 수 있었던 것입니다. 그러므로 우리도 요셉처럼 겸손함으로 하나님의 말씀을 믿고 오직 기도에 힘쓸 때 하나님이 주시는 꿈을 꾸게 되고, 그 꿈을 '계시적 믿음'으로 받게 됨으로 어떤 역경 속에서도 굴하지 않고, 하나님이 주신 꿈을 가슴에 품고 긍정적이며 적극적인 삶의 태도로 행복하고 성공적인 삶을 살 수 있게 될 것입니다.

제16장
행복과 성공을 창조하는 관계

사람을 人間(인간)이라고 합니다. 사람 인(人)자와 사이 간(間)자가 합쳐진 단어입니다. 인간이란 사이를 갖는 존재 즉, 관계적 존재라는 말입니다. 따라서 인간의 행복이나 불행은 그 사이의 관계에서 나는 것입니다. 우리가 살아가면서 발생하는 대부분의 문제들은 관계들 때문에 발생합니다. 그러므로 인간이 행복하려면 사이가 좋아야 합니다. 관계가 좋아야 한다는 말입니다. 아무리 많은 것을 갖고 좋은 것을 먹는다 하더라도 사이가 나쁘면 불행할 수밖에 없습니다. 소유가 많고 적음 때문에 불행한 것이 아니라 관계의 문제로 인해 불행이 생긴다는 말입니다.

이렇듯 관계는 아무리 강조한다고 하더라도 지나치지 않은 우리 인간 존재의 가장 중요한 요소입니다. 관계는 하나님과 사람에 관한 모든 성경적 계시의 가장 핵심적인 부분입니다. 그러므로 우리는 하나님과 나와의 관계, 나 자신과의 관계, 다른 사람과의 관계를 바르게 정립해야 합니다. 그중에서도 가장 먼저 선행되어야 하는 것은 하나님과의 관계를 바르게 세워야 한다는 것입니다. 왜냐하면 우리는 하나님과의 사랑의 관계에 의해서만 진정으로 자신을 사랑할 수 있기 때문입니다. 하나님과의 깊은 사랑의 관계 속에서만 자신을 진정으로 사랑할 수 있는 긍정적 자화상을 갖게 되고, 자신에 대한 긍정적 자화상을 갖는 사람만이 다른 사람과 건강하고 성숙된 관계를 만들게 되고, 불가능한 상황 속에서도 위대한 일들을 창조할 수 있게 됩니다. 그런데 많은 사람들이 하나님과 친밀한 관계를 갖고 있지 않거나, 하나님과 어떻게 관계를 가져야 될지 모르기 때문에 사람들과의 관계에서도 어려움이 따르거나 올바른 관계가 세워지지 않는다는 것을 모르고 살아갑니다.

1. 하나님과의 관계

우리가 하나님과의 관계를 통해 하나님의 우리를 향한 사랑의 깊이와 넓이를 알게 됩니다. 그리고 하나님과 깊은 사랑의 대화를 나눌 수 있는 관계가 된다면 지금 처한 상황과 만남이 아무리 어려워도 하나님 한 분만으로도 행복하고 성공적인 삶을 살 수 있습니다. 왜냐하면 하나님과 깊고 뜨거운 사랑의 관계가 되면 말로 표현할 수 없는 신령한 기쁨과 샘솟는 희망이 생기기 때문입니다. 하나님의 위대하심과 크신 사랑을 바르게 아는 사람만이 절망 속에서도 희망을 보고 그 희망을 향해 도전할 수 있는 힘을 창출하기 때문입니다.

하나님과 인간의 관계는 하나님이 이 세상을 창조하시고, 인간을 창조하심으로 시작되었습니다. 그래서 기독교 윤리학자인 김중기 교수는 "태초에 관계가 있었느니라."는 말을 하기도 했습니다. 특별히 인간을 하나님의 형상대로 지으셨다는 것은 하나님과 인간은 뗄 수 없는 관계라는 말입니다. 또한 사람 즉, 아담이 처음으로 관계를 맺은 분이 하나님이었습니다. 창조주이신 하나님 안에서 아담과 하와는 모든 것을 누리는 행복한 존재였습니다. 그러나 에덴동산에서 아담과 하와가 죄를 짓고 난 후 하나님과의 관계가 깨어지기 시작했습니다. 죄를 지음으로 제일 먼저 나타난 결과가 관계의 단절이었던 것입니다. 그리고 하나님과의 관계가 단절됨으로 인간은 죄의 삯인 사망의 문제에 직면하게 됩니다. 이렇듯 하나님과 관계를 맺고 있다는 것은 우리의 생명의 근원이 살아있는 것이고, 하나님과 분리되었다는 것은 생명의 근원이 죽어 있다는 것입니다. 이렇듯 하나님과의 바른 관계는 우리의 삶과 죽음의 문제와 관련된 모든 성경적 계시의 가장 핵심적인 부분입니다.

그래서 성경은 무엇보다도 먼저 하나님과의 관계를 회복하라고 말씀합니다. 이사야 61장 1-11절에는 이 세상을 구원하실 메시아 즉, 예수 그리스도께서 이 땅에 오셔서 구원 사역을 하실 것과 그 사역의 결과가 어떻게 나타날 것인가를 간략하게 말씀하고 있습니다. 예수님의 사역은 우리와 하나님과의 관계를 회복시키시는 일입니다. 하나님과의 관계가 회복되는 것이 구원의 중요한 목표입니다. 그렇다면 하나님과 어떤 관계로 회복되어야 할까요?

첫 번째는 **주종관계의 회복**입니다. "오직 너희는 여호와의 제사장이라 일컬음을 받을 것이라 사람들이 너희를 우리 하나님의 봉사자라 할 것이며 너희가 이방 나라들의 재물을 먹으며 그들의 영광을 얻어 자랑할 것이니라"(사 61:6)는 말씀은 우리는 하나님을 위하여 세상 사람들 속에서 봉사하는 존재라는 말씀입니다. 즉 하나님의 봉사자, 일꾼, 하나님의 종이라는 말씀입니다. 우리와 하나님과의 관계의 시작은 주종관계로부터 시작됩니다. 주인과 종, 주인과 관리자라는 뜻입니다. 하나님은 이 세상의 주인이시고, 우리는 다스리고 돌보아야 하는 사명을 받은 관리자입니다.

주인과 종의 관계에서 종이 가져야 할 중요한 자세가 있습니다. 그것은 "하나님은 주인이시요 나는 종입니다."라는 자세입니다. 또 종이 항상 인식하고 있어야 할 것은 종은 주인의 것에 대해 소유권이 없다는 것입니다. 종이 주인의 것에 대해 소유권이 없음에도 그것을 종의 것으로 소유하고 행동하고 있다면 그것은 더 이상 종의 자세가 아닙니다. 마찬가지로 우리의 생명이 내 것이 아니고, 우리의 물질이 내 것이 아니고, 우리가 사는 이 세상이 내 것이 아니며, 우리가 가지고 태어난 용모나 재능이 내 것이 아닌데 사람들이 그것을 자기 것이라고 착각하기 때문에 거기서부터 문제가 시작되는 것입니다. 우리는 우리가 창조주 하나님의 피조물인 것을 인식해야 합니다. 온 세상의 주인이신 하나님 앞에서 우리는 관리자요 종이요 일꾼임을 인식하고 항상 순종함으로 하나님과 올바른 관계를 유지해야 합니다.

두 번째는 아버지와 자녀관계의 회복입니다. "그들의 자손을 뭇 나라 가운데에, 그들의 후손을 만민 가운데에 알리리니 무릇 이를 보는 자가 그들은 여호와께 복 받은 자손이라 인정하리라"(사 61:9). '여호와께 복 받은 자손'이라는 말은 문자 그대로 '하나님의 참 자녀들'이라는 말씀입니다. 성경은 "영접하는 자 곧 그 이름을 믿는 자들에게는 하나님의 자녀가 되는 권세를 주셨으니"(요 1:12)라고 말씀합니다. 누구든지 예수님을 믿기만 하면 구원을 얻고 하나님의 자녀가 됩니다. 예레미아스라는 성서 신학자에 의하면, 구약에서는 아무도 하나님을 '나의 아버지'라고 일컬은 사람이 없었는데 신약에 와서 예수님께서 하나님을 아버지로 불렀고, 우리들도 하나님을 아버지라고 부르게 되었다고 합니다. 우리가 하나님을 아버지라 부를 수 있게 된 것은 큰 은혜요 파격적인 은혜입니다. "무릇 하나님의 영으로 인도함을 받는 사람은 곧 하나님의 아들이라 너희는 다시 무서워하는 종의 영을 받지 아니하고 양자의 영을 받았으므로 우리가 아빠 아버지라고 부르짖느니라"(롬 8:14-15)는 말씀대로 우리는 예수 그리스도를 통해서 예수님을 믿기만 하면 하나님의 자녀가 되는 축복을 받았습니다.

하나님과의 관계가 아버지와 자녀의 관계로 형성이 된 사람은 부모의 사랑을 받을 특권이 있고, 자녀가 부모에게 요구하는 것처럼 요구하며 살게 됩니다. 또 하나님의 자녀들은 좋은 것을 받을 특권이 있습니다. 자녀에게 주는 특권은 상속권입니다. 로마서 8장 17절에는 "자녀이면 또한 상속자 곧 하나님의 상속자요"라고 기록하고 있습니다. 업적이 있어서가 아니라 아들이고 딸이기 때문에 하늘나라를 상속받는 것입니다. 또 우리는 하나님의 자녀이기 때문에 하나님의 보호와 사랑을 받습니다. 로마서 8장에 우리를 환난이나 곤고나 핍박이나 기근이나 적신이나 위험이나 칼이나 사망이나 권세자들이나 그 어떤 피조물이라도 하나님의 사랑을 끊을 수 없다고 했습니다. 이렇듯 우리는 모든 환란으로부터 아버지 하나님의 보호를 받고 하나님의 끊어지지 않는 사랑을 받습니다. 이것은 오로지 우리가 하나님의 자녀이기 때문입니다.

그런데 만약 우리가 하나님을 영혼의 아버지로 믿지 못하고 자신이 하나님의 자녀임을 확신하지 못한다면, 그 특권을 누릴 수가 없습니다. 관계가 없기 때문입니다. 법이란 법을 지켜야 할 책임과 함께 의무를 다할 때 권리를 누릴 자유가 보장됩니다. 자녀는 하나님 아버지의 집을 나가서는 안 될 의무가 있습니다. 집을 나간 탕자에 대해 아버지가 책임지지 않듯이

(눅 15:11-16) 하나님 아버지의 집(교회)을 떠나고 아버지를 떠나 자기 마음 대로 살면서(예배가 없는 삶) 아들로서의 의무를 하지 않으면, 하나님의의 자녀로서의 특권을 누릴 수 없는 것입니다. 하나님 안에서 하나님을 아버지로 믿고 살 때만 자녀의 특권을 누리며 하나님의 보호와 사랑을 받을 권리를 누릴 수 있게 되는 것입니다.

세 번째는 **부부관계의 회복**입니다. 성경에는 "내가 여호와로 말미암아 크게 기뻐하며 내 영혼이 나의 하나님으로 말미암아 즐거워하리니 이는 그가 구원의 옷을 내게 입히시며 공의의 겉옷을 내게 더하심이 신랑이 사모를 쓰며 신부가 자기 보석으로 단장함 같게 하셨음이라"(사 61:10) 말씀처럼 하나님과 예수님을 신랑에 비유하곤 합니다. 열 명의 처녀들이 신랑을 맞는 비유나, 예수님께서 재림하실 때에 마치 신랑처럼 임하신다는 말씀, 하나님과 우리와의 사이의 사랑을 연애하는 남녀로 표현한 아가서의 말씀, 호세아서에서 호세아와 부인 고멜과의 관계를 통해서 그리고 이스라엘 백성들이 하나님을 떠나갔을 때 잃어버린 아내를 찾는 심정이라고 말씀하신 것을 볼 수 있습니다.

이런 표현들을 보면 하나님이 우리를 아주 특별한 사랑의 대상으로 여겨주신 것을 알 수 있습니다. 부부의 관계는 사랑의 관계입니다. 부부가 함께 있으면 기쁘고 즐겁듯, 서로 사랑하며 서로를 통하여 행복을 누리듯 하나님께서는 우리가 하나님과 함께 행복을 누리기를 원하십니다. 하나님께서는 우리와 영적인 사랑을 하고 싶어 하시며 이 사랑의 관계를 통하여 하나님의 놀라운 은혜를 주시기를 원하고 계십니다. 그러므로 우리가 하나님을 떠나지 않고 하나님을 기쁘게 해 드리며 성숙된 사랑의 관계를 나누며 살아갈 때 우리는 비로소 긍정적 자화상 속에서 건강한 관계를 세우고 행복한 삶을 살 수 있게 됩니다(9. 건강한 자화상 참조).

　관계회복이란 일시적인 접촉을 말하는 것이 아닙니다. 전구에 계속 불이 켜져 있기 위해서는 끊어진 전기선이 한 순간만 연결되는 것이 아니라 계속 연결되어 있어야 하듯이 하나님과 우리의 관계도 일시적으로 회복되었다가 다시 세상으로 나가는 일이 반복되어서는 안됩니다. 하나님 안에 거하면서 하나님과의 관계를 바르게 정립하고 관계의 법칙 속에서 하나님과 계속 연결되어 있어야 합니다. 하나님과 계속 연결되어 하나님이 주시는 복을 받고 누릴 때 비로소 행복하고 성공적인 삶이 창조되는 것입니다.

2. 자기 자신과의 관계

　자기 자신과의 관계를 정립하는 것 또한 관계에 있어서 중요합니다. 많은 사람들이 관계를 생각하면 다른 사람과의 관계만을 생각합니다. 그러나 나 자신과의 관계가 제대로 정립되지 못하면 다른 사람과의 관계도 제대로 세워질 수가 없습니다. 내가 어떤 사람인지 먼저 아는 것은 다른 사람을 이해하고 다른 사람과의 관계를 세우는 데 매우 중요한 것입니다. 일반적으로 사람들에게는 '세 종류의 자아'가 있다고 말할 수 있습니다.

　첫 번째는 **사람들이 보는 나**입니다. 사람들은 나의 겉모습만 봅니다. 사람들은 내가 가진 것, 내가 이루어 놓은 일만 봅니다. 결과만 볼 뿐 동기나 과정을 보지 않기에 결과가 그 안에 있는 내 비전이나 열정은 보지 못합니다. 내 안에 있는 성령도, 내 안에 있는 믿음도, 내 안에 있는 사랑도 보지 못합니다. 나를 향한 하나님의 계획을 보지 못하기에 쉽게 함부로 평가를 하게 됩니다. 링컨 대통령이 열여덟 번의 선거에 계속 패배할 때 사람들은 링컨이 미래에 대통령이 되리라 생각하지 못했습니다. 그리고 그를 비판하고 조롱했습니다. 요셉이 감옥에 갇혀 있는 것을 봤을 때 사람들은 요셉이 애굽의 총리가 되리라고 상상도 못했습니다. 사람들은 모세를 이스라엘 지도자로 세우기 위한 하나님의 계획을 보지 못했기에 40년 동안 광야에서 양을 치는 그에 대해 어떤 기대도 하지 않았고 처가살이하는 형편없는 사람으로 생각했습니다. 사람들은 다윗을 향한 하나님의 계획을 알지 못했기에 다윗이 하나님의 깊은 섭리 안에 움직여 가고 있음에도 다윗에게 아무런 기대도 하지 않았습니다. 이와 같이 사람들이 보는 나는 외형적이고 눈에 보이는 것만 보기 때문에 나의 모습을 제대로 알 수 없습니다.

두 번째는 **내가 보는 나**입니다. 내가 생각하는 나, 내가 느끼는 나의 모습이 바로 자아상입니다. 내가 살아가는 삶의 방식, 내가 맺어가는 인간관계, 내가 접하는 세상과의 교류는 내가 나를 보는 관점에 의해 결정됩니다. 그렇다면 나는 나 자신을 제대로 잘 볼 수 있을까요? 사울은 왕이 되었을 때 자신이 영원히 왕일 줄로만 생각하고 자신이 피조물이요 하나님의 종이라는 사실을 보지 못했습니다. 모세는 광야에서 40년 동안 양을 칠 때 자신이 하나님의 위대한 종이 될 것을 보지 못하고 자학 속에서 절망스런 자신만 보았습니다. 다윗이 사울 왕에게 계속 쫓겨 다닐 때도 자신이 미래의 왕이 될 것을 보지 못했습니다. 아브라함이 99세까지 자녀를 낳지 못했을 때 자신이 하나님의 약속대로 "내가 너로 큰 민족을 이루고 네게 복을 주어 네 이름을 창대하게 하리니 너는 복이 될지라"(창 12:2)는 하나님의 말씀이 이루어질 것을 보지 못했습니다. 즉 나도 나 자신을 정확히 볼 수가 없다는 것입니다. 그것은 내 지식이나 경험이나 내가 알고 있는 것들에 한계가 있고 미래를 알지 못하기 때문에 나 자신을 정확히 알 수 없습니다. 이렇듯 내가 나를 보는 시야가 깨끗하고 정확하지 못하고 얼룩이 있거나 요철이 있다면 그 시야를 통과해서 보이는 물체는 무엇이든지 얼룩지고 찌그러져 보일 수 밖에 없습니다.

세 번째는 하나님이 보는 나입니다. 하나님은 나의 현재만 보지 않습니다. 하나님은 나의 결과만 보지 않습니다. 하나님은 나의 외적 소유만 보지 않습니다. 하나님은 예수 안에서 나를 보십니다. 하나님은 나를 보실 때 나를 위해 피 흘리신 예수님의 사랑의 눈으로 보십니다. 우리의 행위나 자격이나 마음으로 보면 베드로도, 제자 어느 누구도 사랑 받을 수 없지만 하나님은 예수님의 피 흘리신 사랑을 통해 우리를 보시기에 우리를 사랑하시고 기대를 갖고 역사하십니다. 또 하나님은 구속 안에서 나를 보십니다. 하나님은 믿음 안에서 나를 보십니다. 하나님은 나의 믿음과 꿈과 사랑을 보십니다. 하나님은 나의 동기를 보시며 하나님을 향한 마음을 보십니다. 하나님은 하나님과의 관계 속에서 나를 보십니다. 하나님은 종의 관계, 자녀관계, 부부관계의 관점 속에서 나를 보십니다. 그래서 하나님은 나보다 더 나를 정확하게 보십니다. 그래서 우리는 하나님의 관점에서 사람을 보고 자신을 보아야 행복하고 성공적인 인생을 살 수가 있습니다. 사람의 평가에 의해 낙심해서도 안 되고, 자신의 생각에 의해 자학해서도 안 됩니다.

하나님은 우리를 향한 하나님의 뜻과 계획을 가지고 계시며, 여러 모양으로 말씀하시고 역사하십니다. 때로는 만남을 통해, 때로는 어떤 사건을 통해, 때로는 꿈과 환상을 통해 우리를 향한 사랑과 계획을 약속하시고, 소원을 주시고, 열정을 주시고, 지혜를 주십니다. 우리는 하나님의 뜻과 계획에 집중하며 하나님이 우릴 통해 하실 일들을 기대하며 준비해야 합니다.

　금이 가고, 조금 깨어진, 오래된 물 항아리 하나가 있었습니다. 그 항아리의 주인은 다른 온전한 것들과 함께 그 깨어진 항아리를 물을 길어 오는 데 사용했습니다. 오랜 세월이 지나도록 그 주인은 깨어진 물 항아리를 버리지 않고 사용했습니다. 깨어진 물 항아리는 늘 주인에게 미안한 마음이었습니다. "내가 온전치 못하여 주인님께 폐를 끼치는구나. 나로 인해 그토록 힘들게 구한 물이 새어 버리는데도 나를 아직도 버리지 않으시다니…." 어느 날 물 항아리가 주인에게 물었습니다. "주인님, 어찌하여 저를 버리고 온전한 새 항아리를 구하지 않으시나요. 저는 별로 소용가치도 없는 물건인데요." 주인은 그의 물음에 아무 말도 하지 않은 채 그 물 항아리를 지고 계속 집으로 가고 있었습니다. 그러다가 어느 길을 지나면서 부드럽게 말했습니다. "애야, 우리가 걸어온 길을 보아라." 그제야 물 항아리는 그들이 늘 물을 길어 집으로 걸어오던 길을 보았습니다. 길가에는 예쁜 꽃들이 아름다운 자태를 자랑하듯 싱싱하게 피어 있었습니다. "주인님, 어떻게 여기에 이토록 예쁜 꽃들이 피어 있을까요?" 주인이 빙그레 웃으며 말했습니다. "모두 메마른 산 길가에서 너의 깨어진 틈으로 새어 나온 물을 먹고 자란 꽃들이란다."

　우리는 인생을 살면서 너무나도 많이 깨어지고 금이 갔습니다. 그럼에도 불구하고 예수님께서는 우리를 버리지 아니하시고 적절하게 사용하십니다. 우리가 쓰임 받는 것은 자격이 있어서가 아니라 주님의 사랑과 은혜입니다. 우리는 깨어진 항아리라서 사람들에게 인정받지 못하고, 하나님의 사랑 받을 자격이 없다고 생각되어 낙심하지만 하나님은 우리를 통해서 하나님의 일을 하십니다. 하나님께서 우리를 가치 있는 존재로 여기시고 가치 있게 사용하고 계심을 믿고 건강한 자화상 속에서 삶을 살 때 행복과 성공을 창조하게 됩니다.

3. 다른 사람들과의 관계

아내가 남편에게 깊은 사랑을 받고 누리면 행복한 자긍심 속에서 자녀들을 사랑하고 시집식구들을 사랑하게 됩니다. 그렇듯이 하나님과 성숙한 사랑을 누리는 사람은 건강한 자화상 속에서 자녀를 사랑하고, 이웃을 사랑함으로 행복과 성공을 만들어 가게 됩니다. 남편의 많은 사랑을 받고 자긍심 속에서 살아가는 행복한 여자도 자녀를 키우고 시집식구들을 사랑하는 것이 결코 쉽지가 않은 것처럼 사람이 하나님의 사랑을 받고 자긍심을 갖고 살아감에도 다른 사람과의 관계를 맺고 사랑하는 것은 매우 어려운 일입니다. 이것은 우리가 육을 입은 존재여서 우리 안에 아직 마음의 병이 치유되지 못한 채 상처가 남아 있기 때문이며, 열등감과 죄책감과 버림받은 마음과 굶주림과 분노와 두려운 마음으로 사람들의 사랑을 필요로 하는 존재이기 때문입니다. 하나님의 말씀인 성경에서는 사랑의 원리를 '서로'라고 말하고 있습니다. 즉 사랑은 혼자 하는 것이 아니라 '서로 함께' 하는 것입니다. 하나님과 우리와의 사랑도 하나님 혼자서 하시는 것이 아니라 우리와 함께 사랑하는 것, '서로서로' 해야 하는 것입니다. 어느 한 사람의 일방적인 채로는 사랑일 수는 없습니다. 짝사랑은 결코 영원히 아름다울 수는 없는데 그 이유는 열매를 맺을 수가 없기 때문입니다. 열매는 서로 사랑할 때만 맺을 수 있습니다.

그래서 하나님도 만물은 혼자 창조하셨지만 기적은 사람과 함께 창조하십니다. 하나님도 구원을 혼자 하시지 않고 사람과 함께 이루시는 것입니다. 결국 '서로' 사랑해야 아름다운 관계의 열매를 맺을 수가 있습니다. 하나님과 인간의 관계도 '서로' 일 때 구원의 역사가 일어나고, 부모와 자녀관계도 '서로' 일 때 사랑이 지속이 되고, 부부관계도 '서로' 일 때, 목자와 성도의 관계도 '서로' 일 때, 사람과 사람의 관계도 '서로' 일 때 행복과 성공의 열매를 맺을 수가 있습니다. 하나님의 말씀인 성경에서는 사랑의 원리를 '서로' 라고 말하고 있습니다. 서로 참아주고, 서로 이해해주고, 서로 아픔을 함께하고, 서로를 위해 기도할 때 건강한 관계가 이루어지고 행복과 성공을 창조할 수가 있습니다.

요셉이 명작 인생을 살았던 것은 하나님과의 바른 관계 속에서 자신에 대한 긍정적 자화상을 갖고 사람들을 섬기고 사랑하는 바른 관계를 가졌기 때문입니다. 사람을 사랑한다는 것은 참으로 힘든 일이기도 하지만 또한 즐겁고 행복한 일이기도 합니다. 내 안에 있는 사랑으로 누군가를 사랑한다는 것은 불가능하고 힘든 일이 됩니다. 그러나 주님이 주시는 사랑으로 사랑한다면 즐겁고 행복한 일이 될 것입니다. 요셉은 하나님이 주시는 사랑과 지혜로 사람을 대하고 섬겼기에 하나님이 그를 축복하셔서 명작 인생을 살게 된 것입니다.

제17장
하나님의 뜻에 순종을 선택

인생은 참으로 난해하여 인간의 두뇌로는 다 헤아릴 수 없지만 계시된 하나님의 말씀을 깊이 상고하면서 인생 속에서 하나님의 주권적 섭리가 어떻게 역사되는가를 보면 조금은 헤아릴 수가 있습니다. 우리는 인생 속에 하나님의 주권적인 섭리가 어떻게 역사되는가를 바로 알고 하나님의 뜻에 순종할 때 행복하고 성공할 수 있습니다. 성경은 솔로몬 왕을 통해 인생에 대한 하나님의 주권적 섭리를 아주 정확하고 명쾌하게 증거해 주고 있습니다.

전도서 9장 11절에 보면 "내가 다시 해 아래에서 보니 빠른 경주자들이라고 선착하는 것이 아니며 용사들이라고 전쟁에 승리하는 것이 아니며 지혜자들이라고 음식물을 얻는 것도 아니며 명철자들이라고 재물을 얻는 것도 아니며 지식인들이라고 은총을 입는 것이 아니니 이는 시기와 기회는 그들 모두에게 임함이니라" 말씀하고 있습니다.

이 11절은 우선 모든 인간들에게 있음을 전제하고 있습니다. 성취욕은 인간의 본능으로 없는 사람이 없습니다. 인간에게는 적어도 네 가지의 성취욕이 있는데 경쟁에서는 언제나 이기고 싶고 1등하고 싶어 합니다. 즉 먼저 결승점에 도착하고 싶은 것이 사람의 본능이라는 것입니다. 또 싸움에서도 승리하고 싶어 합니다. 남에게 지배당하기보다는 지배하고 싶은 것이 사람들의 솔직한 심정입니다. 또 부자가 되고 싶어 합니다. 보다 잘 먹고 풍요롭고 안락하게 살고 싶어 합니다. 마지막으로 좀더 높은 자리에 앉아 남들에게 존경과 칭찬을 받고 싶어 합니다. 이런 야망을 달성하기 위하여 인간들은 아주 합리적이고 논리적인 처세술을 갖고 살아갑니다. 그 처세술은 경쟁에서 선착하려면 빨리 달려야 한다고 생각하는 것입니다. 싸움에서 승리하려면 힘이 있어야 한다고 생각합니다. 부자가 되려면 머리를 잘 써야 한다고 생각합니다. 남에게 인정을 받으려면 유능해야 한다는 것입니다.

이렇게 하면 인생을 성공할 수 있다고 생각합니다. 이같은 처세술은 이제 상식이 되었습니다. 그러나 전도서 9장 11-12절은 인생이 그렇게 간단하게 설명될 수 없다고 말씀합니다. 인생을 몇 개의 법칙으로 설명할 수 없다고 말하고 있습니다. 실제로 인생은 너무나 복잡하고 예외가 많습니다. 인생은 수학공식이 아니기 때문입니다. 그러므로 인생을 인과율의 법칙 안에서 이해하려는 것은 어리석은 것입니다.

인생이란 무엇인가

그러면 전도서 9장 11절은 인생을 어떻게 설명하고 있습니까? 11절에서 복잡한 인생을 네 가지 예를 들어 설명합니다.

첫째, **빠른 경주자라고 선착하는 것이 아닌 것이 인생입니다.** 이것을 잘 설명하는 우화가 우리가 잘 아는 거북이와 토끼의 경주 이야기입니다. 인간의 상식적이고 합리적인 판단은 토끼가 이기게 되어 있습니다. 그러나 거북이가 이겼습니다. 토끼도 얼마든지 질 수 있다는 얘기입니다. 이 얘기는 동물의 얘기가 아니라 우리 인생들의 얘기입니다. 실제로 우리 인생사에 어쩌다가 이런 일이 한 번쯤 일어나는 것이 아니라 어쩌면 자주 일어난다고 할 수 있습니다. 중요한 약속을 지키기 위해 평소보다 일찍 서둘러 자동차의 시동을 걸고 출발했습니다. 그렇다고 해서 제 시간에 도착하는 것은 아닙니다. 자동차에 아무 문제가 없고 운전자도 아무 이상이 없어도 길이 막히면 할 수 없습니다. 빨리 가려고 요령을 피워 교통법규를 위반하면서 달리다가 교통순경에게 걸려 딱지 떼이면 시간은 더욱 지체됩니다. 지체된 시간을 만회하기 위해 더 급하게 몰고 가다가 사고가 나기도 합니다. 그러면 영원히 목적지에 도달하지 못하기도 합니다. 이것이 인생입니다. 인생 경주는 빨리 달린다고 결코 먼저 목적지에 도착하는 것이 아닙니다.

둘째, 유력자라고(힘이 있다고) 전쟁에서 승리하는 것이 아닙니다. 미국이 이라크를 공격하여 후세인 정권을 몰아냈습니다. 후세인까지 체포해서 사살했습니다. 그러나 아무도 이라크와의 싸움에서 미국이 최후의 승자로 역사에 기록될 것인가 예측할 수 없습니다. 실제로 미국은 아픈 역사를 갖고 있습니다. 월남전에서 월등한 무력을 갖고도 창피를 당했습니다. 이라크의 경우도 그렇게 될 수 있습니다. 사실 우리의 일상에서도 인간의 계산을 완전히 뒤엎는 승패가 심심찮게 발생합니다. 이것이 인생사입니다. 전도서 9장 11절의 말씀대로 유력자라고(힘이 있다고) 전쟁에서 반드시 승리하는 것은 아니라고 가르쳐 줍니다.

셋째, **지혜자라고 식물을 얻는 것이 아니며 명철자라고 재물을 얻는 것이 아닙니다.** 다시 말해서 유식하다고 해서 부자가 되는 것은 아니라는 뜻입니다. 학창시절에 1등 했다고, 아이큐가 높다고, 머리가 좋다고 부자가 되는 것은 아닙니다. 장가 잘 가서 처가 덕에 잘 사는 남자들이 있습니다. 땅값이 뛰어서 벼락부자가 된 자들이 있습니다. 실제로 부자 되는 것과 머리 좋은 것 하고는 아무 상관이 없습니다. 오히려 좋은 머리가지고 이리 굴리고 저리 굴리고, 이 사업 해보고 저 사업 해보는데 잘 안 되는 사람들이 많습니다. 이것이 인생입니다. 전도서 9장 11절은 그것을 말해주고 있습니다.

넷째, **기능자라고 은총을 입는 것이 아닙니다.** 유능하다고 남들에게 존경을 받는 것이 아니라는 뜻입니다. 쉽게 말하면 자격증 있다고, 영어 잘 한다고, 어떤 부문에 특수한 기술을 가진 전문가라고 높은 자리에 앉는다는 보장이 없다는 것입니다. 자기는 똑똑하고 유능하지만 자기 부하 직원이 잘못해서 연대책임을 지고 물러나야 하는 경우가 허다합니다. 반대로 자기는 어중간하지만 자기 부하 직원이 똑똑해서 출세하는 자들도 적지 않습니다. 이처럼 뒤엉켜있는 것이 인생입니다.

솔로몬의 지혜서인 전도서는 이렇게 뒤엉켜있는 인생사를 한 구체적인 사건을 들어 증명 하고 있는데 전도서 9장 13-16절에 나오는 말씀이 그것입니다. 솔로몬 시대에 이웃나라에서 이런 일이 있었던 것 같습니다. 어떤 조그마한 나라가 위기에 봉착했습니다. 힘센 나라가 쳐들어왔기 때문입니다. 그 난국에 가난한(돈이나 권력이나 명예에 전혀 관심이 없는) 지혜자가 일어나서 그의 지혜로 나라를 구하였습니다. 그렇다면 당연히 백성들은 이 가난한 지혜자를 존경하고 나라의 지도자로 삼아야 하지 않습니까?

그런데 백성들이 그 지혜자를 배척했다는 것입니다. 대신에 위기의 때에 비겁하게 달아났던 자들, 돈 있고 힘 있는 자들이 다시 득세해서 가난한 지혜자를 모함하여 몰아내고는 다시 권세를 부리게 되었다는 것입니다. 그래서 전도서 기자는 9장 18절에서 "지혜가 무기보다 나으니라 그러나 죄인 한 사람이 많은 선을 무너지게 하느니라"는 말씀으로 결론을 내립니다. 정직하고 성실하고 지혜로운 의인들이 한 사람 죄인에게 꼼짝 못하는 세상이라는 뜻입니다. 맞습니다. 세상이 어떤 곳입니까? 완악한 자들이 날뛰면 엄청난 회오리가 부는 세상입니다. 무식한 자들이 우기고 큰 소리치면 그들의 주장대로 되는 곳입니다. 한 사람 때문에 많은 사람들이 억울하게 고통을 당하고 정의가 짓밟히는 곳입니다. 솔로몬 시대만 그랬습니까? 오늘날도 마찬가지 아닙니까? 세상은 부조리가 판을 칩니다. 뒤죽박죽입니다. 이것이 당대 최고의 지혜자였던 솔로몬을 통해 하나님이 말씀하신 세상의 모습이요 우리 인생살이의 모습입니다.

숨겨진 하나님의 교훈

하나님이 솔로몬을 통해 이렇게 부정적으로 인생을 논하는 이유는 무엇입니까? 그것은 우리로 하여금 인생을 환상적으로 생각하지 말라는 것입니다. 세상을 미화시키지 말라는 것입니다. 우선 인생의 부조리한 모습 그대로를 정직하게 보라는 것입니다. 그런 다음에 그 뒤에 숨어있는 교훈을 찾으라는 것입니다. 그렇다면 부조리한 인생 이면에 숨어있는 하나님의 교훈은 무엇입니까? 우리는 적어도 세 가지 교훈을 찾을 수 있을 것입니다.

첫째, 인생의 성공이나 행복을 세속적 성취 여부로 평가할 수 없다는 것입니다. 다시 말해서 세속적인 성취에서 자유로울 때 인생은 비로소 행복할 수 있습니다. 세속적인 성취나 현재적인 결과가 사람을 평가하는 기준이 될 수 없음을 전도서 9장 11절은 명쾌하게 해설합니다. 내가 다른 사람들보다도 결승점에 선착했다고 그것이 내가 빠른 경주자라는 확실한 증거일 수는 없습니다. 내가 승리했다고 내가 반드시 힘센 자라는 증거가 될 수는 없습니다. 내가 부자가 된 것이 내가 지혜자라는 분명한 증거가 된다고 생각지 말라는 것입니다. 내가 존경 받는 지위에 앉았다고 내가 유능한 자라고 착각해서는 안 된다는 것입니다. 역으로도 생각할 수 있습니다. 어떤 사람이 낮은 자리에 앉았다고 그가 무능한 자가 아니며, 어떤 사람이 가난하다고 그가 무식한 자가 아니며, 어떤 사람이 패배했다고 무력한 자가 아니며, 어떤 사람이 꼴찌를 했다고 그가 느린 자가 아닐 수 있는 것입니다. 그러므로 함부로 다른 사람을 평가하거나 무시해서는 안 됩니다.

더 나아가서 오늘 본문에서 말하는 것은 모든 세속적 성취가 일시적이라는 것입니다. 오늘의 1등이 내일의 1등을 보장하는 것은 아니며, 오늘의 승리가 내일의 승리를 보장하는 것은 아니며, 오늘의 성공이 내일의 성공을 보장하는 것이 아니며, 오늘의 부유가 내일의 부유를 보장하는 것이 아닙니다. 그러니 현재 잘나간다고 우쭐대지 말고, 오늘 잘 나가지 못한다고 낙심할 것이 아니라는 것입니다. 예수님께서도 마태복음 19장 30절에서 "먼저 된 자로서 나중 되고 나중 된 자로서 먼저 될 자가 많으니라"고 하셨습니다. 그러므로 역으로 우리는 어떻게 생각해야 합니까? 오늘의 꼴찌가 내일의 꼴찌가 아니며, 오늘의 패배가 내일의 패배가 아니며, 오늘의 실패가 내일의 실패가 아니며, 오늘의 가난이 내일의 가난이 아닙니다. 왜 우리가 세속적 성취에서 자유해야 합니까? 세속적 성취로 인생의 행복 여부를 평가할 수 없기 때문입니다. 그리고 현재의 세속적 성취가 일시적이기 때문입니다. 뿐만 아니라 세속적 성취가 내 힘만으로, 내 노력만으로, 내 지혜만으로 얻어진 것이 아니기 때문입니다. 누군가의 도움을 받았거나 상황적으로 호기를 만났기 때문이기도 한 것입니다. 사업의 성공여부가 사람이 예측할 수 없는 데서 비롯되는 경우가 허다합니다. 정말 치밀하게 계획을 세우고 그 계획대로 최선을 다했지만 성공의 결과를 얻는 것은 아닙니다. 오히려 여러 부분에서 엉성한 구석이 많은데도 사람과 때를 잘 만나 성공한 사업가들이 적지 않습니다. 그러므로 오늘 본문에서 얻게 되는 첫 번째 교훈은 인생의 행복을 현재적 성취 여부로 평가하지 말라는 것입니다.

둘째, 인간이 이해할 수 없는 하나님의 주권적 섭리가 있다는 사실입니다. 11절 하반절을 보면 "이는 시기와 우연이 이 모든 자에게 임함이라"고 했습니다. 이 구절은 인생들에게 왜 예측 밖의 일이 일어나는가를 설명하는 구절입니다. '우연'이라는 히브리 원어의 보다 정확한 번역은 '특별한 사건'입니다. 사람이 이해할 수 없는, 혹은 예측할 수 없는 특별한 사건이 '우연'입니다. 그리고 '시기'는 그 특별한 사건이 일어나는 때입니다. 그러므로 이러한 특별한 사건이 어느 한정된 시기에 일어나는 것은 그 배후에 보이지 않는 손길이 있다는 것입니다. 그 손길이 다름 아닌 하나님의 주권적 섭리입니다. 전도서 8장 17절부터 9장 1절을 보면 "또 내가 하나님의 모든 행사를 살펴보니 해 아래에서 행해지는 일을 사람이 능히 알아낼 수 없도다 사람이 아무리 애써 알아보려고 할지라도 능히 알지 못하나니 비록 지혜 자가 아노라 할지라도 능히 알아내지 못하리로다 이 모든 것을 내가 마음에 두고 이 모든 것을 살펴본즉 의인들이나 지혜자들이나 그들의 행위나 모두 다 하나님의 손 안에 있으니 사랑을 받을는지 미움을 받을는지 사람이 알지 못하는 것은 모두 그들의 미래의 일들임이니라"고 기록되어 있습니다. 한 마디로 말하면 모든 일의 배후에는 하나님의 주관적 섭리가 있다는 것입니다. 이것이 전도서 전체에 흐르고 있는 기본적인 인생관입니다. 해 아래서 일어나는 모든 일의 배후에 하나님의 주권적 섭리가 있다는 것이 성경적 세계관의 기초입니다.

왜 하나님께서는 인생들로 하여금 이해할 수 없는 특별한 사건들을 특별한 때에 경험하도록 하십니까? 왜 성실하고 열심히 노력했는데 실패합니까? 좀 엉성했는데도 일이 잘 풀립니까? 왜 악인이 득세하고, 의인이 고통 받습니까? 두 가지로 이해할 수 있습니다. 첫째는 인생들로 하여금 자기 자신을 의뢰하지 못하도록 하시기 위해서입니다. 인생의 한계를 늘 의식하며 겸손히 살도록 하시기 위해서입니다. 둘째는 모든 인생을 주관하시는 하나님을 바라보게 하시기 위해서입니다. 지금 좋은 날을 맞고 있습니까? 행복하십니까? 그러면 기뻐하시고 감사하십시오. 그러나 한 가지, 하나님의 은혜로 된 것임을 잊지 마십시오. 현재 어려운 때를 지나고 계신 분이 있습니까? 낙망하지 마십시오! 오히려 훈련의 때임을 알고 인내하십시오! 여러분을 향하여 선한 뜻을 갖고 가장 좋은 길로 인도하시는 하나님을 신뢰하십시오!

하나님의 말씀인 성경은 "형통한 날에는 기뻐하고 곤고한 날에는 되돌아 보아라 이 두 가지를 하나님이 병행하게 하사 사람이 그의 장래 일을 능히 헤아려 알지 못하게 하셨느니라"(전 7:14)고 기록되어 있습니다. 그렇기 때문에 성도는 환난 날에 항상 하나님을 바라보아야 합니다. 그래야 부조리한 인생 가운데서 흔들리지 않고 내적 평안을 유지할 수 있습니다. 이것이 행복의 기초입니다. '수고하는 일에 대하여 현재적 보상을 기대하거나 사람들에게 인정받으려는 생각에서 자유하라.'는 교훈을 줍니다. 아예 그런 생각을 하지 않는 것이 인생을 행복하게 사는 비결이라는 것입니다. 왜 그렇습니까? 때가 되면 하나님께서 수고한 일에 대하여 보상할 것이기 때문입니다. 이것이 전도서의 결론입니다.

성경은 "일의 결국을 다 들었으니 하나님을 경외하고 그의 명령들을 지킬지어다 이것이 모든 사람의 본분이니라 하나님은 모든 행위와 모든 은밀한 일을 선악 간에 심판하시리라"(전 12:13-14)고 합니다. 그러므로 당장에 무슨 결과가 나타나기를 조급하게 구하지 말고 하나님께서 선악간에 반드시 심판하실 것을 신뢰하고, 하나님을 잠잠히 바라보아야 합니다. 그리고 하나님 앞에서 정직하고 성실하게 하루하루를 최선을 다하여 살아야 합니다. 그것이 성도의 바른 삶의 태도입니다. 성도에게 있어서 삶의 제일 중요한 원리는 그것이 진리이고 하나님의 말씀이기 때문입니다. 하나님께서 기뻐하시는 일이기 때문에 하는 것입니다. 현재적 보상을 기대하고 하는 일이 아닙니다. 종말의 날에 하나님께서 정확하게 결산하실 것이기 때문에 현재적 결과에 대하여 초연할 수 있는 것입니다. 대신에 주께서 맡기신 일에 충성하는 것 자체가 옳고 즐거운 일입니다. 이런 사람에게 행복이 찾아옵니다.

셋째, 삶을 살아가면서 인과율의 법칙에서 자유하라는 것입니다. 성경은 '인과율의 법칙에서 자유하라.'고 말합니다. 인과율의 법칙이란 어떤 결과든지 거기에는 반드시 원인이 있다는 것입니다. 이런 인과율의 법칙을 도덕률에 적용할 수 있습니다. 바르게 살고 최선을 다하면 이 세상에서 반드시 좋은 결과를 얻고 악하게 살고 요령을 피우면 이 세상에서 반드시 실패한다는 것입니다. 이러한 인과율의 법칙은 종말론적으로는 맞습니다. 그러나 현재적으로는 인과율의 법칙으로 설명이 안 되는 예외적인 일이 너무 많이 일어납니다. 그러므로 인생사를 인과율의 법칙으로 한정지어 말할 수는 없습니다. 오히려 하나님을 바라보아야 합니다. 우리 인생들로서는 이해할 수 없지만 인생 가운데 일어나는 모든 사건의 배후에 하나님의 섭리가 있음을 신뢰해야 합니다. 그래야 부조리한 인생의 모순을 극복할 수 있습니다. 이렇게 하나님의 섭리를 믿는 사람들은 현재를 긍정적으로 볼 수가 있습니다. 하나님께서 누리게 하신 일상의 삶을 즐깁니다. 그리고 현재적 결과에 상관없이 그 일상의 삶에 최선을 다합니다. 이런 사람이 행복하고 성공적인 삶을 살아 명작 인생을 만들게 되는 것입니다.

그런데 왜 하나님이 이 세상을 주관하시는데도 불구하고 모순 같은 일, 부조리한 일이 허다하게 벌어지는 걸까요? 우리가 하나님의 자녀인데 왜 하나님께서 우리를 자주 고통 가운데 두시는 걸까요? 그것은 우리에게서 그리스도의 형상이 드러나도록 하기 위해서입니다. 다시 말해서 우리를 최고의 걸작품으로 만드시기 위해서입니다. 하나님께서 우리를 그리스도의 형상으로 만드시기 위해서 우리의 모난 부분을 깎아내십니다. 우리의 부족한 부분을 채우십니다. 그래서 때로는 우리에게 아픔이 있습니다. 실패와 슬픔을 겪게 하십니다. 도저히 이해할 수 없는 일을 당하게 될 때도 있습니다. 그러나 그것이 끝이 아닙니다. 하나님께서 작업하시는 중입니다. 그래서 우리 안에서 일하시는 하나님 때문에 언젠가는 우리의 인격과 믿음이 단련되어 정금처럼 빛나게 될 것입니다. 하나님은 금 제련사이십니다. 옛날에 금 제련 사들은 금을 제련할 때 용광로에 금광석을 넣고 불을 세차게 지핍니다. 됐다 싶으면 출구를 조금 엽니다. 그러면 조그만 용기에 금물이 담깁니다. 그 담긴 금물에 자기 얼굴을 비추어봅니다. 선명하게 비치면 정금이 되었다는 증거입니다. 그러하지 못하면 자기의 얼굴이 선명하게 드러날 때까지 제련을 반복합니다. 하나님도 그렇습니다. 자기의 자녀들이 자기의 형상을 반영할 때까지 쉬지 않으시고 제련하십니다. 이것이 주께서 우리를 향하신 거룩한 뜻입니다. 이 뜻이 이루어지도록 우리의 인생을 훈련하시고 섭리하시는 것입니다.

우리는 하나님의 주권적 섭리를 다 알 수 없습니다

「Why did this happen to me?」(왜 이런 일들이 나에게 일어날까?)의 저자 Ray Pritchard는 하나님의 복된 섭리를 믿어야 할 이유를 이렇게 간결하게 설명합니다. "하나님은 무슨 일이 언제 어떻게 왜 일어나는지를 결정하시고 심지어는 그 일이 일어난 후에 발생하게 될 일들까지도 친히 결정하신다. 이것은 태초부터 모든 곳에서 일어나는 모든 사건들에 해당된다. 하나님이 그렇게 하시는 것은 우리의 유익과 하나님의 영광을 위해서다. 하나님은 죄를 범하는 분이 아니시다. 그럼에도 불구하고 악이 하나님의 목적을 이루는 역할을 한다. 하나님은 우리의 자유의지를 침해하지 않으신다. 그럼에도 불구하고 우리의 자유의지가 하나님의 목적을 이루는 역할을 한다. 우리가 이 모든 것을 다 이해해야 하는 것은 아니다. 우리는 그저 그렇다는 것을 믿어야 한다."

왜 우리가 주님 안에 거하는데도 불행이 있는지, 왜 우리가 억울한 누명을 쓰게 되는지, 왜 우리가 최선을 다했는데 실패했는지, 왜 우리에게 사랑하고 없어서는 안 될 필요한 이삭을 달라고 하시는지 우리는 다 알 수 가 없습니다. 그러나 분명한 것은 로마서 8장 28절에 "우리가 알거니와 하나님을 사랑하는 자 곧 그의 뜻대로 부르심을 입은 자들에게는 모든 것이 합력하여 선을 이루느니라"는 말씀처럼 고난 당할 때는 알지 못하지만 시간이 지나간 후 되돌아보면 하나님께서 언제나 가장 좋은 것을 가장 좋은 때에 가장 좋은 방법으로 주신다는 것을 우리는 수없이 체험하게 됩니다. 부모가 죽도록 충성하고 열심히 기도했는데도 세상 적으로 아무런 열매가 없는 것 같았지만 자녀들이 축복을 거두기도 하고, 부모들이 세상적인 방법으로 살고 악한 방법으로 성공해 교만하고 자기도취에 빠지기도 하지만 얼마 안가 자녀들로 낭패를 당하기도 한다는 사실을 우리는 수없이 목격합니다. 그러므로 우리가 하나님의 주권적 섭리를 다 이해할 수 없어도 하나님의 뜻에 순종을 선택해야 합니다. 이해할 수 없어도 하나님의 뜻에 순종하는 삶을 살 때 그 삶이 명작 인생을 만들어 냅니다.

　　2차 세계대전이 일어났을 때 히틀러는 유태인이면 국적을 불문하고 다 잡아다가 포로수용소에 집어넣었습니다. 당시 빅터 프랭클(Victor E. Frankl)이라는 의사가 오스트리아의 빈에서 성실하게 열심히 살고 있었는데 유태인이라는 이유로 붙잡혀 갔습니다. 직장도 돈도 빼앗기고 가족도 뿔뿔이 흩어졌습니다. 그는 포로수용소로 끌려가 입었던 옷마저 빼앗기고 죄수복으로 갈아입었습니다. 그에게 남은 것이라고는 사랑하는 아내가 준 결혼반지뿐이었고, 그 반지는 그의 유일한 희망이었습니다. 그러나 그 희망도 잠시뿐, 마지막으로 소지품을 점검하던 간수가 그 반지마저 빼앗아 가버렸습니다. 이제 몸뚱아리만 남았습니다. 그 순간 그는 중대한 선택을 내려야 했습니다. "내 모든 것을 빼앗아 가버린 저 잔학한 독일인들을 용서할 것인가, 아니면 저들을 저주하면서 한 맺힌 가슴으로 살아갈 것인가? 아직도 나에게는 이것을 선택할 자유가 남아 있었습니다. 아직도 나에게는 미래의 운명을 결정할 수 있는 능력이 남아 있었습니다." 그는 저들을 용서하기로 선택했습니다.

저들을 증오하고 한을 품고 살아간다면 자기 인생만 더욱 파괴돼 버릴 것이기 때문에 저들을 용서하기로 한 것입니다. 그는 수용소 생활을 하면서 엄청난 시련에 부딪혀야 했고, 짐승보다 못한 대우를 받아야 했습니다. 대다수 사람들은 절망해 버렸습니다. "이처럼 짐승 취급을 당하고 사느니 차라리 죽는 게 낫겠다." 그들 가운데는 젊고 튼튼한 사람도 많이 있었으나 죽기로 선택했기 때문에 결국 그들은 수용소 안에서 죽어갔습니다. 그러나 빅터 프랑클은 생각이 달랐습니다. "나는 짐승이 아니라 인간이다. 인간은 어떤 환경에서도 자기 자신의 운명을 결정할 수 있다. 나는 죽음의 환경을 극복하고 살아날 수 있다. 나는 살아나야 한다." 그는 건강도 좋지 않았습니다. 그래도 살기로 선택했습니다. 결국 그는 살아남았습니다. 3년간의 지긋지긋한 포로수용소에서 살아남은 것입니다. 어떻게 살아남았는가! 그것은 실로 어려운 환경이었지만 스스로 죽겠다고 선택하지 않고 스스로 살겠다고 선택했기 때문입니다.

그는 나중에 오스트리아의 빈대학교 의과대학 교수가 되었습니다. 그는 자기 자신의 포로수용소 경험을 그대로 담아서 「죽음의 수용소에서」라는 책을 만들어 냈습니다. 그는 이 책을 통해 절망에 허덕이던 수많은 사람들에게 희망을 찾아 주었습니다. 우리는 순간순간 선택하지 않을 수 없습니다. 다른 사람이 무심코 던진 말 한 마디도 우리 가슴에 치명적인 상처를 남길 수 있습니다. 그때 우리는 어떻게 선택해야 하는가! "그 말에 상처를 입고 말 것인가 아니면 상처를 입지 않기로 선택할 것인가?" 이 선택은 우리의 몫입니다. 하나님의 뜻대로 살 것인가 아니면 내 뜻대로 내 방법대로 살 것인가는 내가 선택해야 합니다.

B와 D사이에는 C가 있습니다

인생은 'B to D'라고 합니다. B는 Birth(태어남)이고 D는 Death(죽음)입니다. 즉 인생이란 태어나서 죽는 것입니다. 그럼 B와 D사이에는 무엇이 있을까요? C가 있습니다. C는 바로 Choice(선택)입니다. 즉 인생은 선택하는 대로 되는 것입니다. 우리는 매 순간마다 선택을 하며 살아야 하고, 어떤 선택을 하느냐에 따라 나의 삶과 가족 그리고 나의 미래와 내가 속한 집단의 운명이 좌우되게 됩니다. 엘리야는 갈멜 산에서 이스라엘 백성에게 "엘리야가 모든 백성에게 가까이 나아가 이르되 너희가 어느 때까지 둘 사이에서 머뭇머뭇 하려느냐 여호와가 만일 하나님이면 그를 따르고 바알이 만일 하나님이면 그를 따를지니라 하니 백성이 말 한마디도 대답하지 아니하는지라"(왕상 18:21)고 말했습니다. 여호수아는 가나안을 정복하고 이제 숨을 거두려 하면서 "만일 여호와를 섬기는 것이 너희에게 좋지 않게 보이거든 너희 조상들이 강 저쪽에서 섬기던 신들이든지 또는 너희가 거주하는 땅에 있는 아모리 족속의 신들이든지 너희가 섬길 자를 오늘 택하라 오직 나와 내 집은 여호와를 섬기겠노라"(수 24:15)고 하면서 자기의 선택을 말해주고 백성들에게 선택할 것을 말하고 있습니다.

이렇듯 우리는 순간순간 선택하지 않을 수 없습니다. 누군가에게 상처 받았을 때 그 사람을 용서할 것인가, 아니면 평생 증오하며 한 맺힌 상태로 살아가야 할 것인가? 하나님의 뜻대로, 하나님 말씀대로 살 것인가 아니면 내 뜻대로 내 방법대로 살 것인가? 하나님의 말씀을 믿고 순종할 것인가 아니면 하나님의 말씀을 믿지 않고 불순종할 것인가? 이러한 선택은 우리의 몫입니다. 내가 선택해야 하는 것입니다. 그리고 그 결과에 대한 책임도 내가 져야 합니다. 우리는 이러한 선택의 때에 내 생각과 내 의지가 아닌 하나님의 뜻이 무엇인지 먼저 알아야 합니다.

하나님의 말씀인 성경은 '하나님 중심, 말씀 중심, 교회 중심'으로 사는 것이 하나님의 뜻임을 분명히 말해 주고 있습니다. 그러므로 우리는 어떤 선택이 최고의 선택이 되는가를 살펴서 하나님의 뜻에 맞는 선택을 해야 합니다. 하나님 뜻에 맞는 선택을 할 때 하나님께서는 하나님의 주권적인 섭리 아래 우리를 주관하시고 돌보심으로 우리의 삶이 행복하고 성공적인 삶이 되도록 인도하실 것입니다.

제18장
위대한 인생을 만드는 말

　하나님은 태초에 천지 만물을 창조하실 때 이미 무엇인가 존재하는 재료로 우주 만물을 만드신 것이 아니라 '말씀으로' 만물을 창조하셨습니다. 첫째 날 "빛이 있으라" 하시자 이 말씀에 따라 어둠과 혼돈의 세계에 빛이 나왔던 것입니다. 이렇듯 말은 단지 의사소통의 한 수단으로써의 기능만 있는 것이 아닙니다. 말은 보이지 않기 때문에 작은 것으로 인식되지만 상상할 수 없는 생명의 에너지를 가지고 있습니다. 그런데 인간에게도 이런 하나님의 생명 에너지가 몸속에 존재합니다. 왜냐하면 인간은 하나님의 형상과 모양대로 지음 받았기 때문입니다. 인간은 하나님의 내적 속성을 따라 만들어졌는데 이런 하나님의 속성 속에는 말의 권세와 능력이 포함되어 있습니다. 하나님은 사람을 자신의 형상을 따라 만드시고 그 코에 생명 에너지인 생기를 불어 넣어 주셨기 때문에 하나님의 속성인 말의 권세와 능력이 사람에게 주어진 것입니다. 그리하여 마치 태양 에너지가 모든 생물을 살게 하듯이 말에는 사람의 모든 운명과 환경을 변화시키고 움직이는 생명의 에너지가 있습니다.

말의 권세와 능력 - 인생항로를 바꾸는 말

말은 사람의 인생항로를 바꾸게 합니다. 작은 시골 천주교회의 주일 미사에서 신부를 돕고 있던 한 소년이 있었습니다. 그런데 실수로 제단의 성찬으로 사용할 포도주 그릇을 떨어뜨렸습니다. 신부는 즉시 소년의 뺨을 치며 소리를 질렀습니다. "썩 물러가! 다시는 제단 앞에 오지마!" 이 소년은 그 이후 교회를 떠났습니다. 그리고 커서는 유고슬라비아의 공산주의 독재자 티토 대통령이 되었습니다. 반면 다른 큰 도시의 천주교회에서 미사를 돕던 한 소년이 성찬용 포도주 그릇을 떨어뜨렸습니다. 순간 소년은 당황하여 어찌할 바를 몰랐습니다. 신부는 곧 이해와 동정이 어린 사랑의 눈으로 그를 바라보며 조용히 속삭여 주었습니다. "네가 앞으로 훌륭한 신부가 되겠구나!" 신부의 축복의 말대로 이 소년은 자라나서 유명한 대주교 홀톤 쉰이 되었습니다. 티토는 그 신부의 말대로 제단 앞에서 물러나 하나님을 비웃는 공산주의 지도자가 되었고, 홀톤 쉰은 신부의 말대로 귀한 하나님의 일꾼이 되었습니다. 똑같은 상황이었지만 살리는 말을 들은 소년은 사람을 살리는 사람이 되었고, 죽이는 말을 들은 소년은 사람을 죽이는 사람이 되었습니다. 이처럼 말은 사람의 운명에 큰 영향을 미칩니다.

말의 권세와 능력 - 사람을 살리는 말

말은 죽음에 이르는 사람을 살리기도 합니다. 미국 심장학계에 유명한 레빈 박사가 회진을 할 때의 일입니다. 심장 기능이 최악으로 떨어져 죽음을 앞에 둔 할아버지가 한 분 있었습니다. 혼수상태를 거듭했고 회복할 수 없는 상태에까지 이르렀습니다. 그 할아버지의 심장에 청진기를 대 보니 〈제3심음〉이 아주 크게 들렸습니다. 심장에 병이 들면 심장 뛰는 소리가 달라진다고 하는데 정상적인 소리는 '쿵탁쿵탁' 하고 소리가 나는데 '쿵'을 〈제1심음〉이라고 하고 '탁' 소리를 〈제2심음〉이라고 합니다. 그런데 심장이 멈추기 직전이 되면 전혀 다른 〈제3심음〉 소리가 나타난다고 합니다. 그래서 〈제3심음〉이 크게 들린다는 의미는 그 사람이 죽음 직전에 왔다는 신호라고 합니다.

그런데 이 소리는 실습 학생들이 듣기에는 매우 희귀한 소리였기에 박사는 학생들을 황급히 불러 심장 소리를 들어보라고 했습니다. 청진기를 할아버지의 심장에 대어 본 학생들은 모두 신기한 듯 "잘 들립니다. 아주 뚜렷하게 잘 들립니다."라고 말했다고 합니다. 〈제3심음〉까지 들렸기 때문에 가족들은 장례 준비를 하면서 할아버지가 눈을 감기를 기다렸습니다. 그런데 죽음의 신호가 오기는커녕 오후가 되자 오히려 할아버지의 눈이 말똥해지더니 얼굴이 환해졌습니다. 심장상태가 급속히 호전되면서 〈제3심음〉도 사라져 버렸고, 심장도 일주일 만에 정상으로 돌아왔습니다. 회진을 하던 레빈 박사가 그 할아버지에게 물었습니다. "할아버지, 이렇게 갑자기 심장이 좋아지리라고는 저 자신도 생각하지 못했습니다." 그러자 할아버지는 이렇게 말했습니다. "의사 선생! 지난 번 아침 회진 때 당신과 당신 학생들이 내 심장 소리가 잘 들린다고 기뻐하지 않았소?" 할아버지는 정신이 가물가물한 상태에서 학생들이 "잘 들립니다. 아주 잘 들려요." 하는 말을 자신의 심장 상태가 좋아졌다는 소리로 들었던 것입니다.

그러자 할아버지의 심장은 생명의 에너지를 얻어 힘 있게 움직이기 시작한 것이었습니다. 할아버지는 마음을 열고 학생들의 말을 믿음으로 받아들였고 말이 믿음과 만나자 육체에 영향을 미치는 기적으로 나타난 것입니다.

말의 권세와 능력 – 꿈을 성취하게 하는 말

말은 꿈을 잉태케 하고 꿈을 성취하게 하기도 합니다. 브라이언 하버(Brian Habour)의 「무리 위에 일어서서」라는 책을 보면 벤 후퍼라는 소년의 이야기가 있습니다. 벤 후퍼는 태어났을 때부터 아버지가 누구인지를 몰랐습니다. 그래서 동네 사람들은 벤과 어머니가 장을 보면 모두가 들을 수 있을 만큼 큰 목소리로 "저 아이 아버지가 누군지 알아?"등과 같은 말을 노골적으로 하곤 했습니다. 그런 말들이 어린 벤에게는 너무나 큰 상처가 되었습니다. 그러던 어느 날 벤 후퍼가 열두 살이 되었을 때 마을에 있는 작은 교회 목사님이 새로 부임해 왔습니다. 어린 벤의 귀에 그 목사님이 얼마나 훌륭하며 또 얼마나 사람들을 사랑하는지에 대한 좋은 이야기들이 들려 왔습니다. 그 목사는 사람들의 있는 모습 그대로 받아 주었고 그와 함께 있으면 상대방은 자신이 세상에서 가장 중요한 사람인 것처럼 느끼게 된다고 마을에 소문이 났습니다.

그래서 어느 주일, 벤 후퍼는 한 번도 가본 적이 없는 교회를 찾아가 설교를 듣기로 했습니다. 그러나 사람들의 눈길을 끌어 입에 오르내리기가 싫었기 때문에 일부러 교회에 늦게 도착하고 일찍 나왔습니다. 그러나 목사님이 하는 말씀을 듣는 것은 좋아했습니다. 그 후 벤은 계속 교회를 찾았습니다. 물론 항상 늦게 갔다가 일찍 나왔습니다. 그런데 여섯 번째인지 일곱 번째인지의 주일설교는 너무나 감동적이고 신나는 내용이었기 때문에 벤은 완전히 매료되었습니다. 마치 설교자의 머리 뒤에 "아버지를 모르는 어린 벤 후퍼 너를 사랑하는 분이 있으니 너는 소망이 있다!"는 플래카드가 걸려 있는 것 같았습니다.

벤은 그 설교에 깊이 빠져 있었기 때문에 시간 가는 것을 잊어버렸습니다. 갑자기 예배가 끝이 났고 벤은 교회를 빨리 떠나려고 서둘렀지만 이미 통로가 막혀 있었습니다. 사람들을 뚫고 나가려고 애를 쓰고 있던 벤의 어깨에 한 손이 와 닿는 것을 느꼈습니다. "너는 누구의 아들이냐." 목사님과 벤은 눈이 마주쳤습니다. 그 질문은 지난 12년 동안 모든 사람이 벤에게 질문하던 내용이었습니다. 일순간 교회에는 침묵이 감돌았습니다. 그러나 젊은 목사님의 얼굴에는 미소가 번졌습니다. "아, 네가 누구 아들인지 알겠다. 그 닮은 모습이 역력해. 넌 하나님의 아들이다!" 그리고는 벤의 등을 치며 다시 말했습니다. "너는 하나님의 아들이야. 이 사실을 잊지 말고 하나님의 아들답게 살아야 한다." 여러 해가 지난 후 벤 후퍼는 테네시 주의 주지사가 되었습니다. 그는 어린 시절을 회상하면서 이렇게 말했습니다. "내가 하나님의 아들이라는 말을 듣던 바로 그날이 테네시 주의 주지사가 태어난 날이었습니다."

이처럼 한 사람의 가슴에 기록되어지는 말은 사람에게 꿈을 잉태케 하고, 꿈을 성취하게 하는 원동력이 되며 보이지 않지만 무한한 창조력과 힘을 가진 인생 최대의 자산입니다. 그러나 기억해야 할 것은 그런 창조력은 긍정과 부정이 함께 포함된 개념이라는 것입니다. 말 한마디가 어떤 사람에게는 부정적인 인생을 창조하고 어떤 사람에게는 긍정적인 인생을 창조하는 것입니다. 그러므로 신중하게 경우에 합당한 말, 지혜롭고 유익한 말, 사람을 살리는 말을 하는 사람은 가치 있는 사람입니다. 그런 입술에서 나오는 말은 듣는 이로 하여금 생명의 길로 가도록 깨우쳐 주는 힘이 됩니다.

말의 권세와 능력 – 기적을 창조하는 말

비판적인 말과 부정적인 말들은 비생산적입니다. 그러나 하나님의 나라는 절대믿음, 절대희망, 절대긍정입니다 하나님의 사랑을, 하나님의 기적을 말하면 놀라운 일이 일어납니다. 왜냐하면 하나님이 함께 역사하시고 책임져 주시기 때문입니다(막 16:20). "대저 하나님의 모든 말씀은 능하지 못하심이 없느니라"(눅 1:37)고 했습니다. 하나님은 약속하신 말씀대로 신실하게 이루어 주십니다. 1970년대까지만 해도 직장이나 교회 등에서 무슨 일을 끝내면 '평가회'라는 것을 가졌습니다. 그런데 이 평가회로 모이면 으레 이번 행사에서 잘못된 것이 무엇인지부터 토론하기 시작합니다. 그래서 때때로 평가회가 기분을 잡치게 하는 우울회가 되기 쉬웠습니다. 명분은 앞으로 더 잘하기 위해서 무엇이 잘못이었는지 짚어 보는 것입니다.

그러나 1990년대 이후에는 어떤 경영체계에서도 이런 평가를 거부합니다. 왜냐하면 이미 무엇이 잘못되었는지는 그 일을 하던 중에 익히 깨닫기 때문입니다. 그것을 다시 평가회 때 이러쿵저러쿵 따지고 짚어 본다는 것은 결국 미래의 생산성에 아무런 도움이 되지 않는다는 사실을 알게 된 것입니다. 그래서 지금은 거의 모든 회사들이 긍정적 사고의 패턴을 가지고 미래를 계획합니다. 그렇습니다. 과거는 흘러간 그 순간에 묻어버려야 합니다. 비판과 부정적인 분위기를 용기와 격려와 위로와 희망의 향기로 채워야 합니다. 이것이 성경적인 방법입니다. 예수님도 과거의 잘못을 되짚는 평가회를 가져본 적이 없습니다. 간음 중에 잡힌 여인에게도 미래만을 제시해 주셨습니다. "나도 정죄치 않으리니 다시는 같은 삶을 계속해서 살지 말라"(요 8:11)는 것이었습니다.

이스라엘 백성들이 가나안 땅을 정복할 때 가장 큰 장벽 중 하나는 견고한 여리고 성이었습니다. 그런데 그 성을 무너뜨릴 때 여호수아는 백성들에게 여리고 성을 하루에 한 번씩 돌고, 7일 째는 일곱 번 돌도록 했습니다. 그러면서 백성들에게 "너희 입에서는 아무 말도 내지 말라"는 명령을 내렸습니다. 한 번 생각해 보면 이스라엘 백성들은 얼마나 황당한 생각이 들었겠으며 얼마나 할 말이 많았겠습니까? '아니, 여호수아 사령관이 미친 것 아니야! 성을 쌓아서 공격을 하든가, 땅굴을 파든가, 아니면 어떤 유인작전을 해서 싸워야지. 이 무슨 어린애 같은 장난도 아니고 하루에 한 바퀴씩 돌다니. 말이 돼?' 이렇게 말도 안 되는 행동을 한다고 얼마나 비판을 하고 부정적인 말을 하겠습니까? 이스라엘 백성들은 모세와 같은 위대한 지도자가 인도할 때도 언제나 어떤 어려운 문제에 직면하면 모세를 원망하고 비판하던 백성들이었습니다. 그런 백성이라는 것을 익히 알고 있는 여호수아는 아무 말도 하지 못하도록 했다가 마지막 날 큰 소리로 외치게 해서 여리고 성을 무너뜨렸습니다.

마찬가지로 목사님들은 성도들에게 부정적인 말과 비판적인 말을 하지 못하도록 굉장히 강조합니다. 왜냐하면 말이 사탄의 도구로 쓰이고 있기 때문입니다. 사람들은 부정적인 마음이 많고, 부정적인 말들이 습관화되어 있습니다. 그러나 그리스도인들은 믿음의 말을 하고 희망의 말을 해야 합니다. 사탄이 시험에 들지 않도록 부정적인 말을 삼가 해야 합니다. 하나님의 나라는 절대믿음, 절대희망, 절대긍정입니다. 그러므로 항상 긍정적인 말 희망적인 말을 하십시오. 말대로 되는 것입니다. 성경 말씀을 믿음으로 고백하고 믿음으로 말하면 믿음대로 이루어지는 역사가 나타납니다.

성도에게 주어진 '놀라운 권세'

풀러신학교 찰스 크레프트 교수가 쓴 책 가운데 「신자가 소유한 놀라운 권세」라는 책이 있습니다. 하나님은 천지를 창조하시고 인간에게 땅을 다스리고 정복하는 권세를 주셨습니다. 그런데 인간이 하나님께 불순종하고 마귀에게 순종하므로 그 권세를 상실했고 나아가 그 마귀에게 하나님이 주신 권세를 빼앗겨 버렸습니다. 예수님이 마귀에게 시험을 당하실 때 마귀가 예수님께 "내게 절하라. 내가 권세를 주마. 이 권세는 내게 넘겨준 것이므로 내가 원하는 자들에게 주노라."라고 말합니다. 이 권세를 넘겨 받았다고 큰 소리칩니다. 그러나 예수님은 바로 인간이 잃어버린 이 권세를 빼앗아 우리에게 되돌려 주셨습니다. 십자가 위에서 마귀의 머리, 마귀의 권세를 부수시고(창 3:15) 모든 권세를 되찾으셨습니다. 부활하신 예수님께서 제자들에게 하늘과 땅의 모든 권세를 되돌려 주시며 이제 주께서 분부하신 모든 사명을 권세 있게 감당하라고 하십니다.

이것이 크레프트 교수가 말하는 「신자가 소유한 놀라운 권세」입니다. 혹 어떤 이들은 예수를 믿어도 '내겐 외형적으로 달라진 것이 없는데 무슨 권세가 있다고 말하는가?' 라고 묻는 사람들이 있습니다. 경제적으로 하루아침에 부자가 된 것도 아니고 예수 믿었다고 한 달 만에 진급이 되고 지위가 달라진 것도 아닙니다. 대통령에 취임하자마자 어떤 권세가 주어집니까? 대통령이 되었다고 하루아침에 전투 비행기를 조종하고 원자폭탄을 만들 수 있는 것이 아닙니다. 대통령의 권세는 말로 행사되는 것입니다. 그의 말 한마디에 온 군대가 움직입니다. 경제정책이 결정됩니다. 수교국가와 단절국가가 결정됩니다.

마찬가지로 예수님을 믿음으로서 왕 같은 제사장이 된 우리에게는 믿음의 말의 권세가 주어집니다. 믿음의 말에 의해 천사들이 움직이고, 예수님이 중보기도 해 주시고, 성령님이 역사하고, 성령의 사람들이 움직여서 우리를 권세 있게 만드는 것입니다. 그럼으로 우리는 믿음의 말을 할 때 하나님이 믿음을 성취해 주신다는 것을 깊이 가슴에 새겨야 합니다.

무엇을 말해야 하는가

믿음의 정의를 성경은 "믿음은 바라는 것들의 실상이요 보지 못하는 것들의 증거니"(히 11:1)라고 말합니다. 사람들은 보통 실상, 눈에 보이는 것을 말합니다. 좀더 쉽게 풀어 설명하면 부모가 된 우리가 자녀를 바라보면 그 자녀의 '실상'이 있고, 그 자녀에게 우리가 '바라는 것들의 실상'이 있습니다. 예를 들어 그 아이가 장래에 소망이 없는 걱정스런 아이라고 합시다. 이것을 있는 그대로 말하는 것은 믿음 없이 하는 말입니다. 그저 실상을 말한 것입니다.

그러나 비록 자녀의 실상이 그렇다 할지라도 그 자녀를 향해 부모 된 우리가 '바라는 것들의 실상'이 있습니다. 그것을 말하는 것이 믿음으로 말하는 것입니다. 싹이 노란 것은 부모가 바라는 실상은 아닙니다. 부모는 그 상황에서도 그 자녀가 훌륭하게 되기를 바랍니다. 믿음으로 말한다는 것은 이런 상황에서 자녀의 '실상'을 말하지 않고 부모가 '바라는 것들의 실상'을 말하는 것입니다. 이것은 비단 자녀에게만 국한되는 것이 아닙니다. 우리와 관계를 맺고 있는 모든 사람들에게 현재 드러난 불쾌한 '실상'을 말하지 말고, 앞으로 있을 희망적인 관계 축복된 모습의 '바라는 것들의 실상'을 말해야 합니다. 그러면 하나님이 들으시고 하나님이 말대로 이루어 주십니다. 믿음의 사람은 믿음의 말을 합니다. 저도 옛날에는 보는 대로 '실상'을 말했습니다. 그러나 이제는 '바라는 것들의 실상'을 말합니다. 놀라운 것은 그렇게 믿음으로 말하고 나서 얼마 지나지 않아 우리가 '바라는 것들의 실상'이 실상(현실)이 된다는 사실입니다.

'바라는 것들이 실상'이 되는 이 놀라운 은혜의 맛을 본 사람들은 늘 입을 열어 '바라는 것들의 실상'인 믿음의 말을 하게 됩니다. 혹자에게는 이것이 아부처럼 들릴 수도 있고, 분별력이 없는 것처럼 보일 수도 있습니다. 왜냐하면 그것은 그 사람의 실상이 아니기 때문입니다. 그가 처한 실상이 그렇지 않기 때문입니다. 그러나 얼마 되지 않아 성도를 축복한 대로, 소망의 말을 한 대로 '바라는 것들의 실상'이 이루어집니다. 성경을 통해서든지 아니면 삶을 통해서든지 믿음의 사람들은 실상을 말하지 않고 '바라는 것들의 실상'을 말하는 것을 봅니다. 아브라함이 그 아들 이삭을 번제로 드리기 위해 모리아 산으로 올라갈 때의 일입니다(창 22:1-14). 아들 이삭이 물었습니다. "아버지 불과 나무는 있는데 번제할 어린 양은 어디 있습니까?" 아브라함이 이렇게 대답했습니다. "아들아, 번제할 어린 양은 하나님이 자기를 위하여 친히 준비하신단다." 이것은 실상을 말한 것이 아닙니다. 실상을 말한다면 "네가 제물이란다." 이렇게 말해야 합니다. 그러나 아브라함은 실상을 말하지 않고 아버지로서 '바라는 것들의 실상'을 말했습니다. 어떤 사람들은 아브라함이 거짓말을 했다고 생각할 것입니다. 아브라함은 거짓말을 말한 것이 아니라 '바라는 것들의 실상'을 말한 것입니다. 물론 아브라함은 하나님이 그 아들을 능히 죽은 자 가운데서 다시 살리실 줄로 믿었습니다(롬 4:17-18). 결과는 어떻게 되었습니까? 하나님께서 수풀에 걸린 숫양 한 마리를 준비해 놓으셨습니다. 아브라함의 '바라는 것들의 실상'이 현실로 된 것입니다. 그러므로 우리는 언제나, 누구에게나 '바라는 것들의 실상'인 축복의 말, 믿음의 말을 해야 합니다.

믿음의 말의 특성 - 각인력

믿음의 말에는 몇가지 특징이 있습니다. 그 첫번째는 말에는 각인력이 있다는 것입니다. 독일의 세계적인 대뇌학자 에코노모는 뇌세포의 98퍼센트가 말의 지배를 받는다는 것을 증명하여 발표했습니다. 그래서 자기가 말하는 것은 자기도 모르게 뇌세포를 각인시키고 있다고 합니다. 마치 누에고치가 자기 입에서 나오는 300미터의 명주실을 뽑아내어 자기 몸을 안 보이게 감싸는 것 같이 인간도 자기 입에서 나오는 수없는 말들에 의해 자기도 모르게 의식화되어 가고 있다는 것입니다.

그래서 미국의 유명한 수정교회 로버트 슐러 목사님은 매일 아침마다 기도시간에 반복하여 다음의 다섯 성구를 소리 내어 암송한다고 합니다.

첫째, 나는 하나님의 자녀다: "영접하는 자 곧 그 이름을 믿는 자들에게는 하나님의 자녀가 되는 권세를 주셨으니 이는 혈통으로나 육정으로나 사람의 뜻으로 나지 아니하고 오직 하나님께로부터 난 자들이니라"(요 1:12-13).

둘째, 나는 위대한 일을 할 수 있다: "내가 진실로 진실로 너희에게 이르노니 나를 믿는 자는 내가 하는 일을 그도 할 것이요 또한 그보다 큰일도 하리니 이는 내가 아버지께로 감이라 너희가 내 이름으로 무엇을 구하든지 내가 행하리니 이는 아버지로 하여금 아들로 말미암아 영광을 받으시게 하려 함이라"(요 14:12-13).

셋째, 하나님은 나와 함께하신다: "두려워하지 말라 내가 너와 함께 함이라 놀라지 말라 나는 네 하나님이 됨이라 내가 너를 굳세게 하리라 참으로 너를 도와 주리라 참으로 나의 의로운 오른손으로 너를 붙들리라"(사 41:10).

넷째, 사람을 주를 대하듯 대하라: "무슨 일을 하든지 마음을 다하여 주께 하듯 하고 사람에게 하듯 하지 말라 이는 기업의 상을 주께 받을 줄 아나니 너희는 주 그리스도를 섬기느니라"(골 3:23-24).

다섯째, 나는 반드시 죽으며 그 후에 심판을 받아야 한다: "한번 죽는 것은 사람에게 정해진 것이요 그 후에는 심판이 있으리니"(히 9:27).

로버트 슐러 목사님은 매일 반복하여 암송하는 성구는 믿음으로 자신의 머리에 각인되고 무의식적으로 언행하게 되어 그는 말대로 위대한 생애를 살게 되었다고 증언하고 있습니다.

믿음의 말의 특성 - 견인력

믿음의 말에는 행동을 유발하는 힘이 있습니다. 믿음의 말을 하면 뇌에 각인이 되고, 뇌는 척추를 지배하고, 척추는 행동을 지배하기에 내가 말하는 것이 뇌에 전달되어 내 행동을 이끌어 내게 되는 것입니다. 믿음과 소망의 말이 내 생각을 지배하고, 내 행동을 유발합니다. 사람이 꿈을 이루는 것이 아니라 꿈이 사람을 만들어 가는 것입니다. 꿈꾸는 말, 믿음과 소망의 말을 자꾸 하니까 그 믿음과 소망의 말이 내 생각을 지배하고 내 행동을 유발해서 나를 위대한 삶을 살도록 만들어 가기 때문에 꿈이 사람을 만들어 가는 것입니다. 하나님은 성경을 통해 끊임없이 믿음과 소망의 말을 우리에게 하고 계십니다. 내가 너를 사랑한다. 너는 왕 같은 제사장이다. 너는 하나 밖에 없는 독생자와 바꿀 만큼 소중하고 보배로운 존재라고 계속해서 믿음을 주는 말, 소망의 말을 하십니다. 이 말들이 우리의 삶을 이끌고 우리의 행동을 이끌어 위대한 삶으로 만들어 가는 것입니다.

믿음의 말의 특성 – 성취력

요셉은 떡 관원과 술 관원에게 관심을 가졌습니다. 관심을 갖고 마음을 열고 하나님이 주시는 말을 했습니다. 요셉이 먼저 그들의 갈증과 갈망을 생각하며 관심을 가지고, 그를 사랑하는 열린 마음을 가지고 사람을 살리고 축복하는 말, 하나님의 말을 했더니, 하나님이 그 말을 성취해주셨습니다. 이와 같이 자녀나 부부간에 먼저 상대방에 갈증과 갈망에 관심을 가지고 사랑의 열린 마음으로 대화를 하면서 성령님이 주시는 축복의 말 믿음의 말, 소망의 말을 하면 하나님이 성취하심으로 인생을 위대하게 만들어 갑니다. 그래서 "관심은 사랑보다 위대하다."고 했습니다. 상대방의 마음과 아픔, 상대방의 갈등과 갈망에 관심을 갖고 내가 사랑의 열린 마음이 가지고 있으면 성령님이 역사하시는 믿음의 말을 하게 되고, 성령님이 하시는 말을 하면 하나님이 역사하셔서 위대한 기적을 만들게 됩니다.

사도행전 3장 1-10절을 보면 베드로와 요한이 기도하러 성전에 갈 때 태어날 때부터 앉은뱅이 된 자가 사람들에게 구걸하기 위해 성전 미문에 앉아 있었습니다. 베드로와 요한은 앉은뱅이의 아픔과 갈망에 관심을 갖고 긍휼히 여기는 사랑의 마음으로 성령님께서 주시는 말 "은과 금은 내게 없거니와 내게 있는 것으로 네게 주노니 곧 나사렛 예수 그리스도의 이름으로 걸으라" 말했을 때 하나님께서 역사하여 위대한 기적을 이루어 주셨습니다.

예수님은 부활하시면서 유언으로 하신 "믿는 자들에게는 이런 표적이 따르리니 곧 그들이 내 이름으로 귀신을 쫓아내며 새 방언을 말하며 뱀을 집어 올리며 무슨 독을 마실지라도 해를 받지 아니하며 병든 사람에게 손을 얹은즉 나으리라 하시더라"(막 16:17-18)는 말씀을 믿고 제자들이 나가 두루 전파 할 새 "주께서 함께 역사하사 그 따르는 표적으로 말씀을 확실히 증언하시니라"(막 16:20)고 기록된 것처럼 우리가 하나님의 말씀을 믿고 사랑으로 말할 때 하나님이 말을 성취하셔서 성경 말씀을 증거해 주시는 것입니다.

축복의 부메랑

이렇듯 축복의 말, 믿음의 말, 소망의 말, 살리는 말은 다른 사람의 인생을 위대하게 만들 뿐 아니라 메아리가 되어 나를 위대하게 만듭니다. 말은 부메랑의 역할을 합니다. 부메랑은 오스트레일리아 서부 및 중앙부의 원주민이 사용하는 무기의 하나로 활등처럼 굽은 나무 막대기인데, 목표물을 향하여 던지면 회전하면서 날아갔다가 되돌아오는 것으로 어린아이들 장난감으로도 사용합니다. 말은 부메랑처럼 다른 사람을 비판하고, 원망하고, 모함하고, 정죄하는 말은 다시 되돌아 올 뿐 아니라 자신이 한 말이 자신의 삶을 부정적으로, 패쇄적으로, 비판적으로 만든다는 사실을 명심해야 합니다. 그럼으로 그리스도인은 언제나 누구에게나 믿음의 말을 해야 합니다. "여호와의 말씀에 내 삶을 두고 맹세하노라 너희 말이 내 귀에 들린 대로 내가 너희에게 행하리니"(민 14:28)라고 하나님이 말씀하십니다. 말이 힘이 있는 것은 말 자체에 능력이 있기 때문이 아닙니다. 말을 들으시고 그것을 이루시는 하나님이 계시기 때문입니다.

오늘도 하나님은 우리가 하는 말을 들으시고, 그 말이 하나님의 귀에 들린 대로 우리에게 행하고 계십니다. 우리가 하는 모든 말을 하나님이 들으십니다. 하나님께 드리는 기도도, 다른 사람과 나누는 대화도, 우리 자신과 나누는 대화인 생각도 하나님은 다 들으십니다. 그러기에 항상 믿음의 말을 해야 합니다. 다른 사람에게 하는 말 뿐만 아니라 자기 자신에게 하는 말인 생각조차도 믿음의 생각을 해야 합니다. 하나님이 축복하시고 행하실 일들을 기대하며 믿음의 말을 할 때 하나님께서 그 일들을 행하시고 이루시며, 그 축복의 말들이 내게 부메랑으로 돌아와 내 생애 또한 축복된 삶이 되는 것입니다. 그러므로 다른 사람들에게 축복의 부메랑을 많이 날려 모두가 축복된 삶을 누려야겠습니다.

제19장
하나님을 감동시킨 욥의 인내

나치 정권과 공산 정권 아래서 말할 수 없는 핍박을 받았던 루마니아의 리차드 범브란트 목사님이 계십니다. 살아있는 순교자라고 하는 별명을 가진 분입니다. 그분이 루마니아 공산 정권 때 지하 감옥에서 몇 년을 독방에서 갇혀 지냈는데 거기서 설교를 하셨답니다. 듣는 사람은 아무도 없지만 천사는 듣지 않겠는가 해서 머리에 떠오르는 성경 구절을 주신 영감으로 설교를 했는데 자신이 너무 은혜가 되었답니다. 그런데 감옥이라 쓸 곳도 없고 해서 그것을 외웠답니다.

나중에「독방에서의 설교」라는 설교집을 냈는데, 그중 한 부분을 보면 그 목사님이 이렇게 하나님께 항의합니다. "하나님은 사람이 혼자 있는 것은 좋지 않다고 하셨으면서 왜 저는 이렇게 독방에 가두어 놓고 있습니까? 아담에게는 아내를 주셨으면서 왜 제게서는 아내를 데려가셨습니까? 아버지께서는 악한 사람에게나 선한 사람에게나 똑같이 햇빛을 주신다 하시고, 우리를 고문하는 자들에게까지 햇빛을 주셔서 그들은 지금 바닷가에서 햇빛을 즐기고 있지만, 저는 왜 지하 10미터에 있는 이 감옥에 갇혀 몇 달 동안 해를 못 보고 있습니까? 하나님은 자신이 옳지 못하다고 인정하셨던 일을 바로 제게 행하고 계십니다. 사람이 하나님의 명령을 어기는 것보다 하나님이 자신의 말씀을 이루지 않는 것이 훨씬 더 나쁘지 않습니까? 하나님과 만나는 날, 하나님은 이 일에 대하여 어떻게 변명하실지 정말 궁금합니다." 이렇게 하나님께 항의하던 리차드 범브란트 목사님은 선한 사마리아인의 이야기를 생각합니다. 선한 사마리아인도 무엇인가 바쁜 일이 있었지만 강도 만난 자를 도와주기 위해 자기 시간을 지체하였음을 생각합니다. 야이로의 딸 이야기도 생각했습니다. 야이로가 죽어가는 자기 딸을 위해 예수님께 빨리 오시라고 간청했지만, 도중에 열두 해 혈루병 앓던 여인을 만나 그를 고쳐주려고 지체하시는 바람에 야이로의 딸에게 늦게 도착하신 것을 생각했습니다. 그 성경 말씀들을 묵상한 후에 그가 다시 고백합니다.

"사랑은 빨리 빨리가 아니군요. 사랑하는 자는 언제나 늦어지게 마련이군요. 이제야 제가 왜 이 감옥에서 더디 오는 저의 신랑되신 예수님을 오랫동안 기다려야 하는지 이해할 수 있을 것 같습니다. 저는 주님이 우리를 도우시려고 계시던 곳을 분명히 떠나신 것을 알고 있지만, 주님이 오시는 길에 강도 만나 다쳐서 누워있는 사람을 만나 그 앞에서 걸음을 멈추셔야 했는지 누가 알겠습니까? 예수님께서 우리를 구하러 오시다가 길에서 이슬 방울에 꽃잎이 짓눌린 꽃을 발견하고 그것을 바로 해주시려고 걸음을 멈추셨는지 누가 압니까? 주님은 저를 위하여 태양이 떠오르게 하시기 원하시면서도, 사람이 홀로 있는 것이 좋지 않다는 것을 알고 계시면서도, 저를 얼른 제 가족에게로 되돌려 주시려고 빨리 오실 수 없음을 저는 이제 이해합니다. 예수님께서 한 마리의 양이 구덩이에 빠져 그 양을 도와주셔야 했었는지 누가 압니까? 주님은 사랑의 주님이시기 때문입니다. 주님이 저를 하나님의 온갖 율법에서 해방시켜 주시듯 저도 주님이 저에게 약속하셨던 모든 임무에서 주님을 해방시켜 드립니다. 저는 이제야 주님이 저를 혼자 내버려 두셨던 것이 아님을 깨닫습니다. 주님은 저와 같이 있습니다. 그리고 태양도 없이 저를 버려두셨던 것도 아닙니다. 저는 의(義)의 태양이 저의 어두운 감옥 방에 떠오름을 봅니다. 감사와 찬송을 주님께 드립니다. 아멘."

축복은 인내를 통해 완성됩니다

끝까지 참을 줄 아는 사람은 지혜로운 사람입니다. 인내하는 사람은 지혜로운 사람이요 인내하지 못한 사람은 지혜가 부족한 사람입니다. 이 세상에서 가장 힘든 것 중 하나가 인내입니다. 그래서 인내가 귀합니다. 인내는 보배로운 성품입니다. 성경은 "인내하는 자는 복되다"(약 5:11)고 말씀하고 있습니다. 인내하는 자에게 복이 임합니다. 인내하는 자에게는 아름다운 결말이 있습니다. 인내로 복을 받은 대표적인 인물이 욥입니다. 욥은 인내로 이전의 복이 회복되었을 뿐 아니라 이전보다 더 큰 복을 받았습니다. 인내하면 복의 문이 열립니다. 그래서 "인내는 모든 문을 연다."는 말도 있습니다. 인내는 풍성한 삶의 근본이요 모든 형통하는 행위의 근본입니다. 중국의 한 현인은 "모든 행위의 근본은 참는 것 외에 으뜸가는 것이 없다."고 했습니다.

인내는 으뜸가는 것이기에 그만큼 어렵습니다. 그러나 더욱 어려운 것이 있습니다. 그것은 온전히 인내하는 것입니다. 한두 번 인내하는 것은 누구나 할 수 있습니다. 그러나 온전히 인내하는 것은 누구나 할 수 있는 것이 아닙니다. 온전한 인내는 끝까지 참는 것입니다. 인내를 온전히 이룰 수 있다면 그는 성숙한 사람입니다. 그는 구비하여 조금도 부족함이 없는 사람입니다. 야고보는 "인내를 온전히 이루라 이는 너희로 온전하고 구비하여 조금도 부족함이 없게 하려 함이라"(약 1:4)고 말씀했습니다. 인내하는 사람을 많이 보았지만 인내를 온전히 이룬 사람을 만나는 것은 쉽지 않습니다.

그렇기에 끝까지 참는 사람은 누구보다 강한 사람입니다. 「플루타크 영웅전」은 영웅들을 다룬 책입니다. 영웅전에 나오는 인물들은 한결같이 인내하는 사람들이었습니다. 저자는 가장 강력한 정복자를 인내라고 말합니다. "인내는 폭력보다 강하다. 단번에 꺾을 수 없는 것도 꾸준히 노력하면 꺾을 수 있다. 인내는 가장 강력한 정복자다." 그러므로 인내하되 끝까지 참아야 합니다. 조금 더 버티는 힘을 키워야 합니다. 용장이란 싸움을 잘하는 사람이라기보다 조금 더 버티는 사람입니다.

그러나 인간의 힘으로 끝까지 인내하기는 너무 어렵습니다. 그래서 끝까지 참을 수 있도록 믿음의 인내를 키워야 합니다. 끝까지 참기 위해 예수님에게서 그 지혜를 배워야 합니다. 예수님은 끝까지 참기 위해 앞에 있는 즐거움을 생각하셨습니다. 예수님은 그 앞에 있는 즐거움을 위해 온전히 십자가를 참으셨습니다(히 12:2). 그를 거역하는 자들을 끝까지 참으셨습니다(히 12:3). 그래서 우리는 참기 힘든 순간마다 끝까지 참는 법을 가르쳐주신 예수님께로 나아가야 합니다.

하나님이 역사하실 때까지 인내해야 합니다

신앙의 선배들 또한 참고 기다리는 사람들이었습니다. 히브리서 12장 1절을 보면 "이러므로 우리에게 구름 같이 둘러싼 허다한 증인들이 있으니 모든 무거운 것과 얽매이기 쉬운 죄를 벗어 버리고 인내로써 우리 앞에 당한 경주를 하며"라고 나와 있습니다. 아브라함과 이삭, 야곱 그리고 요셉의 길을 연구하면 인내가 무엇인가를 배우게 됩니다. 오래 참게 하시는 하나님을 알 수가 있습니다. 하나님은 이들에게 가나안 땅을 약속하셨습니다. 그러나 바로 주시지 않고 오래 참게 하셨습니다.

야곱은 20년이란 피난 생활을 통하여, 그의 전 생애를 통해서, 이루어 주셨습니다. 여기에 오래 참음의 필요성이 있습니다. 오래 참음은 가만히 앉아서 보상받을 날을 기다리는 것이 아니라 하나님이 주신 약속을 위하여 필요한 과정을 통과해야 함을 알 수가 있습니다. 요셉은 17세의 어린 나이부터 종으로 팔리고, 무고를 당하며, 인생의 밑바닥을 경험합니다. 그러나 오래 참고 기다리는 가운데 그 꿈이 이루어 진 것을 봅니다. 이렇듯 모든 성도들에게 중요한 덕목 중 하나가 바로 오래 참고 기다릴 줄 아는 인내심입니다. 오래 참는 일은 하나님의 사람으로 완성되는 데 있어서 가장 필수적인 과정이기 때문입니다. 요셉은 술 맡은 관원의 꿈을 해몽해 주면서 그가 풀려났을 때 자신의 억울한 누명을 말해 주며 복권되었을 때 도와 줄 것을 부탁했습니다.

그러나 술 관원이 풀려난 후 요셉은 만 2년을 더 감옥에서 보내야 했습니다. 그럼에도 불구하고 요셉은 어떤 인간적인 방법을 동원하지 않았고, 하나님의 역사만을 기대하며 인내했습니다(창 41:1). 하나님을 신뢰하며, 온전히 기도에 힘쓰며, 인내했더니 하나님께서 바로에게 꿈을 꾸게 하여 요셉으로 하여금 해몽을 하게 하는 기회를 만들어 그에게 축복했습니다. 하나님이 역사하실 때까지 인내했기에 하나님이 바로에게 꿈을 꾸게 하여 축복하셨던 것입니다.

모든 위대한 것들은 한순간에 이루어지지 않습니다. 작은 것들이 모여 이루어지는 것입니다. 진정 위대한 일은 힘에 의해서가 아니라 인내에 의해 이루어집니다. 기다릴 줄 아는 것이야말로 성공의 위대한 비밀입니다. 변화하려는 모든 것에는 기다림이 필요합니다. 복숭아 열매가 완전히 익기 위해서는 두 달을 기다려야 하고, 국화꽃이 피기 위해서는 아홉 달을 기다려야 합니다. 인생길에서 순탄한 길만을 걸어온 사람은 거의 없을 것입니다. 하지만 낙심하고, 좌절하고, 어려움이 닥칠 때 얼마나 인내력을 발휘하여 끈기 있게 노력했느냐에 따라서 그 사람의 성공여부가 결정되는 것입니다.

세상에서 가장 지혜로운 사람은 누구입니까? 그는 다른 사람으로부터 배우려고 하는 사람입니다. 누가 가장 강한 사람입니까? 자기 자신을 이기는 사람입니다. 세상에서 누가 제일 부자입니까? 현재 가지고 있는 것으로 만족하는 사람입니다. 세상에서 어떤 사람이 가장 행복한 사람입니까? 모든 조건 속에서 감사하며 살아가는 사람입니다. 세상에서 결국 승리하는 사람은 어떤 사람입니까? 끝까지 인내하며 진리로 살아가는 사람입니다. 믿음의 주요 온전케 하시는 주님만 바라보고 끝까지 천국에 들어갈 때까지 믿음으로 인내하며 굳건하게 살아가는 성도들이 인생의 성공자들이 되는 것입니다.

욥의 인내

욥의 인내는 하나님의 실존과 하나님의 크신 사랑과 하나님의 위대한 능력과 하나님의 약속의 신실하심과 하나님의 절대주권을 신뢰하는 인내였습니다. 인간으로서는 감당할 수 없는 형극의 시련 속에서도 하나님을 신뢰하며, 하나님의 뜻을 묻고, 하나님의 뜻이 이루어지길 소망하는 인내였습니다. 또한 욥의 인내는 사랑에 의한 인내였습니다. 믿었던 친구들의 비방에도 친구들을 원망하고, 비판하고, 정죄하는 것이 아니라 사랑의 마음으로 그들을 대하고 도리어 친구들을 위하여 축복을 비는(욥 42:10) 사랑에 의한 인내였습니다. 욥의 믿음의 인내, 소망의 인내, 사랑의 인내가 하나님을 기쁘게 하여 하나님은 욥에게 갑절의 축복을 주셨습니다.

그런데 욥은 어떻게 자신을 끊임없이 비판하고, 정죄하고, 괴롭히고 등 돌린 친구들을 위해 축복을 빌 수 있는 사랑의 인내를 우리에게 보여줄 수 있습니까? 욥기 42장 5절에 그 답을 보여주고 있습니다. 욥은 "내가 주께 대하여 귀로 듣기만 하였사오나 이제는 눈으로 주를 뵈옵나이다."고 고백하고 있습니다. 욥은 주님이 자신의 죄를 대속하기 위해 십자가에서 못 박히는 모습을 보았고, 채찍으로 살이 찢기는 모습을 보았고, 우리의 영원한 생명을 위해 부활하시는 모습을 보았고, 지금도 우리를 위해 중보하여 기도하는 모습을 보았기 때문에 친구를 위해 축복을 빌 수 있는 사랑의 수고와 인내를 우리에게 보여 줄 수 있었던 것입니다.

우리 스스로에게는 다른 사람을 사랑할 만한 능력이 없습니다. 다른 사람에게 배신당하고, 이용당하고, 무시당하고, 속이 다 들여다보이는 이율배반적인 언행을 보면 내 의지로는, 내 노력으로는 도저히 사람들을 사랑할 수 없습니다. 그러나 예수님의 십자가의 사랑을 볼 때, 예수님의 눈물을 볼 때, 예수님의 부활을 볼 때 사랑할 힘을 얻을 수 있습니다. 그것도 매일매일 그 채움을 받아서 사랑할 수 있었습니다. 그러므로 믿음을 우리의 의지나 노력을 가질 수 없는 것처럼 사랑도 우리의 의지로 가질 수 있는 것이 아니라 하나님이 주셔야 할 능력입니다. 사랑은 하나님에 대한 신뢰가 없이는 불가능하며, 하나님의 큰 사랑을 알지 못하고는 도저히 다른 사람을 사랑할 수 없는 것입니다. 끊임없는 사랑으로 헌신하는 아내와 남편도 사랑하지 못하는 우리인데, 일생 동안 자식을 위해 헌신하는 부모도 사랑하지 못하는 우리인데 우리가 어떻게 다른 사람을 사랑할 수 있겠습니까?

그러기에 우리는 하나님께 사람들을 사랑할 능력을 달라고 기도해야만 합니다. 하나님의 사랑으로 채워져야만 다른 사람을 사랑할 수가 있기 때문입니다.

인내함으로 사랑합시다

사도 바울은 "내가 사람의 방언과 천사의 말을 할지라도 사랑이 없으면 소리 나는 구리와 울리는 꽹과리가 되고 내가 예언하는 능력이 있어 모든 비밀과 모든 지식을 알고 또 산을 옮길 만한 모든 믿음이 있을지라도 사랑이 없으면 내가 아무 것도 아니요 내가 내게 있는 모든 것으로 구제하고 또 내 몸을 불사르게 내줄지라도 사랑이 없으면 내게 아무 유익이 없느니라"(고전 13:1-3)고 하면서 사랑의 절대성을 말하고 있습니다. 말의 중요성은 아무리 강조해도 지나치지 않고, 믿음이 축복에 얼마나 지대한 영향을 끼치는가를 익히 알고 있고, 또 구제가 얼마나 하나님을 감동케 하는 일인가를 재론할 필요조차 없습니다. 그러한 것들이 중요하고도 중요한 일인데 이런 모든 것도 사랑이 없다면 아무 소용이 없다는 것입니다. 이 사랑의 절대성 앞에 우리는 마음을 집중하여 자신을 성찰해 보아야 합니다. 나는 하나님을 사랑하며 이웃을 사랑하고 있는가? 하나님을 향한 사랑과 이웃을 향한 사랑이 없다면 우리가 하는 모든 일들이 아무 소용이 없고 아무런 유익이 없다는 것입니다.

그런데 우리가 더욱 성찰해야 할 것은 사랑의 특성입니다. 성경은 "사랑은 오래 참고 사랑은 온유하며 시기하지 아니하며 사랑은 자랑하지 아니하며 교만하지 아니하며 무례히 행하지 아니하며 자기의 유익을 구하지 아니하며 성내지 아니하며 악한 것을 생각하지 아니하며 불의를 기뻐하지 아니하며 진리와 함께 기뻐하고 모든 것을 참으며 모든 것을 믿으며 모든 것을 바라며 모든 것을 견디느니라"(고전 13:4-7)고 기록합니다. 이렇듯 사랑은 오래 참아야 합니다. 사랑은 자신이 행한 일을 자랑하지 않아야 합니다. 사랑은 자기의 유익을 구치 아니해야 하며, 성내지 아니해야 합니다. 또한 모든 것을 참아야 하며 모든 것을 견디어야 합니다. 즉 사랑의 특성은 인내입니다. 진정한 사랑은 인내를 동반해야 하는 것입니다.

사랑은 서로 사랑입니다. 그러나 사랑은 부모가 자녀를 먼저 사랑하듯 먼저 사랑을 받은 사람이 어리고 병들고 연약한 사람들을 오래 참으며 사랑해야 합니다. 어떤 경우 사랑을 하면서 많은 상처를 받기도 합니다. 이용당하기도 하고, 짓밟히기도 합니다. 배신을 당하기도 합니다. 정말 아무리 사랑하려 해도 사랑할 수 없는 사람들도 있습니다. 그럼에도 불구하고 우리는 그들을 사랑해야 합니다. 왜냐하면 우리도 쓸모없음에도 불구하고, 수없는 실망과 배신에도 불구하고 먼저 하나님으로부터 끊임없는 사랑을 받았기에 오늘의 우리가 있기 때문입니다. 그러므로 우리가 그들을 사랑할 때 그들로부터 받는 모든 상처들은 하나님이 몇 천배로 갚아 주십니다. 우리가 정말 하나님의 절대주권을 믿고, 하나님의 사랑을 알면서 이웃을 사랑한다면 사랑으로 인한 상처들은 축복의 면류관이 될 것입니다. 자녀들을 키우면서 생기는 여러 가지 고난과 실망감, 상처들이 어느 순간에 기쁨이요 보람이요 상급이요 행복이 되듯이 말입니다.

사랑은 인내를 통해 완성됩니다

요즘 사람들은 결혼하려 하지 않고, 자녀를 낳지 않으려 합니다. 결혼생활도 힘들고, 자녀를 기르면서 지불해야 할 대가가 너무 크다 생각하여 기피하고 있는 것입니다. 지극히 이기적이고 개인주의 성향입니다. 그들은 고난만 생각하지 기쁨과 보람은 생각하지 못합니다. 주어지는 상급도 얼마나 큰 상급인 줄을 알지 못하고 있습니다. 시편 127편 3절에 "자식들은 여호와의 기업이요 태의 열매는 그의 상급이로다"고 했고, "젊은 자의 자식은 장사의 수중의 화살 같으니 이것이 그의 화살통에 가득한 자는 복되도다 그들이 성문에서 그들의 원수와 담판할 때에 수치를 당하지 아니하리로다"(시 127:4-5)고 했습니다. 자식이 기업이요 상급이요 복이라 했습니다.

마찬가지로 '영적 자녀'가 여호와의 주신 기업이며 '영적 자녀'가 상급이며 많은 '영적 자녀'가 복이라는 것을 망각하지 마십시오. 자녀를 기를 때 많은 사랑의 헌신과 인내가 절대적으로 필요하듯이 '영적 자녀'를 기르는 데도 사랑의 헌신과 오래 참음이 있어야 하는 것이 절대적임을 깊이 자각해야 합니다. 교회에서 성경을 가르치는 것이 얼마나 중요한 것인가는 아무리 강조해도 지나치지 않습니다. 성경을 가르치지 않고는 참된 구원의 감격도, 기도의 절대성도, 성령의 위대한 능력도, 우리에게 예비된 하늘의 상급도 알 수 없을 것입니다. 그래서 각 교회마다 성경공부를 강조하고 또 열심히 가르치고 있는 것입니다.

그러나 놀랍게도 성경공부를 통해서 우리가 그렇게도 열망하는 변화는 이루지 못하고, 수많은 바리새인과 사두개인을 양산하는 결과만을 초래하고 말았습니다. 성경에 대해 지식적으로는 바리새인과 사두개인처럼 잘 알고 있는데 예수님을 십자가에 못 박는 일을 서슴없이 하고 있으며, 머리는 성경 지식으로 가득 차 있는데 가슴은 뜨겁지 않고, 입은 살아 역사하는데 손과 발은 전혀 움직이지 않는 영적 기형아들이 교회에서 암초 같은 역할을 하고 있는 것이 현실입니다. 그 원인은 성도들에게만 있지 않습니다. 그 원인은 영적 지도자들에게도 있습니다. 영적 지도자들이 말로만 가르치기 때문입니다.

예수님은 행하시며 가르치셨습니다(행 1:1). 그러나 오늘날 영적 지도자들은 가르치기만 할 뿐 행함과 삶이 없습니다. 그래서 그들의 말이나 믿음이나 헌신이나 구제가 아무 소용이 없는 것입니다. 그래서 사도 바울은 고린도전서 9장 27절에서 "내가 내 몸을 쳐 복종하게 함은 내가 남에게 전파한 후에 자신이 도리어 버림을 당할까 두려워함이로다"라고 하고 있습니다. 기도의 역사를, 사랑의 위대함을 남에게 전파했어도 자신이 그렇게 살지 못하면 하나님에게 쓰임 받지 못할 것을 알고 두려워한 것입니다. 더욱이 오늘날 영적 지도자들은 가르치기는 잘 하는데 아버지와 같은 사랑의 수고와 사랑의 인내가 없습니다. 사도 바울이 고린도전서 4장 15절에서 "그리스도 안에서 일만 스승이 있으되 아버지는 많지 아니하니 그리스도 예수 안에서 내가 복음으로써 너희를 낳았음이라"고 기록한 말씀은 가르치기만 하는 스승이 아니라 아버지와 같은 사랑의 수고와 사랑의 인내가 필요함을 증명하는 말입니다.

인내함으로 거룩한 영성을 완성합시다

그러면 우리가 다른 사람 사랑하는 것을 아예 포기하면 행복할까요? 나 혼자, 나만을 사랑하며, 나만의 행복을 추구하면 행복할 수 있을까요? 자녀를 사랑하지 않고 행복할 부모가 없듯이 '영적 자녀'를 사랑하지 않고는 행복할 수 없는 것이 '영적 지도자'의 숙명입니다. 사랑에는 인내가 필요합니다. 오래 참음이 필요합니다. 하나님을 감동시킨 욥의 인내는 믿음의 인내요 소망과 사랑의 인내입니다. 리차드 포스터는 "조급함은 마귀적인 것이 아니라 마귀다."라고 말했습니다. 사람들은 서서히 성장하는 것보다 급성장을 좋아합니다. 그러나 결코 한 순간에 이룰 수 없는 것이 있습니다. 그것은 바로 '거룩한 영성'입니다.

하나님은 귀히 쓰시길 원하는 사람마다 준비하는 데 많은 시간을 들여 철저하게 훈련하셨습니다. 하나님은 요셉을 정금 같이 쓰시기 위해 13년 동안 종살이와 감옥살이를 하게 했습니다. 모세를 훈련시키기 위해 광야에서 40년을 보내게 했습니다. 여호수아를 쓰시기 위해 모세의 시종으로 40년을 기다리게 했습니다. 하나님은 존귀하게 쓰시기로 작정하실수록 거룩한 사람을 위해 많은 준비를 시키십니다. 버섯은 6시간이면 다 자랄니다. 호박은 6개월이면 됩니다. 그러나 참나무는 그 건실한 자태를 드러내려면 100년이 걸립니다. 참나무와 같은 인물이 되어 하나님께 쓰임 받기를 원한다면 조급해서는 안 됩니다.

예수님을 믿는 순간 우리는 거룩한 신분이 됩니다. 그러나 그 거룩을 완성하는 데는 평생이 걸립니다. 거룩에는 지름길이 없습니다. 욥이 극한 시련에도 하나님만 신뢰하며 요동하지 않고 "끝내는 눈으로 주를 뵙고"(욥 42:5) 친구들을 위해 축복을 비는(욥 42:10) '거룩한 영성'은 하루아침에 형성된 것이 아니라 인내의 산물입니다.

> "인내를 온전히 이루라 이는 너희로 온전하고 구비하여 조금도 부족함이 없게 하려 함이라"(약 1:5).

> "너희에게 인내가 필요함은 너희가 하나님의 뜻을 행한 후에 약속하신 것을 받기 위함이라"(히 10:36).

3부
순간에서 영원을 향한 로드맵

제20장
풀은 마르고
꽃은 떨어지되

　어린 시절 고향에서 친구들과 함께 노는 놀이로 땅 따먹기와 구슬치기가 있었습니다. 학교에 갔다 와서 책가방을 던져 놓고, 밥을 먹는 둥 마는 둥하고 마을회관 앞 공터에 모여 구슬치기를 하고, 시간 가는 줄 모르고 땅 따먹기를 합니다. 조금이라도 멀리 구슬을 보내면 구슬이 머문 곳까지의 땅은 내 것이 되기에 땀을 흘리며 온갖 힘을 쏟아 열을 내며 땅 따먹기를 합니다. 그렇게 열심히 놀고 있노라면 어머니가 "아야, 어서 오너라." 하고 부르십니다. 그러면 그토록 열 내며 따먹었던 땅을 하나도 가지지 못하고 그냥 집으로 돌아가야 했습니다. 우리 인생도 이와 같습니다. 인생을 살면서 명예·사업·지식·물질 등을 얻기 위해 친구를 배신하기도 하고, 이용하기도 하고, 짓밟기도 하며 힘쓰고 애쓰지만 어느 날 하나님이 "이제 그만 오너라." 말씀하시면 우리는 빈손으로 온 것처럼 빈손으로 가야합니다.

　이렇듯 우리는 돌아가야 할 때 아무것도 가져 갈 수 없음에도 불구하고 바로 앞에 있는 절벽을 보지 못한 채 꽃 사이로 날아다니는 나비를 보고 잡으려고 쫓아 다니는 아이처럼 세상의 환상을 좇고 있을 때가 많습니다. 권력과 성공 건너편에서 어쩌면 인격과 영혼의 파멸이 기다리고 있을지도 모르고 그것들을 좇다가 정말 중요한 것을 잃어 버릴 수도 있는데 말입니다. 어리석은 인간은 일시적인 세상의 즐거움을 좇다가 정말 중요한 하나님의 사랑과 영원한 생명을 잃게 되는 우를 범하기도 합니다.

그런 면에서 영국의 유명한 장군이자 정치가이며 수상까지 역임한 바 있는 올리버 크롬웰(Oliver Cromwell)은 지혜로운 사람입니다. 크롬웰은 자신에게 있어 가장 인기가 많고 최고의 권력을 가졌을 때 갑자기 은퇴를 선언했습니다. 그리고 그의 가장 가까운 부하 직원에게 이렇게 말했습니다. "나는 이제 시골로 돌아가고 싶네. 이제부터는 작은 교회에서 사람들에게 말씀을 가르치며 조용히 주님을 섬기고 싶네." 그러자 그의 부하 직원은 고개를 갸우뚱거리며 "수상 각하, 각하께서는 아주 충분히 능력이 있고 많은 일을 할 수 있는데 왜 모든 것을 포기하고 시골로 가시려고 하십니까?"라고 물었습니다. 그러자 크롬웰은 힘차고 단호한 어조로 이렇게 대답했습니다. "나는 결코 환상을 좇지 않네. 오직 주님의 뜻을 좇고자 하네." 크롬웰에게는 사람들이 그토록 갈망하는 권력이나 사람들에게 존경받는 것이 환상 같은 것이었습니다. 크롬웰에게 가장 중요하고 삶에 목적이 되는 것은 하나님의 영광이요 하나님이 기뻐하시는 뜻을 이루는 것이었습니다.

내세는 있다? 없다?

왜 인간은 일시적이고 세상적인 것을 얻고자 하며 환상을 좇으며 사는 것일까요? 그것은 내세에 대해 알지 못하기 때문입니다. 어느 여름날 하루살이와 메뚜기는 소꿉놀이를 하며 재미있게 놀았습니다. 미끄럼도 타고, 수영도 하고, 구슬치기도 하면서 시간 가는 줄 모르게 재미있게 놀다가 해질 무렵이 되어 너무 아쉬웠던 메뚜기는 예쁜 하루살이에게 "내일 또 만나자."라고 데이트를 신청했습니다. 그런데 이 하루살이는 '내일'을 알지 못해 '내일'이 뭐냐고 물었습니다. 그러자 메뚜기는 해가 지고 밤이 되었다가 다시 해가 뜨면 내일이라고 대답하며 온갖 지식을 동원하여 설명했습니다. 그러나 하루살이는 밤을 알지 못했고, 내일을 이해하지 못해 메뚜기가 말하는 내일을 소망하지 못하고 죽었습니다.

　하루살이를 그리워하던 메뚜기는 어느 날 개구리와 새로운 사랑을 시작했습니다. 개구리는 메뚜기를 사랑하여 함께 여행도 하고, 맛있는 음식도 함께 먹고, 자신이 경험했던 행복한 일들을 나누며 매일 즐거운 시간을 보냈습니다. 온갖 곡식이 익어 가는 가을 들녘 산하를 누비며 마냥 희망에 부풀어 사랑을 속삭이며 매일매일 즐거운 데이트를 나누었습니다. 그러던 어느 가을 날 행복한 미래를 꿈꾸며 개구리는 메뚜기에게 '내년' 봄에 결혼하자고 결혼을 신청했습니다. 메뚜기도 개구리를 사랑했던 차라 흔쾌히 승낙했습니다. 그런데 이게 웬 일입니까? 메뚜기는 개구리에게 '내년'이 뭐냐고 물었습니다. 개구리는 온갖 지식을 동원하여 봄, 여름, 가을, 겨울을 설명했지만 내년을 경험해보지 못한 메뚜기는 내년을 알 수 없었습니다. 그 이후 개구리는 봄 내내 기다렸지만 메뚜기는 나타나지 않았고 메뚜기를 그리워하던 개구리는 한 해 한 해를 보내며 살다가 결국 죽었습니다.

　어느 날 하늘나라에 살던 왕자가 지구를 보다가 너무나 사랑스러운 인간을 보게 되었습니다. 왕자는 하늘에 영광 보좌를 버리고 이 땅에 와서 인간에게 사랑을 고백하며 하늘의 아름다움을 이야기하기 시작했습니다. 인간은 상상도 할 수 없는 꿈같은 사랑이었습니다. 왕자는 인간을 마치 왕비처럼 섬기며 인간으로는 상상조차 할 수 없는 기적 같은 일들을 행하여 주었고, 밤을 새워가며 인간의 아픈 마음들을 들어주시고 사랑으로 감싸 주었습니다. 인간을 너무 사랑했던 왕자는 인간을 하늘나라에 데리고 가서 결혼을 하고 싶었습니다. 그래서 인간에게 하늘나라의 아름다움을 설명하면서 내가 먼저 가서 우리가 함께 거할 집을 마련해 놓을 터이니 '내세'에 만나자 말했습니다. 그러나 인간은 '내세'를 이해할 수도 믿을 수도 없었습니다. 이처럼 하루살이는 내일을 모르고, 메뚜기는 내년을 모르고, 인간은 내세를 알지 못하는 것이 비극이고 가슴 아픈 일입니다. 그러나 하루살이가 내일을 모른다 해도 엄연히 내일이 있고, 메뚜기가 내년을 모른다 해도 내년이 있듯이, 내세 또한 분명히 있습니다.

만약 내세가 없다면 하나님도 없는 것입니다. 검증된 진리인 성경도 거짓이 되고 마는 것입니다. 사도 바울의 "만일 그리스도 안에서 우리가 바라는 것이 다만 이 세상의 삶뿐이면 모든 사람 가운데 우리가 더욱 불쌍한 자이리라"(고전 15:19)는 신앙고백처럼 성도들에게 부활의 소망이 없고, 죽음 후에 상급이 없다면 우리의 신앙은 허무한 것이며, 하나님도 없는 것이요 예수님의 십자가의 죽음도 아무런 의미가 없는 것이 됩니다. 그렇다면 예수 그리스도의 부활의 복음을 전하다가 형극의 시련 끝에 비참하게 죽어간 수많은 순교자들, 오직 예수님만이 우리의 스망이심을 증명 하기 위해 일신의 행복을 포기하고 그리운 고국을 떠나 복음을 전했던 선교사들, 주님의 몸 된 교회를 세우기 위해 죽도록 충성하며 헌신했던 수많은 성도들은 다 거짓에 속아 헛된 죽음을 당할 만큼 어리석은 인생을 살았던 것일까요? 성경이 거짓일까요? 하나님은 안 계신 걸까요? 예수님은 거짓말쟁이 일까요? 인류역사의 찬란한 별처럼 자유와 평등과 인간의 존엄성을 이룩한 위대한 삶을 살았던 사람들은 바보였을까요?

우리에게 내세가 있기에 죽음은 끝이 아니라 새로운 영원한 삶의 시작입니다. 하나님의 말씀인 성경은 베드로전서 1장 24-25절에 "그러므로 모든 육체는 풀과 같고 그 모든 영광은 풀의 꽃과 같으니 풀은 마르고 꽃은 떨어지되 오직 주의 말씀은 세세토록 있도다 하였으니 너희에게 전한 복음이 곧 이 말씀이니라"고 가르쳐 줍니다. 인간은 풀과 같이 잠시 이 세상에 머물다가 가는 존재이며 우리 인간이 온갖 방법을 동원하여 이룩한 세상적인 성공이 풀의 꽃처럼 어느 한 순간에 꽃이 떨어지듯 사라진다는 것입니다. 그러나 인간은 죄인이며 "한번 죽는 것은 사람에게 정해진 것이요 그 후에는 심판이 있으리니"(히 9:27)라는 말씀과 같이 반드시 죽지만 죽고 난 뒤에 심판도 받게 된다는 것입니다. 중요한 것은 예수를 믿으면 천국에 가고, 믿지 않으면 지옥에 간다는 말씀은 세세토록 있다는 것입니다. 즉 천국에서 하나님과 함께 영원히 상급을 누리며 살든가 아니면 지옥에서 마귀와 함께 영원히 형벌을 받으면서 살든가 둘 중에 하나라는 사실을 명심해야 합니다. 하나님의 말씀에 의지하여 심판과 상급을 믿을 때 삶에 목적이 분명해지고, 세상의 유혹을 뿌리칠 수 있으며, 어떤 고난에도 인내하며, 소망 가운데 감사하며 행복하고 성공적인 삶을 살게 됩니다.

산 소망을 가슴에 품다

베스트셀러 가운데 「모리와 함께 한 화요일」(Tuesdays with Morrie)이라는 책이 있습니다. 이 책의 주인공은 모리 슈워츠(Morrie Schwartz) 교수와 그의 제자 미치 앨봄입니다. 모리는 브랜다이스대학의 교수로 노년에 루게릭이란 병에 걸리게 되었는데, 이 병은 근육이 점점 굳어져 마지막엔 심장이 멎어 죽는 불치병입니다. 은사인 모리가 병원에 입원하고 있을 때 수제자 미치 앨봄이 화요일마다 찾아와 대화합니다. 인생의 마지막 길을 가는 교수와 제자의 대화입니다. 이 대화의 내용을 편집해서 앨봄이 책으로 펴낸 것입니다. 이 책은 죽음의 순간까지도 누군가를 용서하고, 배려하고, 활발하게 감정을 나누는 인간, 그리하여 작별 인사의 시간을 인생에서 가장 아름다운 시간으로 만드는 모습을 우리에게 보여줍니다. 아주 생동감이 있는 대화들이 많이 오고 가는데 이런 말이 마지막에 나옵니다. "어떻게 죽어야 할지를 알면 어떻게 살아야 할지도 알 수 있느니라."

죽음은 끝이 아닙니다. 예수님과 함께 죽으면 예수님과 함께 살 수 있습니다. 예수님과 함께 죽으면 예수님과 함께 부활하여 예수님과 함께 영원히 사는 것입니다. 참 소망이 바로 여기에 있습니다. 소망을 하늘에 두고 사는 사람은 땅의 것을 얻을 수 있습니다. 소망을 미래에 두고 사는 사람은 현재의 것을 얻을 수 있습니다. 소망이 확실하게 마음에 들어 올 때, 우리가 당하는 조그마한 현실은 별로 문제될 게 없습니다. 모든 문제의 근본은 소망의 문제이기 때문입니다. 그러므로 우리들은 산 소망을 가져야만 합니다.

초대교회의 그리스도인들도 바로 이러한 소망이 있었기에 극심한 어려움과 환난을 견딜 수 있었습니다. A.D. 64년 7월 로마 시내에 대화재가 발생했습니다. 악독하기로 유명한 네로 황제가 지른 불이었습니다. 그는 불타는 로마 도성을 바라보면서 춤을 추며 노래했습니다. 그러나 로마 시민들의 항의가 시작되자 네로 황제는 백성들을 잠잠하게 하기 위해 그리스도인들이 불을 질렀다고 소문을 냈습니다. 그래서 수많은 그리스도인들이 로마의 원형경기장으로 끌려가 사자의 밥이 되어 죽임을 당했습니다. 대다수의 그리스도인들은 박해를 피해 지금의 터키 지방인 소아시아로 건너가 바위 굴 속에 피신했습니다. 그들에게는 어떠한 소망도 없었습니다. 언제 굴에서 나갈지 모를 암담한 상황에 처하게 되었던 것입니다. 그때 베드로 사도는 그들에게 편지를 씁니다. "우리 주 예수 그리스도의 아버지 하나님을 찬송하리로다 그의 많으신 긍휼대로 예수 그리스도를 죽은 자 가운데서 부활하게 하심으로 말미암아 우리를 거듭나게 하사 산 소망이 있게 하시며"(벧전 1:3).

여기에서 '산 소망'이라는 단어를 주목해야 합니다. 'living hope' 즉, 살아있는 소망이라는 단어입니다. 베드로는 소망을 두 가지로 보았던 것입니다. 바로 산 소망과 죽은 소망입니다. 하나님께 두는 소망이 산 소망이라면 사람이나 세상에 두는 소망은 죽은 소망입니다. 베드로 사도는 모든 희망을 상실한 채 동굴 속에 있는 성도들에게 "아직도 우리에게는 산 소망이 있다. 힘을 내라."고 권면하는 것입니다. 우리 가운데에는 모든 권세를 가지신 하나님을 믿고 있으면서도 산 소망 없이 살아가고 있는 사람들이 있습니다. 하나님께 두는 소망은 산 소망이지만 이 세상 것들에 소망을 두고 기쁨을 두는 삶은 죽은 소망을 갖고 사는 것입니다. 성경은 "이 세상이나 세상에 있는 것들을 사랑하지 말라 누구든지 세상을 사랑하면 아버지의 사랑이 그 안에 있지 아니하니 이는 세상에 있는 모든 것이 육신의 정욕과 안목의 정욕과 이생의 자랑이니 다 아버지께로부터 온 것이 아니요 세상으로부터 온 것이라 이 세상도, 그 정욕도 지나가되 오직 하나님의 뜻을 행하는 자는 영원히 거하느니라"(요일 2:15-17)고 말합니다. 즉 세상을 사랑하지 말라는 것입니다. 세상 것을 지나치게 자랑하지 말라는 것입니다. 재물과 지식과 명예를 자랑하지 말라는 것입니다. 세상의 것은 육신의 정욕과 안목의 정욕과 이생의 자랑인데 이런 것들은 다 하나님으로부터 온 것이 아니기 때문이라고 했습니다. 이 세상의 것은 다 지나갑니다. 그러나 오직 하나님의 뜻을 행한 것은 영원히 있습니다. 그러므로 변하지 않는 하나님에 뜻에 산 소망을 두는 삶이 되어야 할 것입니다.

하늘에 소망을 두는 삶

당신은 이 땅에서 무엇에 소망과 가치를 두고 살고 계십니까? 이 땅에서의 삶이 일시적인 것이라는 것을 깨달았다면 당신이 지금 하고 있는 일은 영원한 것을 위한 삶입니까? 아니면 아직도 일시적인 삶에 얽매여 있습니까? 이 땅에서의 삶이 일시적인 것이라는 것을 알 때 당신의 삶에서 바뀌져야 할 것은 무엇입니까? 당신의 삶의 방식은 어떻게 달라져야 합니까? 아마 우선순위가 바뀌져야 할 것입니다. 추구하는 삶의 목적이 달라져야 할 것입니다. 천국을 소망하면서 세상의 것이 영원하지 않다는 것을 깨달은 사람들은 다 삶이 바뀌었습니다. 아브라함, 노아, 요셉, 다니엘, 바울, 베드로, 요한, 디모데 등 수많은 사람들의 삶이 바뀌었습니다. 그러므로 영원하지 않은 것에 매달리지 말고, 일시적인 성공, 이 땅에서의 헛된 삶에 생명을 걸지 말고 오직 영원한 하나님 나라의 삶에 생명을 걸어야 합니다.

예수님이 십자가를 지시고 죽으셨지만 사흘 만에 부활하신 목적 중의 하나가 우리로 하여금 세상에서의 삶이 전부가 아니라 반드시 영원한 그 나라가 있음을 확인시켜 주시고 그 나라에 소망을 두는 삶이야말로 가장 지혜로운 삶이라는 것을 깨우쳐 주시기 위함이었습니다. 전에도 없고 후에도 없는 세상의 온간 부와 쾌락을 다 누리면서 살았던 솔로몬 왕은 그의 인생론이라 할 수 있는 전도서에 세상에서의 삶을 "헛되고 헛되며 헛되고 헛되니 모든 것이 헛되도다"(전 1:2)라고 증언하고 있습니다. 헛되고 헛된 인생에 목숨 걸고 살지 말고 영원한 생명과 영원한 상급을 소망하며 살아가는 삶이 되어야 하겠습니다.

제21장
하나님의 간절한 소원

하나님은 우리 한 사람 한 사람을 가장 귀한 보배처럼 최고로 사랑하시고, 세상에서 가장 귀한 최고의 선물을 주셨습니다. 하나님은 이 최고의 선물을 세상 모든 사람들이 받고 누리며 행복한 삶을 살기를 간절히 소원하고 계십니다. 한 사람 한 사람을 향한 하나님의 사랑은 깊고 높고 넓고 영원한 것이어서 인간의 사랑의 경험과 지식과 이성으로는 도저히 헤아릴 수 없고 설명할 수 없습니다. 그래서 하나님의 사랑과 은혜의 역사는 계시하신 하나님의 말씀과 성령의 역사를 통해서만 깨달아지고, 확신되어지고, 체험되어질 수 있습니다.

만민에게 전해야 할 복음

하나님의 사랑을 가장 완벽하게 계시해 주신 말씀은 요한복음 3장 16절 말씀입니다. 그래서 마르틴 루터(M. Luther)는 이 요한복음 3장 16절을 '축소된 복음'(Gospel in miniature)이라고 했습니다. 요한복음 3장 16절안의 하나님이 사랑과 은혜의 역사가 전부 들어있기 때문입니다. 요한복음 3장 16절에서는 하나님의 우리를 향한 사랑이 다음과 같이 기록되어 있습니다.

"하나님이"… 최고의 애인입니다. 하나님은 인간을 지고지순으로 사랑하시는 분이십니다. 하나님보다 인간을 더 사랑하신 분도 없고, 이보다 더 완벽한 사랑도 없습니다. 사람들은 잘난 사람, 가진 사람, 건강한 사람들만 사랑합니다. 그러나 하나님은 못났음에도 불구하고, 죄인임에도 불구하고, 어리석음에도 불구하고, 끊임없이 배신함에도 불구하고 변함없이 사랑하시는 최고의 애인입니다.

"세상을"… 최고의 숫자입니다. 이 말은 모든 민족과 인종을 다 포함합니다. 남녀노소를 불문하고 장애인도, 악한 자도, 사탄의 종들도, 끊임없이 배신하고 실망시키는 사람들도 다 포함해서 사랑하십니다.

"이처럼 사랑하사"… 최고의 수준입니다. 생명을 희생시킨 사랑입니다. 인간은 누구를 사랑해도 자신의 생명을 희생시키면서까지 사랑할 수는 없는 이기주의적 사랑입니다. 더욱이 사랑하는 사람을 위해 자신의 생명을 내어 놓는 경우는 혹 있지만 자신의 독생자를 십자가에 처참하게 못 박히게 하면서까지 사랑하는 경우는 인류역사상 전무후무한 일입니다.

"독생자를"… 최고의 선물입니다. 더 이상은 없는 최상, 최대의 선물입니다. 하나님에게 독생자 예수님은 만물과도 바꿀 수 없는 절대적 존재입니다. 만물이 예수님을 위해 존재하는데, 그런 예수님을 우리 같은 죄인들을 위해 무료로 값없이 선물로 준 것입니다.

"주셨으니"… 최고의 행동입니다. 하나님이 자기 자신을 다 주신 것입니다. 그것도 아낌없이, 아무 조건 없이 무조건적으로 주셨습니다.

"누구든지"… **최고의 초청**입니다. 제한 없는 우주적 초청입니다. 살인자도, 도둑놈도, 쓸모없는 패인도, 배신자도, 최고로 악한 흉악범도, 모두 다 초청하셨습니다.

"저를 믿는 자마다"… **최고의 단순함**입니다. 무조건 믿기만 하면 됩니다. 어떤 행위도, 어떤 공로도, 어떤 대가도, 어떤 노력도 필요하지 않고 오직 그냥 믿기만 하면 구원을 받게 하신 최고로 단순한 조건입니다.

"멸망하지 않고"… **최고의 해방**입니다. 죽어야 할 죄수가 석방되는 것입니다. 지옥에 가서 영원히 영벌을 받아야 할 죄인을 믿는 즉시 완전히 완벽하게 해방시키시는 은혜입니다.

"영생을 얻으리라"… **최고의 소유**입니다. 영생, 그 이상의 재산은 없습니다. 천만금을 준다 해도 영원한 생명보다 더 귀하고 더 큰 소유가 어디에 있겠습니까?

하나님은 우리 개개인을 지극히 사랑하십니다. 그래서 하나님은 나라와 민족과 인종을 초월하여 나 같은 죄인까지도 기꺼이 사랑하십니다. 하나님은 우리 모두를 최고로 사랑하셔서 우리로 건강한 자화상 속에서 자신에게만 주어진 재능과 은사와 사명을 통해 최고의 삶을 살도록 역사하고 계십니다. 우리 인간을 위한 최고의 선물은 국가나 정부, 권력이 아닙니다. 돈도 아닙니다. 재능도 아닙니다. 인류 최고의 선물은 예수 그리스도입니다. 세상 모든 사람들에게 이보다 더 귀한 선물은 없습니다. 그래서 요한복음 4장 10절에서는 예수님을 '하나님의 선물'이라고 표명합니다. 우리가 온 우주의 왕이신 하나님으로부터 받은 최고의 선물은 독생자 예수입니다. 더욱이 이것은 즉흥적인 선물이 아닙니다. 하나님은 우리에게 최고의 선물을 주실 위대한 계획을 세우시고 수천 년 동안 역사해 오셨습니다. 아담과 하와가 선악과를 따먹은 즉시 사탄에게 엄히 명하여 "내가 너로 여자와 원수가 되게 하고 네 후손도 여자의 후손과 원수가 되게 하리니 여자의 후손은 네 머리를 상하게 할 것이요 너는 그의 발꿈치를 상하게 할 것이니라 하시고"(창 3:15) 말씀하신 것처럼 여자의 후손(예수님만 여자의 후손)을 통해 우리에게 최고의 선물을 주실 위대한 계획을 세우시고, 수많은 사람들의 믿음과 순종을 통해 역사해 오셨습니다. 하나님께서 인류 최고의 선물인 예수님을 이 세상에, 그리고 우리에게 보내주신 궁극적인 목적은 죄로 죽게 된 인간을 살려주시려는 것입니다. 한 마디로 영생을 주고자 하심입니다.

그래서 요한복음 3장 16절의 결론은 명료합니다. '영생을 얻게 하려 하심이니라' 영생, 이것이 인간을 향한 하나님의 최상의 선물인 것입니다. 인간은 죄 때문에 죽습니다. 잘난 사람이나 못난 사람이나, 가진 자나 없는 자나 다 죄 때문에 죽습니다. 그런데 예수님을 믿으면 살 수 있게 해주시는 것입니다. 예수를 믿기만 하면 영원히 삽니다. 예수를 믿기만 하면 심판에서 면제를 받습니다. 그리고 영생복락을 누립니다(15, 16, 17, 18절). 우리가 예수를 믿는 순간부터 우리의 호적은 사망에서 생명으로 이적하는 것입니다(요 5:24).

기독교는 단순한 도덕 종교가 아닙니다. 인격 수양의 종교도 아닙니다. 생명의 종교입니다. 그 어떤 종교도 사망의 문제를 해결한 종교는 없습니다. 그러나 예수님은 사망의 권세를 깨뜨리셨고 우리에게도 예수님을 믿기만 하면 사망에서 생명으로 옮기워져 영생복락을 누리게 됨을 약속해 주셨습니다. 게다가 예수님은 이 땅을 살아가면서도 풍성한 인생을 누리게 하십니다(요 10:10). 그렇습니다. 예수님을 믿으면 인생이 풍성해집니다. 생기가 넘치고, 활력이 넘치고, 역동적인 인생을 삽니다. 생수의 강이 흘러넘치는 것과 같은 기쁨이 있습니다. 분에 넘치는 초과분의 인생을 살게 됩니다. 오늘 이 순간부터 얼마든지 누릴 수 있습니다. 단지 예수님을 내 구주로 영접하기만 하면 새로운 축복의 인생이 시작됩니다.

하나님의 간절한 소원

그런데 세상에는 아직까지도 예수님을 모르고 믿지 않는 사람이 많이 있습니다. 성경은 "하나님은 모든 사람이 구원을 받으며 진리를 아는 데에 이르기를 원하시느니라"(딤전 2:4)고 말하며 하나님이 이 믿지 않는 모든 사람들을 구원(선교)하는 간절한 소망을 가지고 계심을 기록하고 있습니다. 하나님께서는 "하나님이 세상을 이처럼 사랑하듯" 독생자를 주시기까지 나를 사랑하시고, 나를 사랑하듯 모든 사람을 사랑하시기에, 이 위대한 사랑을 이 최고의 선물을, 모든 사람에게 전하길 간절히 소원하고 계십니다. 즉 하나님은 우리가 받고 누리고 있는 최고의 선물을 다른 사람들도 받고 누리기를 원하시는 것입니다.

하나님의 간절한 소원인 구원(선교)은 하나님의 사랑의 표현이며, 하나님의 꿈이며, 하나님의 영광의 실현입니다. 인간 타락의 때부터 시작된 하나님의 구원(선교)역사는 구약 시대를 통해 노아와 아브라함 그리고 족장들에게 계승되었고, 율법 시대를 통해 선지자들에 의해서 그리고 예수 그리스도와 사도들에 의해서 계속되어 왔고, 현재도 진행되고 있습니다. 성경을 통해 볼 때 하나님의 관심과 간절한 소원은 언제나 '땅의 모든 족속'의 구원(선교)에 있었습니다. 그렇기에 예수님께서 승천하시기 직전에 마지막으로 제자들에게 주신 그리스도의 명령이 '복음을 땅 끝까지 전하라'(행 1:8)였으며, '모든 족속으로 선교(구원)의 대상을 삼아 그리스도의 교훈을 가르치고 제자를 삼으라는 것' 이 주님의 마지막 유언이었습니다(마 28:19). 따라서 복음의 세계적 선교는 예수님을 그리스도로 영접하고 그분을 주님으로 모시는 모든 성도들이 준행해야 할 가장 큰 사명인 것입니다.

먼저 복음을 듣고 구원을 얻어 하나님의 자녀가 되고 복음의 빚진 자가 된 성도들은 성삼위 하나님께서 이루신 구원을 잃어버린 영혼들에게 전할 막중한 책임이 있습니다. 그러므로 모든 성도들은 복음을 전하는 것이 복음의 빚을 갚는 것이며(롬 1:14, 15), 하나님의 간절한 소원을 이루는 길이 되는 것임을 알고 구원(선교)사역에 기쁨으로 참여해야 합니다. 선교의 목적은 잃어버린 영혼을 찾아 복음을 전하며 개인의 구원을 도모하는 것입니다(벧후 3:9). 즉 어두움 속에서 길을 잃고 헤매던 영혼을 구원하여 하나님의 아들의 나라로 옮기는 일입니다(골 1:13). 복음을 듣고 구원을 얻은 자들로(롬 10:17) 그리스도의 제자가 되게 하고(마 28:19) 이들이 모여 하나님의 은혜를 찬송하고 감사하며 예배하는 성도를 만들고, 아픔을 치유하고 은혜와 진리를 교육하고 섬김과 나눔을 훈련하는 교회를 세우는 것이 선교의 궁극적인 목적입니다.

한국교회의 특별한 구속사적 선교사명

지금 기독교는 2천년 전 탄생한 이후 최대의 전환점을 통과하고 있습니다. 기독교의 중심이었던 유럽교회가 급격히 몰락하고 비유럽교회가 부상하며 중심이 이동하고 있습니다. 그동안 이러한 전환기에는 미국교회를 중심으로 한 서구의 '이민교회'들이 중심적 역할을 감당하였습니다. 그런데 20세기 후반부터 비서구교회가 급격히 부상하고 있으며 그중에서 가장 역동적인 한국교회가 기독교의 새로운 중심으로 부각되고 있습니다. 이와 같은 기독교의 역사적 대전환기에 '한국교회'는 특별한 위치를 점하고 있습니다. '한국교회'는 비서구세계에서 가장 강력한 교회로 부상하였으며, 선교사 파송 제2위국, 신학생 제2위국으로서, 미국을 제외하면 가장 강력한 비유럽교회가 된 것입니다. 따라서 제3천 년대가 시작하는 이 시점에서 '한국교회'가 점하는 위치는 특별한 구속사적 사명을 암시하고 있습니다.

그 사명은 무엇이며, 어떻게 그 사명을 감당할 수 있을까

첫째로, 한국에 있는 한국교회는 자체 붕괴를 초래하는 세속화를 극복하고 복음으로 하나가 되어 제3세계, 특히 아시아 복음화에 앞장서야 합니다. 현재 비유럽교회가 가진 중대한 위험은 혼합주의로서 토착신앙과 자연종교, 미신과 신비주의 그리고 기복신앙을 극복하는 것이며, 또한 서구교회로부터 물려받은 분리주의를 거부하는 것입니다. 수많은 배타적 교파들은 서구교회 세속화의 산물이기 때문에, 한국교회는 오로지 성경의 복음을 중심으로 단합하여 선교적 사명을 감당해야 합니다. 21세기는 중국의 세기라는 관측이 지배적이며, 인도는 21세기 후반에 최대 인구를 가진 나라가 될 것으로 예측하고 있습니다. 아시아의 등불이 되어야 할 한국교회가 중국과 인도를 비롯한 아시아 국가들을 구원(선교)하지 않는다면, 기독교의 미래는 큰 어려움에 봉착할 것입니다. 세계무대에서 중심세력으로 부상하고 있는 아시아에서 가장 강력하고 열정적인 한국교회가 아시아 선교(구원)를 주도하지 않는다면 어느 교회가 이를 감당하겠습니까? 하나님께서 자원도 풍부하지 못하고, 세계에 하나 밖에 없는 분단국가인 작은 나라 한국을 5000년 역사 이래 가장 축복하여 세계의 열방들 위해 우뚝 서게 한 이유가 무엇이겠습니까? 한국은 지정학적으로나 모든 여건으로나 세계의 지도자적 위치에 설 수 없는 국가였지만 하나님의 구속사적 섭리와 세계 선교를 위한 하나님의 계획으로 오늘날 한국이 경제 강국이 될 수 있었던 것입니다. 그러므로 우리는 세계 선교 역사에 우뚝 솟은 한국교회의 존재 역할을 깊이 자각하고 다시 한 번 선교의 사명을 감당해야 할 것입니다.

둘째로, 전 세계적으로 형성된 '한국 이민교회'는 선교적 정체성을 확립하고 보다 적극적으로 현지 선교에 진력해야 합니다. 일본의 저명한 성서 신학자 와다나베 교수는 신·구약성경 속에는 여섯 개로 구분 지어 볼 수 있는 '이민의 역사'가 기록되어 있다고 말했습니다. 첫째는 아브라함이 가나안 땅으로 떠나간 이민의 역사, 둘째는 야곱이 애굽으로 내려간 이민의 역사, 셋째는 모세와 이스라엘 백성들이 출 애굽한 이민의 역사, 넷째는 이스라엘이 바벨론에 포로고 끌려간 강제 이민의 역사, 다섯째는 다시 바벨론에서 유다로 귀환한 역이민의 역사, 여섯째는 초대교회의 박해로 소아시아와 유럽으로 흩어져간 '디아스포라'의 역사라고 말하고 있습니다. 여기서 디아스포라(그리스어: διασπορ?[*])의 사전적 의미는 특정 인종(ethnic) 집단이 기존에 살던 땅을 (자의적이거나 타의적으로) 떠나 다른 지역으로 이동하는 현상을 일컫는 말입니다.

그러나 성경적 의미의 '디아스포라'란 자신의 삶이 힘들고 고달프고 때로는 자신의 꿈을 위해 새로운 곳으로 자의에 의해 옮기고 때로는 국가적 전란이나 개인적 사정에 의해 타의에 의해 옮긴 것 같지만 사실은 하나님이 선교를 목적으로 세계에 하나님의 백성을 보내어 복음을 전파하도록 섭리한 사람들을 말하고 있습니다. 사실 세계에 흩어져 있는 한국의 디아스포라는 하나님의 선교에 대한 열정과 섭리에 의해 주도되고 있음을 곳곳에서 확인하게 되는 것이 주지의 사실입니다. 전 세계 182개국에 750만 명의 한국인들이 살고 있습니다. 인구수로는 중국인이 제일 많으나 가장 많은 나라에 퍼져 살고 있는 국민은 한국인이라고 합니다. 그런데 한국인들이 어느 나라에 가든지 제일 먼저 하는 일은 교회를 세우는 것입니다. 한국인은 어디를 가든지 교회를 중심으로 이민사회를 형성하는 특성을 가지고 있어서, 현재 미국을 위시하여 전 세계에는 무려 만 여개가 넘는 '한국 이민교회'가 있습니다.

과연 한국인을 전 세계로 이민시킨 하나님의 뜻이 무엇이며 '한국 이민교회'를 세운 목적이 무엇이겠습니까? 먼저 '한국 이민교회'는 '한국 이민'들의 복음화와 제자화가 일차적 목표이지만, 그것이 전부라면 반드시 이민이라는 어려운 작업이 필요 없었을 것입니다. '한국 이민교회'는 하나님의 간절한 소원인 모든 사람의 구원(선교)을 위해 요셉을 하나님의 특별한 섭리로 보내시듯 구원(선교)을 위해 보내신 '선교적 사명을 자각'하고 '한국 이민'만을 위한 집단적 이기주의에 빠지지 말고, 현지교회와 협력하면서 현지인 복음화 혹은 재복음화를 성취해야 합니다. 한국인이 어디로 가든지 교회를 중심으로 형성되는 것은 이러한 필요성과 구속사적 섭리를 입증하고 있는 것입니다.

하나님은 그의 지혜와 경륜으로 그의 나라를 확장시켜 나가며, 시기와 상황에 따라 그리고 순종 여부에 따라 특정한 민족과 그룹과 운동을 사용하고 계심은 우리가 주지하고 있는 사실입니다. 지금은 유럽 중심에서 비유럽 중심으로 대전환을 이루면서 미국과 한국을 선교 사역의 주역으로 사용하고 계심을 선교 신학자들은 증언하고 있습니다. 예루살렘에서 출발한 기독교 복음이 로마로 유럽으로, 또 영국을 거쳐 미국으로 서진(西進)하였고 다시 서쪽으로 태평양을 건너 한국에 상륙하여 꽃을 피웠습니다. 이제 한국은 이 복음을 예루살렘을 향해 전달하는 마지막 서진(西進)의 과정에서 주역을 담당해야 할 선교적 사명이 있습니다. 한국에서 예루살렘에 이르는 도정(途程)에 중국을 위시하여 동남아와 인도까지 복음을 전파하는 세계 선교의 주역으로서의 역할이 '한국교회와 한국 이민교회'에게 주어진 것은 하나님의 특별한 섭리이며 큰 은혜입니다.

명작인생의 화룡점정

선교는 성도의 존재 이유이며 명작인생의 화룡점정입니다. 하나님을 가장 기쁘게 하는 일도, 가장 영광스럽게 하는 일도 선교입니다. 하늘에 가장 큰 상급도 선교이며, 하나님의 가장 간절한 소원도 선교입니다. 이 땅에 사는 동안 가장 값있고 보람되고, 행복하고 성공적인 삶을 사는 길도 선교입니다. 우리가 건강한 자화상을 확립하고, 행복한 가정을 이루고 성공적인 사회생활을 이룩하는 이유는 선교(사람들을 구원)하기 위한 것입니다. 아무리 행복하고 성공적인 삶을 살아도 선교를 하지 않는다면 그는 명작인생을 산 것이 아닙니다. 우리가 행복하고 성공적인 인생을 살려고 하는 목적은 선교하기 위함입니다. 선교는 다른 사람에게 하나님의 사랑과 진리를 알게 하여 그들로 하여금 행복하고 성공적인 삶을 살도록 도와주는 일입니다. 그리고 이런 삶은 자신을 축복되게 할 것이며 천국에서는 크고도 큰 상급을 받고 누리며 영원히 살 것입니다. 그래서 명작인생의 화룡점정은 선교입니다. 아무리 용의 그림을 잘 그렸어도 그 마지막 한 점이 없다면 용이 승천할 수 없는 것처럼 선교하지 않는 삶은 명작인생을 산 것이 아닙니다. 명작인생의 정점은 사람들에게 하나님의 사랑과 절대주권과 예수님의 죽음과 부활, 주님의 구속과 주되심의 복음(온 백성에게 미칠 큰 기쁨의 좋은 소식(눅 2:10))을 전하는 것입니다.

하나님은 살아 역사하시고, 천국은 존재합니다. 그리고 상급도 분명히 있습니다.

"그러므로 내 사랑하는 형제들아 견고하며 흔들리지 말며 항상 주의 일에 더욱 힘쓰는 자들이 되라 이는 너희 수고가 주 안에서 헛되지 않은 줄을 앎이니라"(고전 15:58).

"예수께서 이르시되 네 마음을 다하고
목숨을 다하고 뜻을 다하여 주 너의
하나님을 사랑하라 하셨으니 이것이
크고 첫째 되는 계명이요 둘째도
그와 같으니 네 이웃을 네 자신 같이
사랑하라 하셨으니

(마 22:37-39)

21c 교회성장과 축복의 통로

교회진흥원은 기독교한국침례회 총회의 교육, 문서선교 기관으로서 교회의 교육, 목회, 선교활동에 관한 실제적인 연구와 프로그램 개발, 기독교 정보를 제공하고, 자료 출판 및 보급사역을 하고 있습니다.

- 각 연령별 교회학교 공과, 구역공과, 제자훈련 교재, 음악도서를 기획, 출판하고 이와 관련된 각종 강습회를 실시합니다.
- 요단출판사를 운영하며 매년 70여 종의 각종 신앙도서와 제자훈련 교재를 기획, 출판합니다.
- 4개의 직영서점을 운영하고 있습니다.

요단출판사의 사역정신

그리스도인들의 올바른 신앙성장과 영성 개발에 필요한 신앙도서를 엄선하여 출판, 보급함으로써 이 땅에 하나님나라 확장을 위해 헌신하고 있습니다.

- **F**or God For Church
  하나님과 교회의 유익을 위하여 도서를 기획 출판합니다.
- **O**nly Prayer
  오직 기도뿐이라는 자세로 사역합니다.
- **W**ay To Church Growth & Blessings
  교회성장과 축복의 통로가 되기 위해 사명을 감당합니다.
- **G**ood Stewardship & Professionalism
  선한 청지기와 프로정신으로 사역합니다.
- **C**reating Christianity Culture & Developing Contents
  각종 문화 컨텐츠를 개발함으로 기독교 문화 창달에 기여합니다.

직영서점

요단기독교서적 서울특별시 서초구 잠원동 69-14 반포쇼핑타운 6동 2층
교회용품센타 TEL 02) 593 · 8715~8 FAX 02) 536 · 6266 / 537 · 8616(용품)
둔산침례회서관 대전광역시 서구 둔산동 1092번지 신둔산 빌딩 2층
  TEL 042) 472 · 1919~20 FAX 042) 472 · 1921
대전침례회서관 대전광역시 동구 중동 21-27
  TEL 042) 255 · 5322, 256 · 2109 FAX 042) 254 · 0356
부산요단기독교서점 부산광역시 금정구 남산동 374-75 침례병원 지하편의시설(내)
  TEL 051) 582 · 5175 (FAX 겸용)
요단인터넷서점 www.jordanbook.com

"그러므로 너희는 가서 모든 민족을 제자로 삼아 아버지와 아들과 성령의 이름으로 침(세)례를 베풀고 내가 너희에게 분부한 모든 것을 가르쳐 지키게 하라 볼지어다 내가 세상 끝날까지 너희와 항상 함께 있으리라 하시니라." _마 28:19~20